ANTON HOFREITER
Fleischfabrik Deutschland

Buch

Wann haben Sie zuletzt ein Schwein gesehen? Viele verschiedene Fleischgerichte stehen im Restaurant zur Auswahl, und doch sieht man kaum noch Tiere auf einer Weide stehen. Hier ist die industrielle Massentierhaltung am Werk, die Deutschland zur Fleischfabrik macht: Schweine und Legehennen leben auf engstem Raum, männliche Küken werden geschreddert, Puten derart gemästet, dass ihre Beine sie nicht mehr tragen. Doch nicht nur das Tierwohl steht auf dem Spiel. Auch Antibiotikaresistenzen, eine immer schlechtere Wasserqualität und die Klimakrise werden durch das System der industriellen Landwirtschaft befördert und bedrohen unsere Lebensgrundlagen und unsere Gesundheit. Dr. Anton Hofreiter zeigt, welche realistischen Stellschrauben gedreht werden müssen, um den Tierschutz zu verbessern, die Artenvielfalt zu erhalten und gutes Essen für alle produzieren zu können. Er macht deutlich, was Massentierhaltung für uns bedeutet, ohne dabei den Verzehr von Fleisch zu verteufeln. Der promovierte Biologe Hofreiter plädiert vielmehr für eine Politik, die die Trends hin zu maßvollem, bewusstem Fleischkonsum und zu nachhaltiger Landwirtschaft unterstützt.

Autor

Anton Hofreiter, Jahrgang 1970, ist Fraktionsvorsitzender der Grünen im Bundestag und promovierter Biologe. Er kämpft für eine gerechte Agrarwende und ist dafür bis nach Brasilien gereist. In Deutschland besucht er regelmäßig Höfe und sucht das Gespräch mit Bäuerinnen und Bauern, Unternehmen sowie Verbraucherinnen und Verbrauchern.

Anton Hofreiter

Fleischfabrik Deutschland

Wie die Massentierhaltung
unsere Lebensgrundlagen zerstört und
was wir dagegen tun können

Mit einem Vorwort zur Taschenbuchausgabe

GOLDMANN

Sollte diese Publikation Links auf Webseiten Dritter enthalten, so übernehmen wir für deren Inhalte keine Haftung, da wir uns diese nicht zu eigen machen, sondern lediglich auf deren Stand zum Zeitpunkt der Erstveröffentlichung verweisen.

 Dieses Buch ist auch als E-Book erhältlich.

Verlagsgruppe Random House FSC® N001967

1. Auflage
Taschenbuchausgabe Oktober 2017
Wilhelm Goldmann Verlag, München,
in der Verlagsgruppe Random House
Neumarkter Str. 28, 81673 München
Copyright © 2016 der Originalausgabe by Riemann Verlag
Umschlaggestaltung: UNO Werbeagentur, München
in Anlehnung an die Gestaltung der Originalausgabe
(Martina Baldauf, herzblut02, München)
Grafiken: Martina Baldauf und Björn Wallbaum
Lektorat: Johannes Bucej
Redaktionelle Mitarbeit: Jonas Pohlmann, Claudia Reshöft
KF · Herstellung: kw
Satz: Satzwerk Huber, Germering
Druck und Einband: GGP Media GmbH, Pößneck
Printed in Germany
ISBN: 978-3-442-15929-1
www.goldmann-verlag.de

Besuchen Sie den Goldmann Verlag im Netz

Inhalt

**Vorwort zur Taschenbuchausgabe:
Wann, wenn nicht jetzt?** 9

**Vom Kükenschreddern, von Güllefluten und
dem weltweiten Artensterben** 15

Das Schweinesystem 17
   Schluss mit Bullerbü? 17
   Die Fleischfabrik Deutschland 22
   Was für ein Sauleben 25
   Das Schweinesystem 30
   Das Sauleben der Anderen 34
   Zwischenruf: Ethische Grundsätze statt
   industrieller Maßstäbe 41
   Töten am Fließband 42
   Ausbeutung im Schlachthof 44
   Zwischenruf: Die V-Frage 46

Gefahren aus dem Stall 50
   Angst vorm Essen 50
   Auf dem Weg ins postantibiotische Zeitalter 52
   Woher gefährliche Keime kommen 53
   Die Gesundheit von Mensch und Tier
   zusammendenken 60
   Unser Wasser wird schlecht 62

Ohne Netz und doppelten Boden 69
  Das sechste Massenaussterben 70
  Das Verstummen der Natur in Deutschland 73
  Wozu braucht die Welt Spatzen und Wildbienen? . . 76
  »Pflanzenschutz« tötet 79
  Krebsgefahr vom Acker 82
  Unser Klima 86
  Unsere Landwirtschaft vor dem Klimawandel
  schützen 92
  Vom Winde verweht 95

Eine Frage der Gerechtigkeit 99
  Über den Tellerrand hinaus 99
  Modernes Raubrittertum 100
  Lebensgefährlicher Widerstand 102
  Gensoja, Glyphosat & Großgrundbesitz –
  Eindrücke meiner Reise nach Brasilien 105
  Auf dem Rückweg 116
  Zur Flucht gezwungen 117
  Wie werden wir alle satt? 119
  Konzerne als »Entwicklungshelfer« 122
  Das Geschäft mit dem Hunger 125
  Das Saatgut-Monopoly 127

Globale Spieler – Lokale Verlierer 131

Die Schuldfrage 133
  Getriebene eines falschen Systems 138
  Aus dem Alltag eines Bauern 140
  Wachse oder weiche 144
  Die Profiteure sitzen woanders 146
  Die Bundesregierung schaut zu 153

Löchrige Gesetze	155
Der Agrarminister und die Nebelkerzen	155
Tierschutz als Staatsziel	155
Das Kükenschreddern und andere Missstände	157
Schutz unseres Wassers	162
Falsches Geld	164
Ein Blick zurück	164
Wer hat, dem wird gegeben	167
Die Legitimität der Milliardensubventionen schwindet	168
Europas mächtigste Lobby	171
Ein ungleicher Kampf	173
Wie Lobbyorganisationen arbeiten	174
Der lange Arm der Agroindustrie in die Politik	177
Wen der Bauernverband eigentlich vertritt	179
TTIP und CETA	184
Es geht um die Wurst	184
Landwirtschaft und Verbraucherschutz dürfen keine Verhandlungsmasse sein	188
Fairer Handel statt Hinterzimmerdeals	192
Aufbruch in die Agrarwende – hin zu einer grünen Landwirtschaft	195
Mut zur Veränderung	197
Der Widerstand wächst	198
Eine Bewegung für gutes Essen	201
Es grünt	203

Die grüne Landwirtschaft sprießt bundesweit ... 207
Rückenwind aus der Wissenschaft 214
Zwischenruf: Nachhaltiger Konsum statt Politik? . 216
Die Grundsteine für eine grüne Agrarwende 218

Sechs Schritte für eine grüne Agrarwende 220
   Ausstieg aus der Massentierhaltung und Einstieg
   in eine faire Tierhaltung 222
   Den Bauern die Zukunft 228
   Vom Umweltzerstörer zum Umweltschützer..... 230
   Transparenz und Verbraucherschutz........... 233
   Fairer Handel statt TTIP und CETA 236
   Global und sozial gerechte Landwirtschaft...... 238

Was wir davon haben 241

Anhang 243

*Dieses Buch widme ich allen
Kleinbäuerinnen und Kleinbauern weltweit
in ihrem Kampf gegen die Agroindustrie.*

Vorwort zur Taschenbuchausgabe: Wann, wenn nicht jetzt?

Ein Jahr ist vergangen, seit dieses Buch 2016 erstmals veröffentlicht wurde. Ein Jahr, das hätte genutzt werden können, um gegen das millionenfache Tierleid vorzugehen. Um die Umweltauswirkungen zu beschränken. Um das Höfesterben zu stoppen. Doch was ist passiert? Für die Landwirtschaft war das letzte Jahr ein verlorenes Jahr. Die Bundesregierung hat nichts unternommen, um die Agrarwende einzuleiten. Die Landwirtschaft steckt weiterhin in einer massiven Krise.

Doch es gibt auch Hoffnung. Bei meinen Lesungen bin ich immer wieder auf Menschen getroffen, die etwas ändern wollen. Bäuerinnen und Bauern, Verbraucherinnen und Verbraucher, die neue Bündnisse für die Agrarwende schmieden. Auch die Entwicklung bei Biohöfen ist ein Lichtblick. Es werden mehr, und sie wirtschaften erfolgreich. Sie gestalten die Zukunft, trotz der Agrarpolitik der Bundesregierung, die weiter auf Masse statt Klasse setzt.

Daher müssen wir jetzt erst recht dieses Thema auf die politische Tagesordnung setzen. Denn die Frage, wie wir heute und in Zukunft Landwirtschaft betreiben, ist eine der zentralen Menschheitsfragen. Es geht darum, unsere elementaren Lebensgrundlagen zu erhalten: unser Klima, unsere Tier- und Pflanzenarten, unsere fruchtbaren Böden, unser Trinkwasser. Wenn wir so weitermachen wie bisher, zerstören wir diese Lebensgrundlagen.

Wasser wird immer knapper, Böden werden unfruchtbar, immer mehr Regionen leiden unter Dürre. Und dies auch als Folge der industriellen Landwirtschaft von heute. Das wird künftig noch viel mehr Menschen dazu bringen, ihre Heimat zu verlassen. Es geht auch um grundlegende ethische Fragen: Wir halten Tiere millionenfach unter unzumutbaren Bedingungen, die oftmals lebenslanges Leid bedeuten. Wollen wir das wirklich weiterhin so machen? Es geht um Fragen von Gerechtigkeit: Welche internationalen Auswirkungen unserer Produktion und unseres Konsums sind wir bereit, in Kauf zu nehmen? Und wie werden wir in Zukunft alle satt, acht, neun oder zehn Milliarden Menschen?

Das sind die Fragen, mit denen wir uns beschäftigen müssen. Und Fragen, die wir nicht aufschieben dürfen, auf die wir eine Antwort finden müssen.

Manch einer denkt, Landwirtschaft, Nahrung und gutes Essen seien Luxusprobleme für gutsituierte Ökobürger. In schwierigen Zeiten müsse man sich in der Politik doch um Wichtigeres kümmern. Aber bei der Agrarwende geht es nicht um Gourmet-Food und Lifestyle-Fragen. Es geht um die nachhaltige Nutzung der Ressourcen unseres Planeten.

»Feed the World«, darum geht es, um die Zukunft der Nahrung, der Lebens-Mittel – im buchstäblichen Sinne. Krisen entstehen nicht von selbst. Krisen entstehen, weil man Warnungen ignoriert, kurzsichtig handelt und Probleme aussitzt. Meistens sind die Probleme bekannt. Das gilt auch für die Probleme der industriellen Landwirtschaft.

Wir können handeln, und wir müssen eine Agrarwende einleiten. Wann, wenn nicht jetzt?

Es gibt in Deutschland viele Leute, die meinen, ökologisch seien wir schon auf einem guten Weg. Und ja, es stimmt, es wurde Wichtiges erreicht. Wir haben das große Waldsterben aufgehalten. Und wir steigen aus der Atomkraft aus. Dieses Thema hat mich und viele andere Grüne stark politisiert, gegen viel Widerstand der Atomlobby haben wir das durchgekämpft. Die Klimaverhandlungen von Paris am Ende des Jahres 2015 waren ein Erfolg, auch wenn vieles davon nun erst noch umgesetzt werden muss. Heute zweifelt in Deutschland kaum noch jemand daran, dass der Atomausstieg richtig war, dass wir Klimaschutz betreiben müssen und dass die Energiewende richtig und wichtig ist. Zumindest traut sich kaum mehr einer, laut daran zu zweifeln.

Aber von einer ökologisch nachhaltigen und gerechten Entwicklung sind wir weit entfernt – auch in Deutschland.

Wir Menschen verursachen zurzeit die größte Aussterbekatastrophe seit dem Verschwinden der Dinosaurier. Bei uns in Deutschland – hier vor unserer eigenen Haustür – ist jede dritte Art gefährdet. Hauptursache für das Artensterben ist die industrielle Landwirtschaft mit ihren Pestiziden, Monokulturen und ihrer Überdüngung.

Und auch bei der Klimakrise sind wir national ebenso wie international meilenweit davon entfernt, diese riesige Bedrohung für uns Menschen wirklich abzuwenden. Die Landwirtschaft spielt beim Kampf gegen den Klimawandel eine Schlüsselrolle. Fast ein Drittel der weltweiten Treibhausgase stammen aus diesem Sektor. Besonders klimaschädlich ist die industrielle Massentierhaltung. Der ökologische Fußabdruck von industriell produziertem Fleisch ist um ein Vielfaches größer als der von anderen Lebensmitteln. Anders als zum Beispiel bei der Energiepolitik gibt es bei der Landwirtschaft im Gros keinen Trend zum Besseren.

Unsere Landwirtschaft hat sich in den letzten Jahrzehnten stark verändert. Besonders die Tierhaltung. In Deutschland werden immer mehr Tiere in immer größeren Ställen gehalten.

Und ständig werden neue Megaställe gebaut. Dabei wird die industrielle Massentierhaltung von den allermeisten Menschen abgelehnt. Die Fleischfabrik Deutschland verursacht millionenfaches Tierleid. Das ist nicht anständig.

Und es ist nicht zukunftsfähig.

Die Fleischfabrik Deutschland führt auch international zu Verwerfungen. Als Student, Anfang zwanzig, hatte ich das Privileg, Regionen auf unserem Planeten zu besuchen, in denen die Natur noch völlig unberührt war. Ich bin damals unter anderem durch die Regenwälder und Savannen Brasiliens gereist, auch in den südlichen Bundesstaat Mato Grosso. Mato Grosso, das bedeutet übersetzt dichter Wald (eigentlich dichter Busch). Doch davon ist heute nicht mehr viel übrig. Als ich im Jahr 2015 noch einmal dort war, war vom ursprünglichen Regenwald nichts mehr zu sehen.

Stattdessen Agrarwüsten und Sojaplantagen, so weit das Auge reicht. Wo einst dichte Wälder standen, werden heute Futtermittel für die Massentierhaltung angebaut. Exportiert wird auch nach Deutschland. Die wachsende Fleischproduktion der Tierfabrik Deutschland hängt am Tropf der Sojaimporte aus Südamerika.

Die hochsubventionierte und durchindustrialisierte Fleischproduktion führt dazu, dass Menschen ihre Lebensgrundlagen verlieren. Kleinbäuerinnen und Kleinbauern werden von ihrem Land vertrieben. Dumpingfleischexporte aus der Fleischfabrik Deutschland zerstören die Märkte des globalen Südens und nehmen vielen Menschen Job und Einkommen.

Das System versagt. Und es kann nur politisch verändert werden. Wir brauchen eine Agrarwende. Leider fand das bei der Bundesregierung aus CDU/CSU und SPD noch keinen Widerhall. Sie unternimmt nichts gegen die Missstände. Seit die CSU das Landwirtschaftsministerium besetzt, treten unfähige Politiker und Lobbyisten der Agroindustrie bei drängenden Fragen immer wieder auf die Bremse und verhindern Verbesserungen. Stattdessen setzen sie auf ein weiteres Wachsen der Fleischfabrik Deutschland.

Gleichzeitig opfern sie über die internationalen Handelsabkommen TTIP und CETA den Verbraucherschutz und bäuerliche Existenzen auf dem Freihandelsaltar.

Das kürzlich vom Landwirtschaftsminister angekündigte Tierwohl-Label wird die systematischen Missstände nicht lösen. Freiwillig statt verbindlich, lasche Kriterien statt gesetzlichem Tierschutz – damit wird die Bundesregierung maximal eine neue Nische schaffen.

Doch ist das Systemversagen alternativlos? Nein. Eine Agrarwende hin zu einer grünen Landwirtschaft ist nötig und möglich. Wir brauchen einen neuen Wertekompass für unsere Lebensmittelproduktion. Ich stelle in diesem Buch sechs pragmatische Schritte für eine Agrarwende vor, von der Verbraucherinnen und Verbraucher ebenso wie Bäuerinnen und Bauern profitieren. Sie sind nötig, damit es den Tieren besser geht, damit unsere Landwirtschaft ökologischer und gerechter wird und Lebensmittel dabei bezahlbar bleiben.

Eines ist mir besonders wichtig, denn es wird oft missverstanden:

Dieses Buch richtet sich nicht gegen unsere Bäuerinnen und Bauern! Ich komme selbst vom Land, aus einem kleinen Dorf in Oberbayern, und kenne das Landleben.

Ich habe in den letzten Jahren viele Bäuerinnen und Bauern auf ihren Höfen besucht. Viele stehen wirtschaftlich mit dem Rücken zur Wand. Immer mehr kleine und mittelständische Betriebe müssen aufgeben. Ich will die Bäuerinnen und Bauern zu Partnern der Agrarwende machen. Denn nicht sie sind die Profiteure der zunehmenden Fleischproduktion.

Davon profitieren nur die großen Fleischkonzerne.

Ich will einen Aufbruch zu einer zukunftsfähigen und gerechten, einer grünen Landwirtschaft. Hier in Deutschland können wir zeigen, wie es geht.

Anton Hofreiter

Vom Kükenschreddern, von Güllefluten und dem weltweiten Artensterben

Das Schweinesystem

Schluss mit Bullerbü?

Bäuerin und Bauer – das war in den frühen Nachkriegsjahren, als die Menschen erfahren mussten, was es heißt, nicht genug zu essen zu haben, ein höchst angesehener Beruf. Immerhin waren die Bäuerinnen und Bauern diejenigen, die uns Menschen ernährten.

Das tun sie auch heute noch, doch ihr guter Ruf ist gefährdet. Die Auswüchse der industriellen Massentierhaltung, Lebensmittel- und Futtermittelskandale in der Agroindustrie, Umweltbelastungen und der Verlust bäuerlicher Betriebe prägen unser Bild der heutigen Landwirtschaft.

Vor einigen Jahren kam ein Bekannter aus Costa Rica zu Besuch. Auch in Costa Rica werden viele Tiere gehalten. Rund um die Hauptstadt San José sieht man große Weiden, auf denen Kühe und Pferde zusammen grasen. Nachdem er eine Zeit lang im Land war und umhergereist ist, fragte er, wo denn hier in Deutschland all die Tiere wären. Dafür, dass in jedem Restaurant zehn verschiedene Fleischgerichte angeboten würden, würde man draußen erstaunlich wenige Tiere sehen. Dass die meisten Tiere nie aus dem Stall auf die Weide kommen, konnte er sich kaum vorstellen.

Eier von freilaufenden Hühnern, Milch von Kühen auf der Weide, Fleisch von suhlenden Schweinen – was vielen Menschen eigentlich selbstverständlich erscheint, ist heute zur Ausnahme geworden. Die meisten der Tiere, die in den Schlachthöfen der Republik ihr Leben lassen, wachsen schon längst nicht mehr auf den Weiden bäuerlicher Betriebe heran, sondern sie werden in kürzester Zeit in hochindustrialisierten Großställen gemästet – ohne je das Tageslicht oder auch nur einen grünen Halm gesehen zu haben.

Doch so muss es nicht sein. Dieses Bild ist das Ergebnis einer fehlgeleiteten Agrar- und Ernährungspolitik, die es geschafft hat, Teile der Landwirtschaft, insbesondere der Tierhaltung, weit von der Gesellschaft zu entfremden.

Die Agroindustrie und die Bundesregierung schieben als Legitimation für die Fehlentwicklungen stets ökonomische Behauptungen vor. Die Landwirtschaft müsse noch effizienter werden, weiter wachsen und auf dem Weltmarkt wettbewerbsfähig sein. Doch das System versagt.

Es steht außer Frage, dass die Landwirtin und der Landwirt mit ihrer Arbeit Geld verdienen müssen. Doch das Maß geht verloren, wenn der Rentabilitätsdruck aufgrund niedriger Preise nur zulasten der Umwelt und der Gesundheit von Mensch und Tier aufgefangen werden kann.

Auch für bäuerliche Betriebe ist die Entwicklung ruinös. Im letzten Jahr führte der Dumpingwettbewerb zu Einkommensverlusten von bis zu 35 Prozent. Viele können ihre Kosten nicht mehr decken. Das System macht es für sie unmöglich, in Tierschutz und Umweltschutz zu investieren. Von den über 6 Milliarden Euro öffentliches Geld pro Jahr, das jährlich in die deutsche Landwirtschaft fließt, profitieren vor allem die großen industriellen Betriebe, die den Kostenwettbewerb weiter befeuern. Bäuerliche Betriebe werden von Agrarfabriken verdrängt. Es stimmt etwas grundsätzlich nicht mehr. Wie konnten sich die Verhältnisse derart dramatisch verändern?

Über die Jahrtausende entwickelten sich Tierhaltung und Ackerbau Schritt für Schritt weiter. Zur bäuerlichen Landwirtschaft gehörte klassischerweise beides, weil in Wirtschaftskreisläufen gedacht wurde. Die Tiere lieferten wertvollen Dünger für die Felder, auf denen die Feldfrüchte reiften, welche wiederum die Menschen und Tiere ernährten.

Im 17. und 18. Jahrhundert revolutionierte eine Reihe von Neuerungen den Agrarsektor. Die Zucht spezieller Tierrassen wurde vorangetrieben, weiteres Ackerland durch Trockenlegung von Mooren und Rodungen von Wäldern erschlossen. Im 19. Jahrhundert wurde die Landwirtschaft produktiver. Die Fruchtfolge nach Albrecht Thaer wurde entwickelt. Erste Durchbrüche in der Agrochemie aufgrund der wissenschaftlichen Arbeit von Justus Liebig, und hier insbesondere die Veröffentlichung seines Werks *Die organische Chemie in ihrer Anwendung auf Agricultur und Physiologie* 1840, veränderten die Landwirtschaft grundsätzlich.

Um 1900 setzte der internationale, grenzüberschreitende Handel mit Tieren und Fleisch ein. Fleisch und zum Schlachten bestimmte Tiere wurden europaweit verschifft. Langsam lösten sich Strukturen, die bis dahin weitgehend regional waren, auf. Eine Ursache für diesen tiefgreifenden Umbruch war die Etablierung der Eisenbahn und damit die Möglichkeit, große Mengen von Waren relativ schnell über weite Strecken zu transportieren, eine weitere die Einführung moderner Kühlhäuser, welche durch die technischen Errungenschaften Carl von Lindes in den 1870er-Jahren möglich wurden. Es entstanden große Schlachthöfe in den Zentren der Tiermast, die auch für den Export arbeiteten. Diese waren in der Lage, auf Abruf Wurstfabriken mit ausreichend großen Fleischpartien von einheitlicher Qualität zu beliefern. Durch den sich anbahnenden Strukturwandel in der Landwirtschaft nach 1945 mussten immer mehr städtische und kleine private Schlachthöfe aufgeben.

Die Geschäfte wurden immer weniger auf regionaler Ebene in persönlichem Kontakt abgewickelt. Viehmärkte wurden seltener, Transportwege länger, örtliche Metzger unwichtiger und Bauern verloren zunehmend die Kontrolle darüber, was mit ihren Tieren passierte.

Auch der Ackerbau veränderte sich stark. Durch die Konzentration auf wenige gewinnbringende Kulturen wie Weizen, Mais und Raps hat sich unser Landschaftsbild deutlich gewandelt. Vieles, was angebaut wird, landet nicht auf dem Teller sondern im Trog – in der EU rund 60 Prozent des angebauten Getreides.

Steigende Kosten und sinkende Preise drängen viele Bäuerinnen und Bauern weg von Gemischtbetrieben mit Tieren und Äckern hin zu einer immer stärkeren Spezialisierung, vor allem in der Geflügelhaltung, der Rinder- und Schweinemast. Heute liegen Zucht, Aufzucht und Nutzung von Tieren nicht mehr in einer Hand. Stattdessen gibt es zentrale Zuchtstationen oder Mastbetriebe, die in der Branche als Veredelungsbetriebe bezeichnet werden. Küken werden auf dem Fließband sortiert. Schweine in engen Boxen gemästet. Vom Leben von und mit Tieren ist in vielen Fällen nur noch eine industrielle Fleischproduktion am Fließband übrig geblieben. Aus vielen Ställen sind mittlerweile Tierfabriken geworden.

Während immer mehr bäuerliche Betriebe aufgeben müssen, wächst die Zahl der Industrieställe. Diese Entwicklung radikalisierte sich noch einmal, als 2006 der damalige Landwirtschaftsminister Horst Seehofer die Flächenbindung der Tierhaltung auflöste. Bis dahin musste man einen Hektar pro 2 Großvieheinheiten nachweisen (eine Großvieheinheit entspricht etwa einem ausgewachsenen Rind, 7 bis 8 Mastschweinen oder 320 Legehennen), um öffentliche Förderungen zu erhalten.

Mittlerweile haben uns diese Entwicklungen eine weitgehend energiefressende, von fossilen Rohstoffen abhängige Landwirtschaft beschert, die das Klima, die Artenvielfalt und unsere Umwelt schädigt. Es wird oft vergessen, dass in der Landwirtschaft mit begrenzten und auch nicht erneuerbaren Rohstoffen gearbeitet wird. Chemische Düngemittel und Pestizide konnten zwar die Erträge steigern. Aber durch den großen Einsatz von Mineraldünger werden Ressourcen wie die natürlichen Phosphat- und Kali-Vorkommen ausgebeutet. Der jährliche Einsatz von mehr als 100.000 Tonnen Pestiziden in Deutschland gefährdet unsere Umwelt. Ein Drittel aller Tier- und Pflanzenarten in Deutschland sind vom Aussterben bedroht.

Auch unser Boden – die wahrscheinlich wertvollste Ressource der Landwirtschaft – ist ein begrenzter Rohstoff. Der Boden ist nach den Ozeanen der größte natürliche Kohlenstoffspeicher. Durch den hohen Einsatz von Kunstdünger, insbesondere von Stickstoffdünger, nimmt jedoch der Humusanteil der Böden ab. Ebenso verringert sich langfristig die Fruchtbarkeit der Böden, was einen negativen Einfluss aufs Klima hat, denn wenn sich Humus zersetzt, wird das Treibhausgas CO_2 frei.

Wer jetzt meint, Menschen, die eine umweltfreundlichere Landwirtschaft und den Tieren ein artgerechteres Leben wünschen, Bullerbü-Romantik vorwerfen zu müssen, verkennt, dass die gesellschaftliche Debatte schon ein gutes Stück weiter ist. Und dass wir gegen etwas ganz anderes kämpfen müssen – gegen ein System, das Rückschritt statt Fortschritt bedeutet. Denn aus dem Land der Bäuerinnen und Bauern ist eine Fleischfabrik geworden, in der Tiere zunehmend »produziert« werden, als handele es sich um Autoersatzteile und nicht um Lebewesen.

Die bisherige Agrarpolitik befeuert diesen Trend, der langfristig nicht in die Zukunft führt, sondern in die Sackgasse. Ein Trend, der genau deshalb seine Legitimation verliert. Einer, den viele Agrarexperten als nicht zukunftsfähig erachten. Einer, dem auch viele Landwirte nicht mehr folgen wollen, denn die allermeisten wollen ihre Tiere gut halten, sehen sich aber in Systemzwängen und Preisdruck gefangen.

Die Fleischfabrik Deutschland

2015 war erneut ein Rekordjahr für die deutschen Fleischfabriken. Laut Statistischem Bundesamt wurde eine enorm hohe Anzahl von Tieren geschlachtet. Die Dimensionen sind nur noch schwer begreifbar: 59,3 Millionen Schweine, 3,5 Millionen Rinder und 716 Millionen Hühner, Puten und Enten landeten in den deutschen Schlachthöfen. Insgesamt werden in Deutschland jährlich fast 830 Millionen Tiere gemästet und geschlachtet – größtenteils in industriell wirtschaftenden Tierhaltungsbetrieben und Schlachtfabriken.

Das sind fast zehnmal so viel Lebewesen, wie es Menschen in diesem Land gibt. Und die Zahlen steigen weiter: Allein zwischen 2009 und 2012 wurden noch einmal 38 Millionen Mastplätze für Geflügel beantragt und genehmigt.

Es finden enorme Konzentrationsprozesse statt. Über 70 Prozent aller deutschen Masthühner sind in Betrieben mit mehr als 50.000 Tieren zu finden, Tendenz steigend. Immer mehr Tiere werden auf immer weniger Raum gehalten. Bäuerliche Betriebe gehen dagegen verloren. Seit die

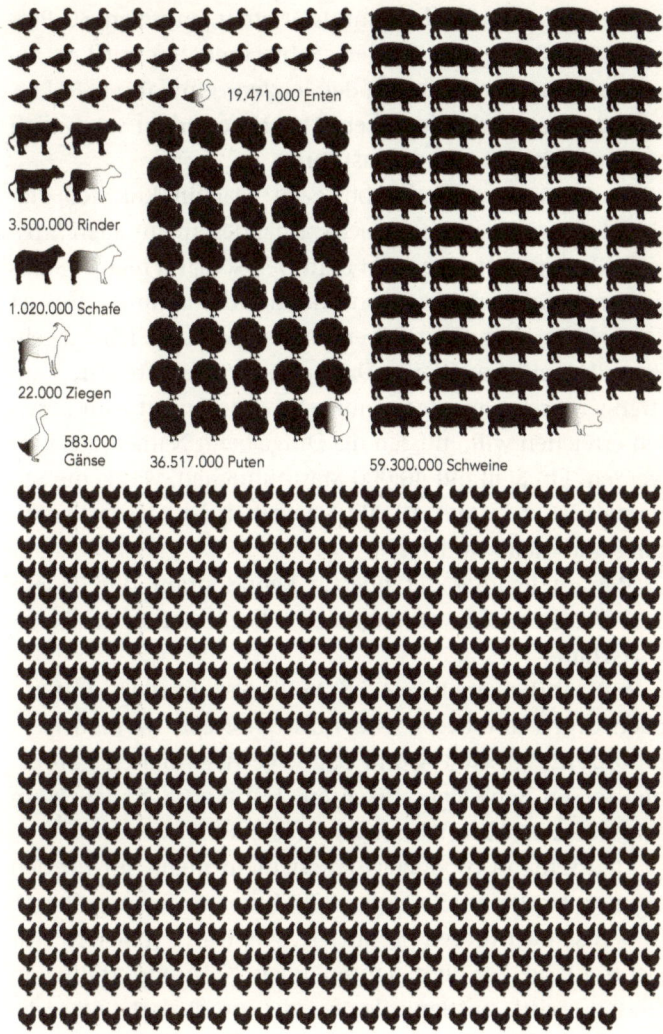

*Anzahl der geschlachteten Tiere in Deutschland im Jahr 2015
(in Millionen pro Symbol)*

CSU den Landwirtschaftsminister stellt, mussten 30 Prozent aller Betriebe schließen. Schweinehalter trifft es besonders hart. Hier haben in den letzten zehn Jahren 70 Prozent der Betriebe aufgegeben. Das Höfesterben setzte sich auch letztes Jahr ungebremst fort.

Und was sagt die Agrolobby dazu? Joachim Rukwied, Präsident des sogenannten Bauernverbandes, meint allen Ernstes: »Massentierhaltung gibt es in Deutschland nicht.« Stattdessen spricht er lieber von »Intensivtierhaltung«. Das ist Schönfärberei, auf gut Bayerisch Verarschung. Ich bin ein Freund deutlicher Worte. Das kann für alle Beteiligten anstrengend sein, aber wenn man Veränderungen zum Besseren erreichen will, müssen die Dinge beim Namen genannt werden. Ein Stall mit 40.000 Masthühnchen, was keine Seltenheit ist, oder mit 10.000 Schweinen ist Massentierhaltung und nichts anderes.

Warum leugnet der oberste Repräsentant der Bauern das? Wer so spricht, untergräbt die Legitimation der Landwirtschaft.

Mit jährlich mehr als 5,5 Millionen Tonnen sind wir nach China und den USA der drittgrößte Schweinefleischproduzent der Welt – und damit gewissermaßen Europameister im Schweineschlachten. Ganz ehrlich: Ich kann mir schönere Auszeichnungen vorstellen.

Deutschland produziert längst nicht mehr nur für den eigenen Markt. 2015 wurden 8,2 Millionen Tonnen Fleisch in den Schlachthöfen produziert. Viel wird exportiert. War Deutschland vor zehn Jahren noch Nettoimporteur von Fleisch, wird mittlerweile so viel produziert, dass die Fleischfabrik Deutschland mit einer Überproduktion von 20 Prozent ein bedeutender Nettoexporteur geworden ist.

Unser Selbstversorgungsgrad lag 2014 für Hühnerfleisch bei 125,1 Prozent und für Schweinefleisch bei 117 Prozent.

Das heißt, wir produzieren längst viel mehr, als wir hier eigentlich verbrauchen. Anscheinend hat sich die Agroindustrie zum Ziel gesetzt, auch beim Fleisch Exportweltmeister zu werden. Unterstützung bekommt sie dabei von der Bundesregierung. Der Agrarminister setzt sich dafür ein, dass nun auch Chinas Fleischmarkt weiter erschlossen werden soll. Und im Iran soll in Zukunft deutsche Milch getrunken werden. Durch Hermesbürgschaften für Megaställe treibt die Bundesregierung sogar den Export des Modells Massentierhaltung an.

Es gibt zahlreiche Technologien und Produkte, bei denen es volkswirtschaftlich sinnvoll ist und in unserem Interesse liegt, sie zu exportieren, zum Beispiel im Bereich der erneuerbaren Energien. Oder auch bei Qualitätsprodukten im Lebensmittelbereich. Aber warum sollten wir ausländische Märkte ausgerechnet mit Dumpingfleisch überschwemmen? Qualität made in Germany sieht jedenfalls anders aus.

Was für ein Sauleben

Die Tür zum Stall öffnet sich. Brütend warme Luft, getränkt von einem undefinierbaren Gestank, wabert den Besuchern entgegen. Rechts und links des Ganges sind Schweine in drangvoller Enge in viel zu kleinen Boxen untergebracht. Neugierig recken sie ihre Schnauzen unter dem Metallgatter hindurch. Die Tiere sind gerade einmal drei Monate alt. Mit deutlichen Schrammen auf dem rosa Rücken irren sie durcheinander. Hinten, in der Ecke, sucht ein Schwein nach Beschäftigung und rüttelt und beißt an einer Metallkette herum.

Allen Tieren fehlt etwas – der Ringelschwanz. Damit sie sich nicht gegenseitig vor lauter Langeweile anbeißen, wurde den Tieren nach der Geburt routinemäßig der Ringelschwanz amputiert. Das sei so besser für das Wohl der Tiere, erklärt der Landwirt. Diese Praxis ist nicht ungewöhnlich in der Schweinemast. Man will vermeiden, dass die Tiere sich gegenseitig anfressen, denn es kann sonst zu erheblichen und gefährlichen Verletzungen kommen. Unter diesen Haltungsbedingungen hat er damit auch recht. Doch statt die Haltungsbedingungen so zu verbessern, dass das gar nicht vorkommt, passt man die Tiere den Ställen an. Ob die Tiere mit oder ohne Ringelschwanz gehalten werden können, ist deshalb ein guter Indikator dafür, wie es den Tieren geht.

Dieser Schweinemastbetrieb, den ich besucht habe, ist ein ganz normaler Betrieb, wie es sie tausendfach in Deutschland gibt. Die Haltungsbedingungen sind deutscher Standard. Und der Mäster ist sicher kein Adriaan Straathof, der für seine systematischen Tierschutzverstöße bekannt ist. Der Betrieb dieses Mannes ist in einem der Ballungszentren der deutschen Tiermast auf einem schönen, alten Hof beheimatet. Die Größe eines bäuerlichen Familienbetriebs aber hat er längst gesprengt. Früher wurden hier ein paar hundert Tiere gehalten, heute sind es 3500. Bald sollen noch einmal mehr als 1000 Tiere dazukommen. Wie viele andere Schweinehalter expandiert auch dieser Mäster. Er ist im jetzigen System nahezu dazu gezwungen, denn die Schweinemäster verdienen nur wenige Euro pro Schwein, und so versucht er, die niedrigen Preise pro Tier durch mehr Masse auszugleichen. Er sagt, man müsse an die Zukunft denken.

Er ist stolz auf das, was er uns bei einem Rundgang über seinen Hof zeigt. Sein Hof gilt sogar als »Vorzeigebetrieb« in der »konventionellen«, das heißt nicht ökologischen Landwirtschaft. Er hat einen Teil seiner Tierhaltungsboxen

Bodenfläche für ein Schwein mit 110 kg

Bodenfläche für ein Masthuhn mit 1,6 kg

Kaum Platz: In typischen Massenställen lebt ein Huhn auf der Fläche eines Taschentuchs, ein Schwein hat weniger Platz als in einer Telefonzelle.

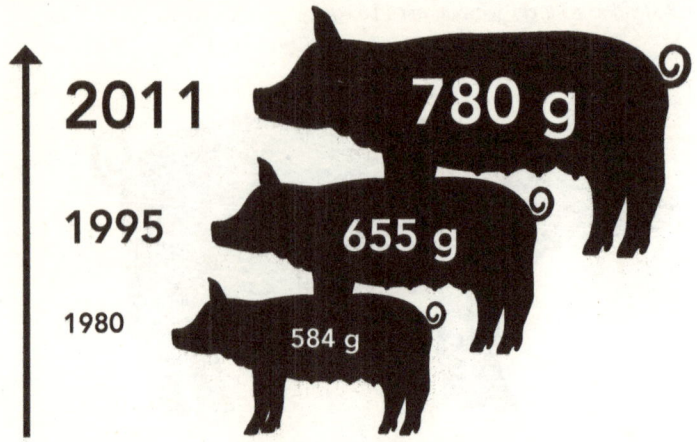

Durchschnittliche Leistungssteigerung bei Schweinen (Zunahme in Gramm pro Tag)

gerade nach den Kriterien einer Brancheninitiative des Handels, der Fleisch- und Landwirtschaft etwas umgebaut. Man will so auf die zunehmende Kritik aus der Bevölkerung reagieren, die sich nicht mehr damit abfinden will, dass Tiere auf engstem Raum zusammengepfercht leben müssen. Aber weit geht das nicht. Mehr Platz als in einer Telefonzelle hat ein ausgewachsenes Schwein auch in diesem Betrieb nicht.

»Ich kann hier jeden reinlassen, wir haben hier nichts zu verbergen«, sagt er selbstbewusst, während hinter ihm eines der Schweine auf dem von Kot und Urin überschwemmten Spaltenboden ausrutscht.

Spaltenböden. Diese grauen, kalten Betonplatten sind heutzutage das, worauf die meisten Schweine ihr kurzes Leben verbringen. Nur in wenigen Betrieben kommen Tiere überhaupt noch ins Freie. Auf richtigen, erdigen Boden. Auf die Weide, ins Grüne.

Ich muss an einen Tierarzt denken, der mir erzählt hat, dass 90 Prozent der Tiere von Vollspaltenböden Sehnenscheiden- oder Schleimbeutelentzündungen haben. In manchen Betrieben bekommen die Tiere zumindest etwas Stroh als Einstreu, da wirken sie gleich viel lebendiger und gesünder. Aber das ist leider die Ausnahme.

Im Nachbargebäude leben Schweine, die mit sechs Monaten doppelt so alt sind. Innerhalb der letzten drei Monate haben sie ihr Gewicht auf rund 110 Kilo verdoppelt. Wenige Tage noch, erklärt man mir, dann kommt der Tiertransporter, lädt sie ein, und sie werden an den Schlachthof geliefert. Ihnen steht ein langer stressiger Weg in engen Tiertransportern bevor. Viele der Tiere sind nicht besonders agil. Nach der Turbo-Mast können sie sich ganz offensichtlich kaum noch bewegen. Einige sind so träge und lethargisch, dass sie sich gegenseitig auf die Köpfe urinieren und koten.

Als Biologe ist mir völlig klar, dass sich unter normalen Bedingungen kein Schwein so verhalten würde. Schweine sind intelligente und reinliche Tiere. Doch diese Tiere sind nach der Zeit im Stall dermaßen abgestumpft, dass sie einfach gar nicht mehr anders können.

Wollen wir wirklich so eine Tierhaltung? Der Landwirt, der mich auf seinen Hof eingeladen hat, ist offensichtlich stolz auf die Ergebnisse seiner Arbeit. Und das nehme ich ihm ab. Ich verurteile ihn nicht. Wir haben uns lange unterhalten. Wie könnte eine bessere Tierhaltung aussehen? Was müsste dafür getan werden? Doch zusammengekommen sind wir nicht. Wie ist diese unterschiedliche Wahrnehmung zu erklären? Wieso sprechen wir nicht dieselbe Sprache? Uns beiden geht es doch um die Bewahrung der Natur. Daran zeigt sich, wie schwierig es wird, Veränderungen zu erreichen. Doch die sind dringend nötig. Denn trotz der selbstbewussten Beteuerungen dieses Bauern geht es diesen Tieren ganz einfach schlecht.

Das Schweinesystem

> *§ 1 des Tierschutzgesetzes*
> *»Niemand darf einem Tier ohne vernünftigen Grund Schmerzen, Leiden oder Schäden zufügen.«*

Die industrielle Massentierhaltung hat ein Ziel: die maximale Ausnutzung und Verwertung von Tieren als Lieferanten von Produkten. Tiere werden hier als Ware betrachtet, der am Schluss ein Preisschild aufgeklebt wird. Viele Bäuerinnen und Bauern sind nur noch ein Glied in einer durchrationalisierten Produktionskette. Für Tierschutz fehlen ihnen häufig Zeit und Geld. Besonders drastisch ist das bei der Schweinehaltung. Das Tierleid beginnt hier bereits mit der Geburt.

Tödliche Ferkelfabriken

Es sind Bilder, die im Kopf hängen bleiben. Als die ARD Mitte Juli 2014 den Report »Deutschlands Ferkelfabriken: Gequält, totgeschlagen und weggeworfen« ausstrahlte, ging ein Aufschrei durchs Netz. Der Bericht zeigte, was hinter den Türen mancher Ferkelzuchtbetriebe passiert.

Auf den Aufnahmen der versteckten Kameras ist zu sehen, wie einige Angestellte gerade frisch geborene Ferkel vom Boden aufheben und an eine Stahlkante schlagen, um sie zu töten. Manche landen noch zappelnd im Müll. Solche Gräueltaten finden sicherlich nicht in allen Ställen statt. Aber es sind auch keine Zufälle, sondern Ergebnis eines perfiden Systems. Je häufiger und je mehr Ferkel eine Sau absetzt, desto wertvoller ist sie für den Züchter – rein wirtschaftlich natürlich. Deshalb wurde geforscht und gezüchtet, bis Sauen immer mehr Ferkel bekommen – manchmal zu viele.

Im Durchschnitt setzt jede Sau 26,6 Ferkel ab, bei 2,34 Würfen pro Jahr. Diese unnatürlich hohen Ferkelzahlen werden auch deshalb erreicht, weil den Muttertieren im Stall Hormonpräparate verabreicht werden. Durch die zunehmende Überzüchtung und die Hormonzugaben sind es manchmal bis zu 20 Ferkel – in einem einzigen Wurf. Für die reichen die üblichen 14 Zitzen des Muttertiers logischerweise nicht aus. Die Sau schafft es nicht, alle Ferkel zu ernähren. Die schwächsten verhungern oder werden erdrückt. Überzählige Ferkel, die es schaffen, müssten eigentlich per Hand aufgezogen werden. Aber das kostet natürlich viel Zeit und bedeutet Aufwand. Es mögen belegte Einzelfälle sein. Aber manche Ferkelzüchter gehen den kürzeren Weg und bringen die Ferkel um – manchmal auch so, wie in der Dokumentation gezeigt. Die Effizienzlogik im Stall hat ihren Preis.

Den Sauen geht es dabei kaum besser. In der Zeit, in der die Ferkel bei der Mutter trinken, steht oder liegt das Muttertier in einem sogenannten »Ferkelschutzkorb«. Der heißt so, weil er die neugeborenen Schweinchen davor bewahren soll, dass die Mutter sie beim Hinlegen versehentlich erdrückt. Im Endeffekt ist sie fast vier Wochen zur völligen Bewegungslosigkeit verdammt. Sie kann sich noch nicht einmal umdrehen. Sie ist eingesperrt in einen Metallkasten, der ihren Körper umschließt.

Viele Tiere überleben diese Behandlung nicht lange. Die Zuchtsauen tragen durch die schnellen Wurfzyklen Entzündungen am Gesäuge und an der Gebärmutter davon oder geben ihrem Nachwuchs zu wenig Milch. Diese schwerwiegenden Folgen haben einen kurzen Namen: MMA-Komplex, quasi die Berufskrankheit der Muttertiere. Sobald ihre Fruchtbarkeit abnimmt, haben sie für viele Landwirte ausgedient und landen auf dem Schlachthof. Oft viel zu früh. Unter natürlichen Umständen können Tiere bis zu zehn Jahre alt werden. Doch in den Industrieställen wird eine Sau kaum älter als drei Jahre. Die Tiere überleben unter der Maßgabe der Effizienz nicht lange.

Betäubungslose Kastration

Für die männlichen Ferkel geht das Leid nach der Geburt weiter. Aus Furcht, ihr Fleisch könne den zugegebenermaßen nicht sehr angenehmen Geruch ausgewachsener Eber annehmen, werden sie kastriert – und das meist bei vollem Bewusstsein.

Eine große Zahl von Züchtern bemüht sich jedoch nicht etwa um einen Tierarzt, denn der ist teuer. Also legen viele selbst Hand an und schneiden den Ferkeln bei vollem Bewusstsein die Hoden heraus. Ausgebildet sind sie dafür nicht. Über 20 Millionen Ferkel müssen alljährlich dieses unnötige Leid ertragen. Noch Tage nach diesem traumatischen Eingriff leiden die Tiere unter Schmerzen.

Wenn Tiere den Ställen angepasst werden

Was ich im Stall des großen Schweinemästers gesehen habe, nämlich dass den Tieren der Ringelschwanz amputiert wird, ist kein Einzelfall. Eine solche Prozedur nennt man im Agrarsprech einen »nicht kurativen Eingriff«. Ein Euphemismus, der dafür steht, verstörte Tiere vom Kannibalismus abzuhalten und davon, sich gegenseitig zu beißen.

Die Ursachen für diese Form des Kannibalismus sind unterschiedlich, meist kommen mehrere Faktoren zusammen. Sind zum Beispiel die Stallbuchten mit Stroh ausgestreut, können die Tiere ihrem natürlichen Wühltrieb nachgehen. Bei diesen Haltungsbedingungen kommt es deutlich seltener dazu, dass sich Tiere gegenseitig anbeißen. Stehen die Jungschweine dagegen auf sogenannten Teil- oder Vollspaltenböden, wird Kannibalismus eher zur Regel als zur Ausnahme.

Auch die Gruppengröße spielt eine wichtige Rolle, wie in einer Studie anhand von Betrieben mit mehr als 500 Mastplätzen untersucht wurde. Werden weniger Tiere in einer Bucht gehalten, kommt es seltener zu Verletzungen an Schwanz und Ohr. Sind zu viele Tiere in einer zu kleinen Box, zeigen fast alle Tiere Verhaltensstörungen. Aber auch fehlende Beschäftigung, das Klima in geschlossenen Ställen, die Fütterung, der allgemeine Gesundheitsstatus, mangelndes Platzangebot, die Genetik, das Geschlecht, Alter und Gewicht sowie der Zeitpunkt, ab dem Ferkel nicht mehr gesäugt werden, haben Einfluss auf diese Störung.

Häufig entzünden sich die angebissenen Stellen bei den Tieren. Das will natürlich keine Bäuerin und kein Bauer. Es gibt im Grunde nur zwei Möglichkeiten, das zu verhindern. Erstens: Man gibt den Tieren ausreichend Platz, verbessert die Haltungsbedingungen deutlich und geht auf die natürlichen Bedürfnisse dieser sehr verspielten und intelligenten Tiere ein, indem man ihnen zum Beispiel Beschäftigungsmaterialien gibt und Auslauf ermöglicht. Das alles kostet natürlich Geld und Zeit und viele Ställe sind einfach nicht dafür ausgelegt. Deshalb wird in nahezu allen konventionellen Betrieben der zweite Weg beschritten: Die Schwänze werden kupiert, sprich abgeschnitten. Statt die Ställe den Tieren anzupassen, passt man die Tiere den Ställen an – und handelt dabei auch noch gesetzeskonform. Im Endeffekt heißt das, wenn ein einzelner Bauer oder eine einzelne Bäuerin für mehr Tierschutz sorgt, verschaffen sie sich selbst einen Wettbewerbsnachteil – auch weil es für Verbraucherinnen und Verbraucher im Laden einfach keinen erkennbaren Unterschied gibt, wie die Tiere tatsächlich gehalten wurden. Deshalb geht es bei den Problemen in der industriellen Massentierhaltung auch nicht um Einzelfälle. Nein, das ganze System stinkt. Es ist ein Schweinesystem.

Das Sauleben der Anderen

Wenn es um Tierschutz geht, rangiert Deutschland europaweit gerade mal im Mittelfeld. Es verwundert nicht, dass es nicht nur bei der Schweinehaltung Missstände gibt. Nein, auch viele Hühner, Puten und Rinder fristen in Deutschland ein unwürdiges Sauleben.

- Fast 45 Millionen männliche Küken von Legehennen werden jedes Jahr direkt nach dem Schlüpfen getötet.
- Mehr als die Hälfte der Legehennen erleiden Knochenbrüche und ein Drittel der Hähnchen hat Fußballenprobleme.
- Turbo-Kühe werden verheizt, um immer mehr Milch zu erzeugen. Im Durchschnitt überleben sie nur noch rund 5 Jahre.
- Jedes Jahr ersticken geschätzt 180.000 ungeborene Kälber im Bauch geschlachteter Kühe.
- Wassergeflügel wie Enten und Gänsen fehlt meist der Zugang zu Badestellen.

Leben auf der Fläche eines Taschentuchs

Bis zu 40.000 Tiere in einer megagroßen Halle, in der es nichts gibt als das Dröhnen der Lüftungsanlage, Futter, Wasser und Tausende orientierungslose Artgenossen. So sieht die Realität der meisten konventionell gehaltenen Masthühner in Deutschland aus. Die Tiere leben keine sechs Wochen, bevor sie zum Schlachter kommen. Ein längeres Leben wünscht man ihnen auch kaum.

Innerhalb kürzester Zeit – das heißt in vier bis sechs Wochen – werden sie von einem Gewicht von zirka 40 Gramm beim Schlüpfen auf ein Körpergewicht von rund 1,5 bis 2 Kilogramm hochgemästet.

Weil es sich am besten verkauft, werden Hühner mit überdimensioniertem Brustfleisch gezüchtet. Das führt dazu, dass das noch unterentwickelte Skelett diese Masse gar nicht tragen kann. So brechen manche Hühner unter ihrer eigenen Last zusammen. Sie kauern fast nur noch auf ihrer Brust. Dadurch kommt es zu Hautreizungen und Entzündungen.

Viel Platz haben die Tiere nicht. In den typischen Ställen, die häufig mehrere tausend Quadratmeter groß sind, bei der Kurzmast, die gerade mal vier Wochen dauert, tummeln sich bis zu 24 Hühner auf einem einzelnen Quadratmeter. Ein Huhn hat gerade einmal so viel Platz wie auf einem Standard-Papiertaschentuch. Das alles ist gesetzlich erlaubt. Allein im Jahr 2015 wurde mehr als eine halbe Milliarde Hähnchen und Hühner geschlachtet.

Manche überleben das Martyrium bis dahin gar nicht. Einige Tiere werden Opfer der Enge und sterben durch den Stress den »plötzlichen Herztod« (sudden death syndrome). Schätzungen zufolge liegt die Mortalitätsrate, also die Anzahl der Tiere, die schon während der Mast an zucht- und haltungsbedingten Krankheiten sterben, bei etwa 3,75 Prozent. In Mengen ausgedrückt: 24 Millionen. Das wird als Kollateralschaden in Kauf genommen: Und anstatt dafür zu sorgen, dass es den Tieren besser geht, werden sie oft einfach mit Antibiotika vollgepumpt, damit sie bis zum Schluss überleben.

Lege-Marathon im Stall

Früher hat man bei uns noch Hühner im eigenen Garten gehalten. Oder man kannte zumindest jemanden aus der Nachbarschaft, bei dem man Eier geholt hat. Heute ist die Eierproduktion in den meisten Ställen ebenfalls stark industrialisiert.

Die Realität sieht so aus: den Tieren wird meist der Schnabel gekürzt, damit sie nicht vor lauter Langeweile anfangen, sich gegenseitig die Federn auszurupfen oder sich anzupicken. Platzmäßig haben es Legehennen aus Bodenhaltung nicht besser als Masthühner. Sie haben während ihres Lebens ungefähr so viel Platz wie ein einzelnes DinA-4-Blatt.

Den Eier-Exzess – sie müssen bei 14 Stunden Dauerbeleuchtung fast jeden Tag ein Ei legen – halten viele Tiere nicht lang durch. Die natürliche Mauser wird durch das Vorgaukeln eines ewigen Sommers verhindert, damit die Tiere im Jahr 300, manchmal sogar 320 Eier pro Jahr legen.

Mehr als die Hälfte der Legehennen erleidet Knochenbrüche, weil auch ihr Skelett nicht mitspielt. Nimmt die Leistung ab, werden sie unrentabel. Mit maximal anderthalb Jahren werden die meisten Hennen, oft bis auf Haut und Knochen abgemagert, ausgemustert. Ein Schicksal, das

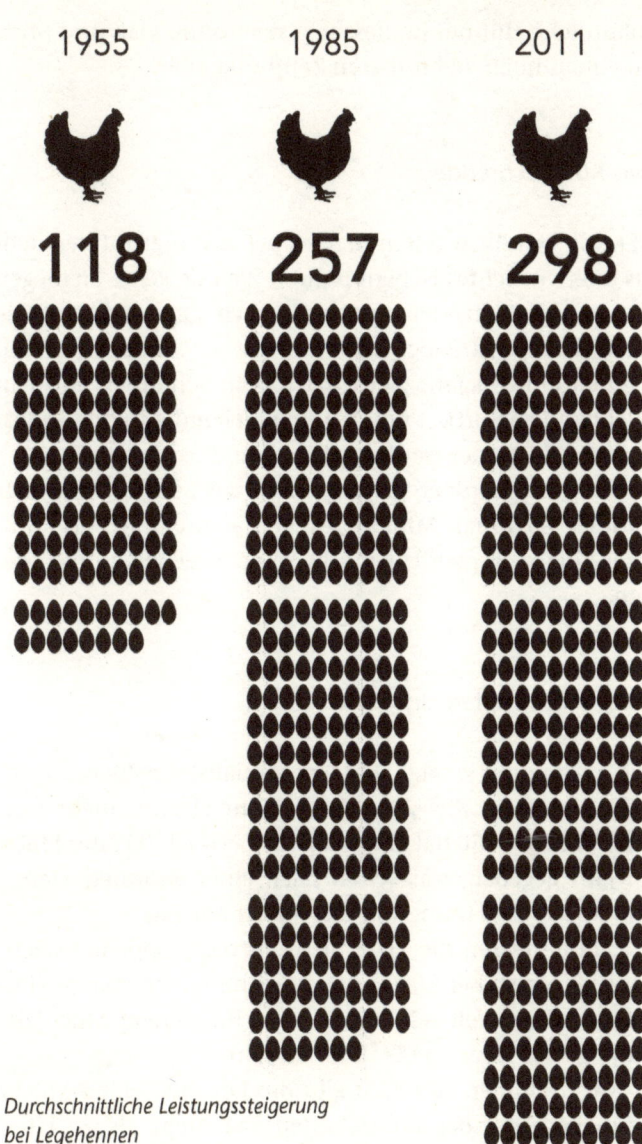

Durchschnittliche Leistungssteigerung bei Legehennen (Eier je Huhn und Jahr)

männliche Hühner in diesem System ohne Maß und Mitte zu einem noch viel früheren Zeitpunkt ereilt.

Das Kükenschreddern

Männliche Küken gelten in der Hochleistungshühnerzucht als unerwünschtes Nebenprodukt. Weil sie keine Eier legen können und etwas langsamer Fleisch ansetzen, sind sie nach der Industrielogik nutzlos. Fast 45 Millionen Küken werden Jahr für Jahr gleich nach dem Schlüpfen auf dem Fließband aussortiert und kommen lebendig in den Industrieschredder oder werden mit Kohlendioxid erstickt.

Man mag darüber streiten, wann das Maß voll ist. Aber darüber, dass man Millionen von Tieren einfach als »Brüterei-Abfall« wegwirft, kann es keine zwei Meinungen geben.

Jeder Milchtropfen eine Qual

Die Agroindustrie setzt auf stark spezialisierte Züchtungen, für die nur ein Ziel gilt: Mehr! Mehr Fleisch, mehr Eier, mehr Milch. 1950 hat eine Kuh noch etwa 3200 Liter Milch im Jahr gegeben, was schon nach einer enormen Menge klingt. Das sind immerhin fast 9 Liter am Tag.

Heute müssen die Tiere mehr als das Doppelte leisten, nämlich weit über 8000 Liter. Manche schwarzbunte Holstein-Friesian, weltweit das Synonym für extreme Milchleistung, geben sogar 15.000 Liter im Jahr.

Angenommen eine Kuh gibt pro Jahr 8000 Liter Milch. Dann bedeutet das für sie jeden Tag mehr als 20 Liter. Hochleistungskühe geben bis zu 40 Liter am Tag. Wie man

Durchschnittliche Leistungssteigerung bei Milchkühen (in Litern pro Jahr)

sich leicht vorstellen kann, belastet das ein Tier extrem. Die Tiere werden für den Milchexzess regelrecht verheizt. Meist werden sie schon nach zwei bis drei Melkperioden »ausgemustert«, weil sie krank und ausgemergelt sind. Nach nur fünf Jahren geht's zum Schlachter – eigentlich viel zu früh.

Die Tiere sind in diesem System Opfer einer Zucht, die nur ein Ziel kennt: Effizienz – um jeden Preis. 300 Tage melken, zwei Monate kalben und Erholung – das ist der Lebensrhythmus von Milchkühen. Früher hielten sie oft noch acht oder sogar mehr Melkperioden durch. Heute sind es nur noch zwei bis drei, bevor sie zum Schlachter aussortiert werden. Ob sie dabei gerade tragend sind oder nicht, ist in diesem System egal. Die Trächtigkeit stellt man erst nach dem Schlachten fest. Die Kälberembryonen, teilweise älter als sieben Monate, ersticken qualvoll im Leib ihrer Mutter. Das geschieht nach Schätzungen der Bundestierärztekammer 180.000 Mal pro Jahr. Dieser ethische Skandal ist seit vielen Jahren bekannt.

Es grenzt schon ans Absurde, was die Vertreterinnen und Vertreter der Agroindustrie dazu sagen. Udo Folgart –

immerhin Vizepräsident des sogenannten Deutschen Bauernverbandes – behauptete tatsächlich in einem Interview, dass es den Kühen doch von Jahr zu Jahr besser gehen würde. Eine seltsame Realitätsverweigerung.

Immer mehr, immer größer, immer effizienter. So ließe sich das Mantra der Agroindustrie zusammenfassen. Aber sie arbeiten nun mal mit Tieren, die das ausbaden müssen – und nicht mit Maschinen. Teile der Agroindustrie haben Maß und Gespür dafür verloren, was moralisch und ethisch okay ist. Und wie man Lebewesen behandelt.

Die industrielle Landwirtschaft und vor allem die Fleischindustrie haben sich ziemlich weit von unserer Gesellschaft entfernt. Unter dem Deckmantel von Begriffen wie zum Beispiel »Modernisierung« oder »Intensivierung« findet seit Jahren eine Entwicklung statt, die nicht in ein Land passt, in dem die Menschen großen Wert auf Tier- und Umweltschutz legen.

Wer sich einmal in so einem Stall umgeschaut hat, dem zeigt die industrielle Optimierungslogik ihr hässliches Gesicht. Als wären diese Tiere nichts anderes als Maschinen, die am laufenden Band Fleisch »produzieren«. Effizienzsteigerungen und Wachstum um jeden Preis haben auch in der Landwirtschaft Grenzen. Und die sind schon lange überschritten.

Seit letztem Jahr ist das sogar amtlich. Der mit Agrarökonomen und -ökonominnen, Sozial- und Naturwissenschaftlern und -wissenschaftlerinnen besetzte Wissenschaftliche Beirat für Agrarpolitik (WBA), stufte im März 2015 in seinem »Gutachten zur Nutztierhaltung« die derzeitigen Haltungsbedingungen eines Großteils der Nutztiere als »nicht zukunftsfähig« ein, weil »erhebliche Defizite vor allem im Bereich Tierschutz, aber auch im Umweltschutz« festgestellt wurden.

Zwischenruf:
Ethische Grundsätze statt industrielle Maßstäbe

Beim Umgang mit Tieren darf es kein Diktat der Kosteneffizienz geben. Tierschutz ist als Staatsziel nicht nur im Grundgesetz verankert. Es gibt ein eigenes Tierschutzgesetz, das besagt, dass keinem Tier ohne vernünftigen Grund Schmerzen, Leid oder Schäden zugefügt werden dürfe. Doch welchen anderen Grund gibt es für das Kükenschreddern als einen rein ökonomischen? Ist das ein vernünftiger Grund? Ganz klar nein. Es kann nicht sein, dass jedes Jahr 45 Millionen männliche Küken direkt nach dem Schlüpfen getötet werden, weil sie schlicht unrentabel sind. Das ist Ausdruck eines pervertierten Systems, in dem industrielle Maßstäbe über ethischen Grundsätzen stehen. Und das müssen wir umkehren.

Wo es solche massiven ethischen Leerstellen gibt, brauchen wir klare gesetzliche Regelungen.

Ich gehe davon aus, dass jede anständige Bäuerin und jeder anständige Bauer ein ureigenes Interesse am Wohlergehen seiner Tiere hat. Dass sie gesund bleiben. Schließlich sind sie ihre oder seine Lebens- und Wirtschaftsgrundlage.

Dennoch: Es ist gängige Praxis in deutschen Ställen, Schweinen den Ringelschwanz abzuschneiden und Legehennen die Schnäbel zu kürzen. Klar, schwarze Schafe gibt es immer. Aber diese Missstände ziehen sich durchs System. Sie gehören zum System. Und das ist das Problem. Durch die Auswüchse der Agrarpolitik, die immer größere Ställe mit immer weniger Platz für immer mehr Tiere propagiert, gehört Tierqual zur Praxis, da gibt es kein Drumherumreden. Und das schadet der Landwirtschaft. Nicht nur weil es den Tieren schlecht geht, sondern auch die meisten Menschen das einfach nicht mehr akzeptieren. Wir müssen also einen Weg finden, wie wir solche Fehlentwicklungen umkehren können.

Diesen Weg gibt es: indem wir den Tieren mehr Platz geben und das, was sie brauchen, um sich einigermaßen wohlzufühlen. Indem wir bestimmte Sachen klar verbieten. Und natürlich muss sich Tierschutz für Bäuerinnen und Bauern auch rentieren.

Doch Vertreterinnen und Vertreter der Agroindustrie, zum Beispiel des Deutschen Bauernverbandes reden die Probleme klein und wehren sich gegen klarere Regeln, die diese Missstände aufheben könnten. »Staatliche Bevormundung, Bürokratie und gesetzgeberische Schnellschüsse seien vielleicht die größte Gefahr für eine bäuerliche Landwirtschaft«, so der amtierende Präsident des Bauernverbandes Joachim Rukwied in einer Grundsatzrede im letzten Jahr. Eins ist klar: Blockadehaltung und Realitätsverweigerung bringen uns keinen Schritt weiter. Wir brauchen eine Trendumkehr, wir brauchen eine Agrarwende.

Töten am Fließband

Nicht nur die Tieraufzucht hat heute vielfach industrielle Ausmaße angenommen. Auch das Schlachten findet so statt.

Als Jugendlicher habe ich zu Hause selber noch miterlebt, wie wir ein halbes Schwein selbst zerlegt haben. Wir haben eine Schweinehälfte von einem Bauern aus einem Ort in der Nähe geholt. Wir wussten, wo es herkam und wie es aufgewachsen war. Natürlich haben wir das Tier nicht selber getötet. Dabei kann so viel schiefgehen, dass das immer ein erfahrener Metzger gemacht hat, den der Landwirt beauftragt hatte.

Wir haben dann gemeinsam das Tier zerlegt. Nichts wurde verschwendet. Wenn man ein Tier selbst zerlegt, wird sehr deutlich: Man tötet ein Lebewesen, um es zu essen. Das muss man sich klarmachen, wenn man Fleisch isst. Umso problematischer finde ich es, wie heute geschlachtet wird: im Akkord, am Fließband. Zum allergrößten Teil spielt sich das Schlachten heute hinter Hochsicherheitszäunen von Schlachtfabriken ab.

Nicht nur die Massentierhaltung, sondern auch die Massentierschlachtung nimmt zu. Im Akkord werden Tiere betäubt, getötet, ausgenommen. Die industriellen Auswüchse der Massentierschlachtung zeigen sich in einem Ort besonders deutlich: Wietze. In Wietze, einer kleinen niedersächsischen Stadt mit knapp 8000 Einwohnern, steht der größte Geflügelschlachthof Europas. Hier können 450 Tiere pro Minute geschlachtet werden, das sind bis zu 432.000 am Tag. Solche Zahlen lassen erahnen, dass im Umgang mit den Tieren und mit der Erzeugung von Fleisch etwas Grundlegendes aus den Fugen geraten ist. Aber erst ein Blick hinter die Tore der Fleischfabriken zeigt, wie grauenvoll die Zustände vielfach sind.

Den deutschen Schlachtmarkt teilen sich vier Konkurrenten, die auch im Export führend sind: Die internationalen Schlachkonzerne Danish Crown und die Vion Food Group, die von dem »König der Schweine« geführte Tönnies GmbH & Co. KG, die überwiegend für Discounter wie Lidl und Aldi produziert, und die Unternehmensgruppe Westfleisch mit Sitz in Münster.

Dagegen müssen immer mehr regionale Schlachthöfe und lokale, handwerkliche Metzger aufgeben. Dadurch verlängern sich auch in Deutschland die Wege für Tiertransporte, die für die Tiere viel Stress und Leid bedeuten. Jeder vierte überprüfte Tiertransport verstößt gegen die Vorschriften. Die Tiertransporte sind häufig überladen, dauern zu lang und es werden sogar kranke Tiere transportiert.

Die industrialisierte Schlachtung ist straff durchgetaktet. Am Fließband werden Tiere betäubt, getötet und zerlegt. Für die Betäubung und Tötung der einzelnen Tiere bleiben nur wenige Sekunden Zeit. Da werden aufgrund des Zeitdrucks mitunter Bolzenschussgeräte bei Rindern nicht korrekt angesetzt, Betäubungsverfahren versagen, Tiere bluten nicht richtig aus. Einige Tiere werden also geschlachtet, während sie bei Bewusstsein sind. Dass etwas schiefgeht, passiert nicht selten. Nach Auskünften der Bundesregierung werden 0,1 bis 12,5 Prozent der Schweine und 4 bis 9 Prozent der Rinder nicht richtig betäubt.

Ausbeutung im Schlachthof

Für die Menschen, die dort arbeiten, ist das Schlachten und Zerlegen ein Job, der psychisch und physisch viel abverlangt. Die Arbeitsbedingungen in der Fleischbranche sind oft unwürdig und ausbeuterisch. Sie erinnern eher an die Zustände zu Zeiten des Manchesterkapitalismus.

Meistens sind es Arbeiterinnen und Arbeiter aus Osteuropa, die mit falschen Versprechungen und fadenscheinigen Lockangeboten hierher gelockt werden, um in deutschen Fleischfabriken zu schuften. Unseriöse Subunternehmer versprechen ihnen gute Löhne, freien Transport und eine saubere Unterbringung.

Kaum sind die Menschen aus Rumänien oder Bulgarien hier, kommt das böse Erwachen. Ausufernde Arbeitszeiten, unrechtmäßige Lohnabzüge, erbärmliche Unterkünfte und eine schlechte Gesundheitsversorgung gehören zum Alltag dieser Menschen.

Die Arbeiter müssen teilweise 12 bis 14 Stunden am Tag schuften. Statt des gesetzlich vorgeschriebenen Mindestlohns werden sie am Ende oft mit deutlich weniger abgespeist. Das Geld wird von den Subunternehmern manchmal monatelang nicht gezahlt. Für die heruntergekommenen Bruchbuden, die den Begriff Unterkunft kaum verdienen, ziehen ihnen die Subunternehmen der Schlachthofbetreiber auch noch Miete vom kargen Lohn ab. Wer aufmuckt, verliert seinen Schlafplatz. Manche Arbeiter hausen mangels Alternativen dann sogar im Wald. Das sind sklavenähnliche und menschenunwürdige Zustände – ausgerechnet in einem reichen Land wie Deutschland.

Wie ist das möglich? Wir sind eine führende Wirtschaftsnation und gehören zu den wohlhabendsten Ländern der Welt. Arbeitnehmerrechte zählen zu den wichtigsten Errungenschaften unseres Landes. Wie kann es sein, dass genau diese Rechte in der Schlachtbranche so fundamental ausgehebelt und ignoriert werden?

Das Hauptproblem ist das ausufernde Unwesen der Werkverträge. Anstatt die Beschäftigten anzustellen, engagieren manche Schlachthofbetreiber lieber fragwürdige Subunternehmer. Die wiederum beschäftigen Scheinselbständige auf Werkvertragsbasis. Falls eine der seltenen Kontrollen das moniert, wird fix eine Verleiherlaubnis aus der Tasche gezaubert und die Beschäftigten als Leiharbeiter umetikettiert. Was als flexibles Instrument für den Arbeitsmarkt gedacht war, ist zu einem Mittel der Ausbeutung verkommen.

Die Bundesregierung hat bisher nicht genug getan, um die gesetzlichen Schlupflöcher zu stopfen. So ist die Zahl der Werkverträge in der Fleischbranche in den letzten Jahren massiv gestiegen. Mit diesen Werkverträgen täuschen zwielichtige Unternehmer eine Selbstständigkeit der Arbeitnehmer vor. Der Mindestlohn und das Arbeitsrecht werden untergraben. Eine Möglichkeit, den Mindestlohn zu umgehen, ist das sogenannte Messergeld. Die Arbeiter müssen eine Gebühr bezahlen für das Messer, mit dem sie arbeiten, sie werden häufig in Wohnungen untergebracht, für die sie eine unangemessen hohe Miete an den Subunternehmer bezahlen, bei dem sie angestellt sind. In den meisten Fällen kennen die Arbeiterinnen und Arbeiter das deutsche Arbeitsrecht nicht und tun sich sehr schwer, sich zu wehren. Die Fleischkonzerne wollen lieber gar nicht wissen, wer da unter welchen Bedingungen schuftet. Dumpinglöhne und Sozialbetrug sind an der Tagesordnung.

Einige Nachbarländer haben sich bereits über das Lohndumping in deutschen Schlachthöfen beschwert. Belgien forderte 2013 die EU-Kommission auf, den unwürdigen Praktiken ein Ende zu machen. Deutschland ist zu einem Dumpingstandort geworden.

Der Bundesregierung legt die Hände in den Schoß und toleriert dieses Unrecht. Klar ist jedoch: Die Profitinteressen der Schlachtfabriken dürfen nicht über der Würde der Menschen stehen. Wir dürfen es nicht erlauben, dass in Deutschland Menschen so schändlich behandelt werden.

Zwischenruf: Die V-Frage

In letzter Zeit werde ich immer wieder gefragt, ob ich denn nun Fleisch esse oder nicht. Nicht erst seit der Debatte um den Veggie-Day ist das eine Frage, die Menschen bewegt – vom Veganer bis zum Schweinehalter.

Diese Frage impliziert: Bist du auf unserer Seite oder nicht? Bei manchen – egal auf welcher Seite – hat das fast schon religiöse Züge angenommen. Ob wir Fleisch essen oder nicht, wird zur Gewissensfrage, die Teile der Gesellschaft spaltet.

Früher war Fleisch Mangelware. Heute ist es Massenware. Das wenige Fleisch, das nach dem Zweiten Weltkrieg überhaupt verfügbar war und verarbeitet wurde, galt als Kostbarkeit. So wie die Schiebe-Wurst, bei der eine Scheibe Wurst aufs Brot gelegt und mit jedem Minibissen weiter nach hinten geschoben wurde, damit sie auch ja bis zur letzten Rinde reichte. In den frühen Nachkriegsjahren war man froh, wenn es überhaupt irgendetwas zu essen gab.

In den 1950er-Jahren, also in den Wirtschaftswunderjahren, aßen die Menschen in Deutschland pro Kopf und Jahr 2 Kilogramm Geflügel. Heute hat sich der Konsum fast verzehnfacht.

Die Art und Weise wie Fleisch heute erzeugt wird, verursacht enorme Probleme. Für die Tiere wie auch für die Umwelt. Die Fleischproduktion ist alles andere als nachhaltig. Würden alle Menschen so viel Fleisch essen wie wir, bräuchten wir einen zweiten Planeten.

Das Gute ist: Immer mehr Menschen machen sich deshalb Gedanken, ob sie dieses System noch unterstützen können oder wollen. Immer mehr haben ein Problem mit den völlig unhaltbaren Zuständen in den Fleischfabriken. Auch ich zähle zu diesen Menschen. Mir macht das Politikversagen im Hinblick auf diese Zustände große Sorgen. Trotzdem bin ich niemand, der Fleisch grundsätzlich ablehnt. Ich esse gerne mal ein Steak oder einen Schweinebraten. Dabei ist es mir aber nicht egal, ob es von einem Tier stammt, das unter unwürdigen Umständen dahinvegetiert, oder ob es mit Respekt behandelt wird und aus einer weitgehend artgerechten Haltung stammt.

Weitgehend artgerecht – als Biologe mache ich diese Einschränkung bewusst. Wirklich artgerecht wäre nämlich, die Tiere gar nicht erst einzusperren. Jede Form der Tierhaltung, auch die von Haustieren, wäre unter diesem Aspekt problematisch.

Trotzdem werden jetzt viele sagen: Wie kannst du nur? Wer sich so viel mit dem Thema beschäftigt, muss doch Vegetarier werden!

Nein, das finde ich nicht. Erstens glaube ich, dass viele Leute sich eine andere Landwirtschaft wünschen und trotzdem Fleisch mögen. Vielleicht aus Genuss, vielleicht aus Gewohnheit. Ich möchte, dass jeder Mensch sich frei entscheiden kann. Der entscheidende Punkt ist: Immer mehr Menschen erkennen, dass das System Massentierhaltung inakzeptabel ist. Und zweitens gibt es ganz massive Unterschiede in der Tierhaltung. Es macht einen krassen Unterschied, ob ein Huhn in einem 40.000er-Stall gemästet wurde oder ob es in einem mobilen Stall auf der grünen Wiese groß geworden ist.

Das Ziel muss sein, die Landwirtschaft so umzubauen, dass es keine Massentierhaltung mehr gibt. Ich will, dass es den Tieren besser geht und dass die Umwelt geschont wird. Ich will, dass die Landwirtschaft das Klima schützt und bäuerlichen Betrieben Perspektiven lässt, dass Bäuerinnen und Bauern, die ihre Tiere besser halten, von ihrer Arbeit wieder gut leben können. Die Tierhaltung will ich nicht abschaffen, aber ich will sie besser machen. Und ich freue mich über jeden, der das unterstützen will – auch auf dem eigenen Teller.

Natürlich kann man jegliche Nutztierhaltung grundsätzlich ablehnen. Ich tue es nicht. Davon sind die politischen Mehrheiten auch meilenweit entfernt. Und es wäre fatal, wenn man im Umkehrschluss so tun würde, als wäre alles gleich schlimm. Es gibt enorme Unterschiede im Tierschutz. Darf man Tiere töten, um sie zu essen? Ich finde ja.

Das hat vielleicht auch etwas damit zu tun, wie ich aufgewachsen bin. Wir haben bei mir zu Hause zu besonderen Anlässen Tiere auch selbst zerlegt. Deshalb habe ich da vielleicht einen etwas pragmatischeren Zugang zum Thema Fleischessen. Trotzdem ist das eine berechtigte ethische Grundsatzfrage. Und man kann durchaus anderer Meinung sein als ich.

Aber dieser Grundsatzstreit darf uns nicht davon abhalten, jetzt schon möglichst viele schrittweise Verbesserungen durchzusetzen, statt darauf zu warten, dass es vielleicht irgendwann eine grundlegende gesamtgesellschaftliche Meinungsänderung gibt in der Frage, ob man Tiere überhaupt töten darf.

Ein Entweder-oder, ein Ganz-oder-gar-nicht – damit kann ich als Politiker genauso wenig anfangen wie als Privatmensch. Ich will eine Politik machen, die die Bedürfnisse der Veganer ebenso einschließt wie die berechtigten wirtschaftlichen Interessen der Landwirtinnen und Landwirte. Und es wäre ein enormer Fortschritt, wenn es uns gelingen würde, den jetzigen Zustand Schritt für Schritt zu verbessern. Und dafür kämpfe ich.

Gefahren aus dem Stall

Angst vorm Essen

Ich liebe gutes Essen. Ich bin ein Genussmensch, und es macht mir viel Spaß, selber zu kochen. Für mich, für Freunde, für meine Freundin. Und das sieht man mir auch an. Aber wenn man die Nachrichten aufmerksam verfolgt, kann einem manchmal der Appetit vergehen.

Die Liste der Lebensmittelskandale in Deutschland ist lang: resistente Keime auf rohem Fleisch und der Salami, vergammeltes Rinder- und Putenfleisch, minderwertiges Fleisch, das mal eben kurzerhand als lebensmitteltauglich eingestuft wird, Salmonellen-Skandal bei Bayern-Ei, Pferdefleisch, das als Rinderhack angepriesen wird. Verseuchte oder vergammelte Lebensmittel können eine Gefahr darstellen. Laut Weltgesundheitsorganisation sterben weltweit jährlich etwa 420.000 Menschen durch Lebensmittelinfektionen. In Europa erkranken jedes Jahr 23 Millionen Menschen an Lebensmittelinfektionen. Für 5000 Menschen enden die Infektionen tödlich.

Durchfallerkrankungen, zum Beispiel durch Campylobacter und Salmonellen, sind besonders häufig, auch in Deutschland.

Erst im Juli 2015 hat eine kleine Anfrage von Friedrich Ostendorff, Agrarsprecher der grünen Bundestagsfraktion, gezeigt, dass auf frischem Hähnchenfleisch sehr häufig

Durchfallkeime gefunden werden, sogenannte Campylobacter-Bakterien. Dieser Keim, dessen Name noch relativ unbekannt ist, verursacht mittlerweile mehr Darminfektionen als die bekannten Salmonellen. Die Zahl der Infektionen ist in den letzten zehn Jahren um 27 Prozent auf 71.000 pro Jahr gestiegen. Diese Keime breiten sich in Schlachthäusern aus und werden über das Fleisch auf den Menschen übertragen.

Der Umgang mit Lebensmitteln findet leider nicht immer verantwortungsvoll statt. Mit teils dreisten Mitteln versuchen einige gewissenlose Produzenten und Händler, die Verbraucherinnen und Verbraucher hinters Licht zu führen. Immer wieder weisen auch Organisationen wie Foodwatch auf die Missstände hin. Dazu kommt, dass die Industrie systematisch versucht, uns genmanipuliertes Essen unterzujubeln und es bis heute nicht immer klar ist, wo überall Gentechnik drin ist und wo nicht, obwohl die meisten Menschen Genfood klar ablehnen. Bis zu handfestem Verbraucherschutz ist es noch ein großer Schritt.

Klar ist: Immer mehr Verbraucherinnen und Verbraucher machen sich ernsthafte Gedanken über die Zustände in unserer Lebensmittelproduktion. Einer Umfrage der Universität Göttingen zufolge hat mehr als die Hälfte der Menschen Angst, dass Lebensmittel sie krank machen könnten.

Das ist ziemlich grotesk, weil wir ja essen müssen, um zu leben. Und es ist ein beachtlicher Vertrauensbruch der Lebensmittelindustrie gegenüber den Verbraucherinnen und Verbrauchern, der sich nicht einfach durch ein paar PR-Kampagnen beheben lässt. Essen sollte etwas Schönes sein, etwas, das Spaß macht und nicht verunsichert.

Auf dem Weg ins postantibiotische Zeitalter

Im Juni 2015 haben sich die G-7-Staaten auf Schloss Elmau in Oberbayern getroffen. Neben Klima- und Sicherheitspolitik wurde dort auch über ein Thema gesprochen, das auf internationaler Ebene bis dahin noch vergleichsweise wenig Beachtung gefunden hat: die Gefahren eines postantibiotischen Zeitalters. Schon seit Jahren warnen wichtige Organisationen wie die Weltgesundheitsorganisation eindringlich davor.

Antibiotika sind überlebenswichtig. Wir brauchen sie bei vielen Krankheiten. Seit der Schotte Alexander Fleming 1928 die Wirkung des Penicillins entdeckte, gehören sie zu den wichtigsten medizinischen Errungenschaften der Menschheit. Denn mit diesen Substanzen kann man bakterielle Infektionen, wie Keuchhusten, Harnwegsinfekte, Lungenentzündungen oder Staphylokokken wirksam bekämpfen.

Doch es besteht die Gefahr, dass wir uns sehenden Auges in ein Zeitalter hineinmanövrieren, in dem Antibiotika nicht mehr wirken. Denn wenn Keime resistent geworden sind, werden Antibiotika als Mittel unwirksam. Kleine Wunden oder Infektionen können dann potenziell tödlich enden. Schätzungen der Weltgesundheitsorganisation zufolge sterben bereits heute Jahr für Jahr mindestens 25.000 Menschen an resistenten Keimen. Allein in Europa.

Wissenschaftlern, die sich mit den Problemen beschäftigen, bereitet das große Sorgen. Sie fürchten ein Fortschreiten der Resistenzen und warnen, dass 2050 weltweit bis zu 10 Millionen Menschen an Infektionen durch multiresistente Erreger (MRE) sterben könnten. Auch für Europa, das eine überdurchschnittliche medizinische Versorgung hat, warnen die Forscher vor bis zu 390.000 Toten. Die gefährlichen Keime könnten zur häufigsten Todesursache werden –

sogar noch vor Krebs. Resistente Keime sind eine tickende Zeitbombe.

Einer aktuellen Hochrechnung zufolge könnte bereits jeder zehnte aller Bürgerinnen und Bürger in Deutschland mit multiresistenten Erregern besiedelt sein, zum Beispiel mit Methicillin-resistentem Staphylococcus Aureus (MRSA) oder ESBL-produzierende Bakterien. Bei MRSA und ESBL (Extended-Spectrum Beta-Lactamasen) wirken viele Standardantibiotika wie Penicilline und Cephalosporine nicht mehr. Insgesamt sind das fast rund 8 Millionen Menschen.

Oft verursachen diese Erreger keine Probleme. Manchmal aber schon. Immer wieder gibt es tragische Meldungen über Menschen, die sich mit multiresistenten Keimen angesteckt haben und bei denen am Schluss einfach keine Behandlung mehr angeschlagen hat. Jeder Fall ist einer zu viel. Die Bildung resistenter Keime kann und muss bekämpft werden.

Woher gefährliche Keime kommen

Keime können resistent werden, wenn Antibiotika zu oft, falsch oder unsachgemäß eingesetzt werden. Das passiert sowohl bei Menschen, als auch bei Tieren. Zum Beispiel, wenn eine Behandlung frühzeitig beendet wird und einzelne widerstandsfähige Keime überleben. Oder wenn hochwirksame Breitbandantibiotika eingesetzt werden, obwohl das nicht nötig wäre. Oder auch durch eine Abgabe über Futtermittel in der Tierhaltung.

Statistisch bekommt jeder dritte in Deutschland lebende Bürger mit gesetzlicher Krankenversicherung mindestens einmal pro Jahr ein Antibiotikum verabreicht. Das betrifft etwa 13 Millionen Menschen. Oft werden Antibiotika verschrieben, obwohl das gar nicht nötig wäre. Im Winter werden zum Beispiel mehr Antibiotika verschrieben als im Sommer, weil in dieser Zeit viele Menschen eine Erkältung haben. Aber eine Erkältung ist in der Regel eine durch Viren verursachte Erkrankung, und gegen Viren helfen Antibiotika nicht. Antibiotika helfen nur gegen Bakterien.

Antibiotika sollten nur eingesetzt werden, wenn es auch wirklich nötig ist. In Krankenhäusern gibt es Nachholbedarf in puncto Hygiene. Hygienemängel beschleunigen die Ausbreitung resistenter Keime. Außerdem wir brauchen mehr Aufklärung, wann man Antibiotika einsetzen sollte – und wann eben nicht. Deshalb sind auch Erregertests sinnvoll, bevor man überhaupt ein Antibiotikum verschreibt.

Ein großes Problem, das die G-7-Staaten weitgehend ignoriert haben, ist der Antibiotikamissbrauch in der Massentierhaltung. In deutschen Industrieställen werden enorme Mengen Antibiotika eingesetzt – insgesamt fast doppelt so viel wie für die Behandlung von Menschen. Im Jahr 2014 waren es 1238 Tonnen.

Deutschland zählt zu den Großverbrauchern – hier werden pro Tier viermal mehr Antibiotika eingesetzt, als es zum Beispiel in Österreich der Fall ist. Der grüne Umweltminister aus NRW, Johannes Remmel, gab ein Gutachten in Auftrag, das zeigte, dass Puten in neun von zehn Mastdurchgängen mit Antibiotika behandelt wurden. Der Antibiotikaeinsatz gehört also in den meisten Ställen zum festen Inventar. Besonders skandalös ist auch der Befund, dass teilweise Wirkstoffe eingesetzt wurden, die für Puten nicht erlaubt sind.

Die Folge des Antibiotikamissbrauchs ist die Ausbreitung resistenter Bakterien in den Tierbeständen. Laut Bundesministerium für Bildung und Forschung sind in Deutschland 30 Prozent aller Rinder und 70 Prozent aller Schweine MRSA-positiv.

Neues Resistenzgen aus dem Stall

Anfang des Jahres bestätigten sich Befürchtungen, dass immer mehr Bakterien übertragbare Resistenzen gegen Colistin – eins der letzten Mittel gegen multiresistente Keime – entwickelt haben. Das Resistenzgen wurde zuerst in China nachgewiesen, ist jedoch auch in deutschen Ställen weit verbreitet. Die Befunde sind ein Alarmsignal. Wir brauchen einen verantwortungsvollen Umgang mit Antibiotika.

Der hohe Antibiotikaeinsatz in der Tierhaltung hat strukturelle Ursachen: Nur mit ständiger Antibiotikagabe überleben viele Tiere die Mästung im Industriestall überhaupt. Die Tiere werden so gehalten, dass sich Krankheitserreger schnell ausbreiten können. Dazu sind viele so überzüchtet, dass sie stark anfällig für Krankheiten sind. Megaställe mit 40.000 Hühnern sind ein einziger Infektionsherd. Wird ein Huhn krank, ist es nur eine Frage der Zeit, bis sich auch die anderen 39.999 Hühner, mit denen es zusammen eingepfercht ist, anstecken. Bei in Masse gehaltenen Tieren werden bei einer Infektion oder bei Parasitenbefall deshalb nicht etwa nur die betroffenen Tiere behandelt, sondern zum Beispiel über das Trinkwasser oder das Futter sehr häufig vorsorglich ganze Gruppen oder gleich der ganze Megastall – das Ganze nennt sich Metaphylaxe. Das ist durchaus legal, und bei den gegenwärtigen Haltungsbedingungen in vielen Ställen geht es auch fast nicht anders. Wie will man unter 40.000 Hühnern die kranken ausfindig machen und einzeln behandeln?

> **Mehr Risiken in Megaställen**
> Das Bundesamt für Risikobewertung (BfR) hat in einer Metaanalyse herausgefunden, dass sich das MRSA-Risiko bei Schweinen unter anderem erhöht, wenn mehr Tiere auf engem Raum gehalten werden. In eher kleineren Betrieben mit bis zu 500 Mastplätzen wurde nur ein gutes Viertel (27 Prozent) MRSA-positiv getestet, in großen Betrieben mit mehr als 5000 Mastplätzen waren über 70 Prozent der Tiere betroffen.

Obwohl de jure verboten, werden Antibiotika in einigen Betrieben unter dem Deckmäntelchen der Metaphylaxe noch immer zur Wachstumsförderung eingesetzt. Sprich, man gibt den Tieren Medikamente, damit sie schneller an Gewicht zunehmen. Das spart Kosten, geht aber zulasten unserer Gesundheit.

Besonders skandalös ist, dass in der Massentierhaltung immer mehr sogenannte Reserveantibiotika eingesetzt werden. Sie sind deutlich potenter als normale Antibiotika und quasi Notfallantibiotika, die eigentlich nur dann eingesetzt werden dürfen, wenn normale Antibiotika nicht mehr wirken.

Dem Bundesamt für Lebensmittelsicherheit und Verbraucherschutz zufolge wurden 2014 insgesamt 16 Tonnen Reserveantibiotika in der Massentierhaltung eingesetzt. Der Einsatz nimmt rasant zu. Die Verwendung von Reserveantibiotika der Klasse Fluorchinolone stieg von 8,2 Tonnen im Jahr 2011 um 50 Prozent auf 12,3 Tonnen im Jahr 2014 an. Ein Bericht des Bundesamtes für Verbraucherschutz und Lebensmittelsicherheit warnt davor, dass die Einsparungen normaler Antibiotika durch die zunehmende Abgabe von Reserveantibiotika kompensiert würden und dass die Resistenzentwicklung dadurch sogar zunehmen könnte.

Diese Notfallantibiotika sind für Menschen, die an einem gegen normale Antibiotika resistenten Keim erkrankt sind, überlebenswichtig. Und sie haben im Stall definitiv nichts zu suchen.

Für uns Menschen sind der Antibiotikamissbrauch und die Resistenzentwicklung im Stall eine große Gefahr. Die Gesundheit von Tieren und Menschen müssen zusammengedacht werden, das sagen auch wichtige internationale Organisationen wie die Weltgesundheitsorganisation und

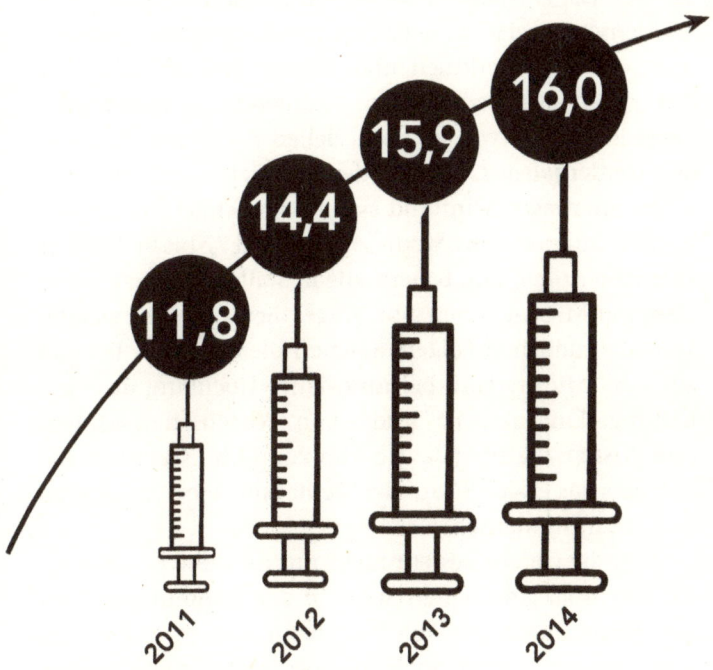

Anstieg der Reserveantibiotika-Abgabe in der Tiermast (Fluorchinolone und Cephalosporine in Tonnen)

die Ernährungs- und Landwirtschaftsorganisation der Vereinten Nationen.

Die Indizien häufen sich, dass Keime aus der Tierhaltung keinesfalls so harmlos sind, wie Lobbygruppen es gerne darstellen. Bakterien können Resistenzen untereinander austauschen. Resistente Keime aus dem Stall können auf Menschen übertragen werden. Auch das Bundesinstitut für Risikobewertung warnt: »Der Einsatz von Antibiotika in der Tierhaltung begünstigt die Resistenzentwicklung und Ausbreitung von Bakterien mit Resistenzen.«

Resistenzen, die sich durch den Antibiotikamissbrauch in der Tiermast entwickeln, können an humanpathogene, also für Menschen gefährliche Bakterien weitergegeben werden.

Besonders Bäuerinnen und Bauern sind gefährdet. In den letzten Jahren zeigten sich auffallend viele Infektionen unter ihnen, die von einer speziellen Keimvariante besiedelt werden: dem LA-MRSA, der von Tieren auf den Menschen übertragen wird und sich hauptsächlich in Schweineställen findet. Einer Studie zufolge sind 77 bis 86 Prozent aller Bäuerinnen und Bauern, die in Ställen arbeiten, wo es Tiere mit MRSA-Keimen gibt, Träger dieser Erregervariante. Mit teils tödlichen Folgen. Solche Fälle sind zum Beispiel aus dem Münsterland bekannt, einer Hochburg der Tierhaltung. Eine aktuelle Studie von Wissenschaftlerinnen und Wissenschaftlern des Uniklinikums Münster warnt davor, dass das LA-MRSA aus der Tierhaltung eine zunehmende Gefahr für Menschen sei.

Aber die Gefahr besteht nicht nur für diese Berufsgruppe. Durch aufgewirbelten Staub in den Mastanlagen können Keime durch die Abluft schließlich auch in die Umwelt gelangen. Und auch Lebensmittel zählen zu den möglichen Übertragungswegen für resistente Keime, zum Beispiel Fleisch.

Proben zeigen, dass multiresistente Keime wie ESBL und MRSA mittlerweile auch an der Fleischtheke zu finden sind. Eine Stichprobenuntersuchung der Grünen-Bundestagsfraktion hat gezeigt, dass resistente Keime auf zahlreichen Proben von Huhn-, Puten- und Schweinefleisch im Laden zu finden sind. Ein unkalkulierbares Risiko. Das Bundesinstitut für Risikobewertung rät unter anderem zu besonderer Vorsicht bei der Zubereitung von Fleisch.

Klar ist: Wenn wir ein postantibiotisches Zeitalter abwenden wollen, müssen wir jetzt handeln. Sowohl in der Humanmedizin als auch in der Tiermedizin. Doch die Bundesregierung versagt kläglich. Reserveantibiotika sind im Stall weiterhin erlaubt, obwohl sie für Menschen überlebenswichtig sind. Stattdessen existieren Anreize, die völlig in die falsche Richtung gehen. Tierärzte, die viele Medikamente verschreiben, bekommen von den Herstellern sogar Mengenrabatte und können daher die Arzneimittel sehr preiswert anbieten.

Leider haben die Vertreterinnen und Vertreter der Agroindustrie die Ernsthaftigkeit dieser Debatte noch nicht verstanden. Statt sich dem Thema selbstkritisch zu nähern und zur Lösung beizutragen, verstrickt sich der Bauernverband in Rückzugsgefechte. Nachdem beispielsweise die Wochenzeitung »Die Zeit« 2014 einen mittlerweile mehrfach preisgekrönten Artikel zum Thema resistente Keime veröffentlicht hatte, zettelte der Bauernverband einen mehrmonatigen Pressestreit über den Artikel an und schaltete sogar den Presserat ein. Man wehre sich gegen »pauschale, einseitige und unsachliche Kritik an der Nutztierhaltung«.

In kleiner Runde dagegen sagen auch einige Tierhalter, dass der hohe Antibiotikaeinsatz ein Problem sei. Sie selbst sind damit auch nicht glücklich. Und auch viele Ärzte warnen.

Multiresistente Keime sind eine tickende Zeitbombe. Damit die Gefahr aus dem Stall nicht zur Gefahr für uns alle wird, muss der Antibiotikamissbrauch im Stall dringend beendet werden.

Die Gesundheit von Mensch und Tier zusammendenken

Resistente Keime durch Antibiotikamissbrauch sind nicht die einzige Gefahr für Menschen, die aus dem Stall kommt. Experten wie der Generaldirektor der Weltorganisation für Tiergesundheit (OIE) mahnen immer wieder, wie wichtig die Gesundheit von Tieren – zum Beispiel in der Landwirtschaft – auch für Menschen sei. Rund 60 Prozent der potenziell für Menschen gefährlichen Krankheitserreger haben ihren Ursprung bei Tieren. Von neu aufkommenden Infektionskrankheiten, die auf Menschen übertragen werden können, kommen fast 75 Prozent aus der Tierwelt. Salmonellen sind ein Beispiel dafür oder die SARS, das Gelbfieber, die Vogelgrippe vom Typ H5N1 und die Schweinegrippe. Forscher fürchten, dass das Erbgut von viralen oder bakteriellen Erregern immer weiter mutiert und so in Zukunft neue Pandemien ausgelöst werden könnten mit in einer globalisierten Welt schwerwiegenden Folgen.

Der BSE-Skandal
Es ist gerade mal 15 Jahre her, dass sich der bisher »größte Betriebsunfall der europäischen Agrarpolitik« ereignet hat. Eine zunächst rätselhaft erscheinende Krankheit hatte sich unter den Rindern in England ausgebreitet. Die sonst eher friedlichen Tiere

wurden auffallend ängstlich und aggressiv, sie torkelten durch die Stallungen oder fielen ohne ersichtlichen Grund zu Boden, manche standen einfach nicht mehr auf. Es war, als seien sie irre geworden. Für diese Krankheit gab es bereits seit Mitte der 1980er-Jahre einen Namen: Bovine spongiforme Enzephalopathie, kurz BSE. Auf Deutsch: »schwammartige Gehirnkrankheit der Rinder«.

Lange hatte man die Symptome ausschließlich in Großbritannien beobachtet, bis die ersten Fälle auch bei uns in Deutschland auftauchten. Nach dem Motto »Was schert es uns, was dort auf der Insel passiert«, hatte sich auf dem europäischen Kontinent offenbar niemand dafür interessiert, was als Ursache für den Ausbruch des »Rinderwahnsinns« vermutet wurde: das Verfüttern von Tiermehl an andere Tiere.

Alles roch nach einem Skandal, der schnell unter den Teppich gekehrt werden sollte, auch nachdem 1994 die Veterinärmedizinerin Margrit Herbst die BSE-Fälle öffentlich gemacht hatte. Die Whistleblowerin bezahlte ihren Mut mit ihrem Job. Sie wurde fristlos entlassen und darauf verklagt, ihre Erkenntnisse nicht weiter zu verbreiten.

Der BSE-Erreger kann durch den Fleischverzehr auch auf den Menschen übertragen werden. Ich kann mich noch gut an die große Unsicherheit damals erinnern. Die Menschen hatten Angst. Tatsächlich war es für uns und insbesondere die Briten ein großes Glück, dass die Prionen (BSE-auslösende Krankheitserreger) zwar vom Schaf auf das Rind übergesprungen waren und sich bei Rindern als hochinfektiös erwiesen hatten, beim Menschen jedoch zum Glück nur relativ gering infektiös waren. Sonst wären wohlmöglich noch mehr Menschen an BSE gestorben.

Trotz der erkannten Gefahr wurde das Verfüttern von Tiermehl aus Fleischabfällen europaweit erst 2001 verboten. In einem gi-

> gantischen Schlachtprogramm wurden vorsorglich Zehntausende Rinder gekeult. Ich habe die Bilder der getöteten Rinder, die ihre Beine starr in den Himmeln streckten und in große Feuer geworfen wurden, noch sehr genau vor Augen. Es war makaber.

Es gibt einfach handfeste Gründe und zu ernsthafte Probleme, als dass wir eine Entwicklung hin zu einer Landwirtschaft dulden dürfen, bei der die Gesundheit von Tieren nicht im Vordergrund steht. Wir brauchen eine Trendumkehr. Das liegt in unserem ureigenen Interesse.

Unser Wasser wird schlecht

Nicht nur der übermäßige Antibiotikaeinsatz in der Massentierhaltung ist ein Problem. Die übermäßige Fleischproduktion in Deutschland hat eine Reihe weiterer negativer Auswirkungen. Zum Beispiel für die Qualität unseres Wassers.

Trinkwasser ist das Lebensmittel Nummer eins. Ohne Wasser kein Leben. Jeder, der schon einmal in Regionen gereist ist, wo sauberes Trinkwasser nicht überall verfügbar ist und man teilweise aufwendig filtern oder aus Plastikflaschen trinken muss, weiß, wie wertvoll gutes Wasser sein kann. Doch auch bei uns schlagen schon seit Langem Umweltverbände, Wasserwerke und Bundesbehörden Alarm, weil zu viel Pestizide und Dünger – vor allem Gülle – auf unsere Felder gekippt werden. Unser gutes Wasser wird schlecht.

Die rund 830 Millionen Tiere, die in der Fleischfabrik Deutschland jedes Jahr gemästet und geschlachtet werden,

Gefahren aus dem Stall   **63**

Würde man die jährlich in Deutschland anfallende Menge Gülle in einen Güterzug packen, hätte dieser eine Länge von mehr als 45.000 Kilometern Länge – und würde mehr als einmal den ganzen Globus umspannen

verursachen enorme Mengen Gülle. Eine gigantische Menge von 160 Millionen Kubikmeter fällt jedes Jahr in Deutschland an.

Viele industrielle Mastbetriebe besitzen längst nicht mehr die notwendigen Flächen, um die ganze anfallende Gülle nachhaltig auszubringen. Es hat sich ein System entwickelt, das die ökologische Verantwortung für Umwelt und Natur von den Betrieben abkoppelt. Der übermäßige Stickstoff aus der Gülle gerät in Form von Nitrat in unser Wasser.

Das Grundwasser in Deutschland ist mittlerweile so stark mit Nitrat belastet, dass der Sachverständigenrat für Umweltfragen in diesem Zusammenhang von einem der großen ungelösten Umweltprobleme spricht, vor denen wir zurzeit stehen.

Das Ausmaß zeigt sich im Vergleich: Deutschland hat – mit Ausnahme von Malta – die höchste Nitratkonzentration in ganz Europa. Die Hälfte aller Messstellen in Deutschland zeigen erhöhte Nitratkonzentrationen im Grundwasser. Regionen wie Niedersachsen und Teile Nordrhein-Westfalens, in denen viele Tiere gehalten werden, sind stark belastet. Man sieht deutlich, wie sich das in der Wasserqualität widerspiegelt. Bundesweit sind lediglich noch 10 Prozent der Flüsse und Bäche in ökologisch gutem Zustand. In der Ostsee gibt es aufgrund der Nährstoffüberschüsse riesige tote Zonen so groß wie Bayern, in denen kaum noch Lebewesen existieren.

In vielen Regionen wird schlicht zu viel Gülle ausgebracht. Tiere machen eben Mist. Die Karte zeigt, dass der Grundwasserkörper besonders in Niedersachsen, der Hochburg der industriellen Massentierhaltung, stark belastet ist. Mist ist normalerweise nützlich, denn er enthält jede Menge Phosphor, Stickstoff, Kalium und andere Nährstoffe, die einen hervorragenden Dünger abgeben, der die Äcker und das Grünland fruchtbar macht. Aber extrem viele industriell gehaltene Tiere produzieren extrem viel Gülle. Der Gülledünger wird zum Fluch, wenn er allzu großzügig auf die Felder gekippt wird.

Kann der Boden die Nitrate nicht mehr aufnehmen und verwerten, gelangen sie in das Oberflächen- und Grundwasser und dann weiter über die Flüsse in Seen und ins Meer, wo sie Algen wachsen lassen und die biologische Vielfalt bedrohen. Ökologisch ist das eine Riesenkatastrophe.

Die Gülleflut ist nicht nur ökologisch folgenreich, sie kann auch unserer eigenen Gesundheit schaden. Schließlich gewinnen wir einen Großteil unseres Trinkwassers aus dem Grundwasser, das teils stark nitratbelastet ist. Insge-

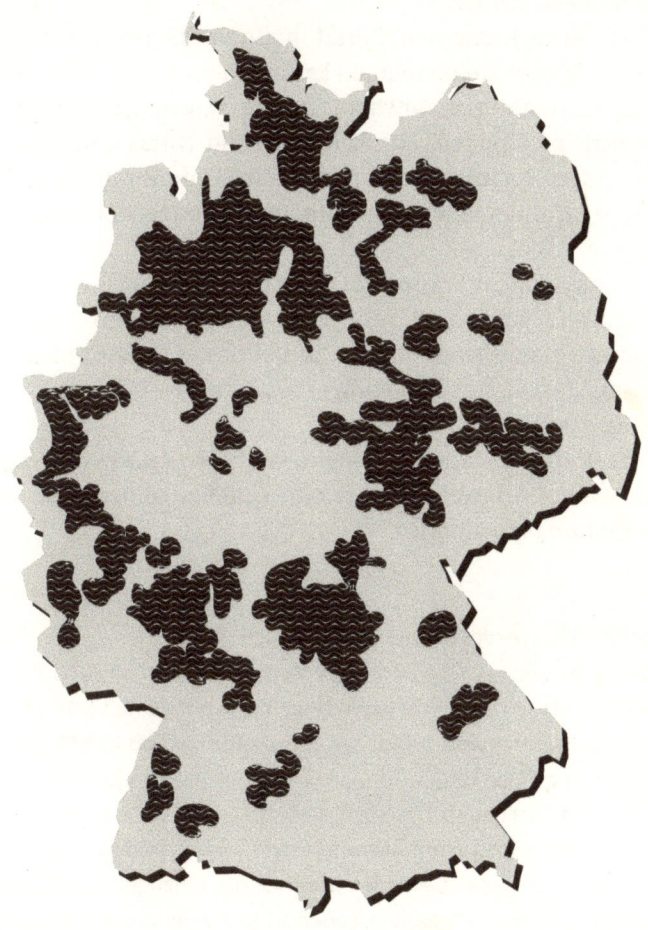

Nitratbelastetes Grundwasser in Deutschland

samt werden drei Viertel unseres Trinkwassers aus dem Grundwasser gewonnen. 14 Prozent der Messstellen waren laut Umweltbundesamt so stark belastet, dass das Grundwasser nicht ohne Risiko als Trinkwasser genutzt werden kann. Hier wurden die Grenzwerte von 50 Milligramm pro Liter überschritten.

Für Erwachsene steht Nitrat im Zusammenhang mit einem erhöhten Krebsrisiko. Es kann sich im Körper zu Nitrit und Nitrosaminen umwandeln, die wahrscheinlich das Krebsrisiko erhöhen. Für Säuglinge sind Nitrat und Nitrit besonders gefährlich. Laut Bundesinstitut für Risikoforschung kann eine erhöhte Aufnahme zu Sauerstoffmangel führen.

Damit wir das Wasser trotzdem trinken können, wird es teuer und aufwendig vermischt – zu wiederum hohen volkswirtschaftlichen Kosten. Je schlechter die Grundwasserqualität, desto aufwendiger und teurer ist es, unser Trinkwasser aufzubereiten.

Das alles ist Grund genug, um unser Grundwasser zu schützen. Und zwar indem wir die Güllefluten der Massentierhaltung eindämmen.

Hoher Wasserverbrauch von Fleisch

Wasser ist eine extrem begrenzte Ressource. Zwar sind 70 Prozent des Planeten mit Wasser bedeckt. Doch nur etwa 2,5 Prozent davon sind trinkbares Süßwasser. Das meiste Süßwasser ist gefroren an den Polen und für uns Menschen nicht erreichbar. Insgesamt sind weniger als 1 Prozent des Wassers auf diesem Planeten für uns Menschen als Trinkwasser verfügbar. Grund genug, um sparsam mit dieser besonderen Ressource umzugehen. Fleisch benötigt, anders als andere Lebensmittel, sehr große Mengen

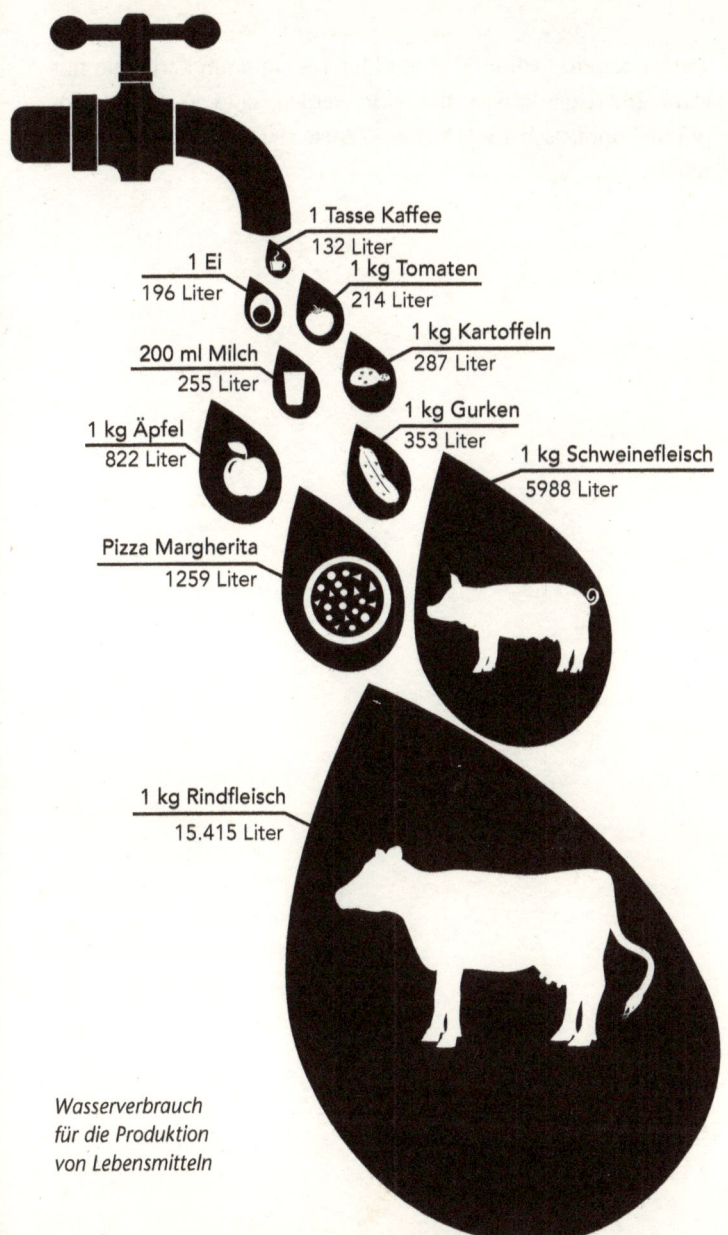

Wasserverbrauch für die Produktion von Lebensmitteln

Wasser zur Produktion. Während für 1 Kilogramm Kartoffeln nur etwa 287 Liter Wasser benötigt werden, sind es für 1 Kilogramm Rindfleisch 15.415 Liter Wasser. 55 Mal mehr als für Kartoffeln.

Ohne Netz und doppelten Boden

Wissenschaftlerinnen und Wissenschaftler haben eine Reihe von planetaren Grenzen definiert, die die Belastbarkeit unserer Ökosysteme zeigen. Werden diese Grenzen durch menschlichen Einfluss überschritten, kann das zu einem unkalkulierbaren Risiko für zukünftige Generationen werden.

Und wir sind dabei, die Grenzen dieses Planeten zu sprengen. Vier von neun planetaren Grenzen sind bereits überschritten: bei der Klimakrise, der Landnutzung, bei Stickstoff- und Phosphorkreisläufen und beim Artensterben. Wenn wir nicht rasch umsteuern, setzen wir die Chance auf eine lebenswerte und friedliche Zukunft für unsere Kinder und Kindeskinder aufs Spiel.

Warum sind intakte Ökosysteme, warum ist eine gesunde Umwelt wichtig? In der Klimadebatte wird häufig beschworen, dass wir die Erderwärmung bremsen müssten, um unseren Planeten zu retten. Das zeichnet jedoch ein Zerrbild, denn es wirkt so, als ob wir hier mit einer großen Portion Altruismus und selbstlosem Engagement etwas retten müssten, das schon rund 4,6 Milliarden Jahre existiert – deutlich länger als wir Menschen.

Das ist allerdings ziemlicher Unfug. Der Planet braucht uns Menschen nicht. Die Erde ist widerstandsfähig. Und auch die Natur braucht unsere Rettung nicht. Die Natur hat schon eine ganze Reihe Aussterbekatastrophen und viel schlimmere Klimakrisen überstanden. Es ist die Menschheit, es sind unsere eigenen Lebensgrundlagen, die wir retten müssen. Wir müssen das Aufheizen des Planeten, das Sterben der Arten, die Versauerung der Meere, die Rodungen der Wälder und die Zerstörung der Böden stoppen, damit wir weiter in einer lebenswerten Zukunft leben können. Kurz gesagt: Wir müssen uns selbst retten.

Das sechste Massenaussterben

Besonders schwerwiegend sind die Klimakrise und das massive Artensterben. Beides sind folgenschwere Entwicklungen, an der die globale Agroindustrie und nicht zuletzt die Fleischfabrik Deutschland einen offensichtlichen Anteil haben. Denn sie zerstört die Strukturvielfalt in der Landschaft. Damit ist die Rodung von Feldhecken, das Umpflügen von Feldrainen, die Überdüngung von Magerwiesen, das Trockenlegen von Moorböden gemeint. Die Agroindustrie produziert Kohlendioxid, Methan und Lachgas und setzt große Mengen Pestizide ein.

Das Thema Artenschutz wird oft als softes Thema abgetan. Wen stört es schon, wenn hier eine Art mehr oder weniger lebt. Wenn der Feldhamster ausstirbt, klingt das bedauerlich, aber nicht bedrohlich. Doch die Roten Listen gefährdeter Arten werden immer länger. Im Moment rotten wir jährlich zwischen 11.000 und 58.000 Arten aus. Einige Arten sterben aus, bevor sie überhaupt entdeckt werden. Der natürliche Verlust wie auch die Neuentstehung von Arten sind daneben sehr bescheiden. Wissenschaftler schätzen diese Rate auf circa drei Arten jährlich.

Dass Arten kommen und gehen, hat es in der Erdgeschichte immer gegeben, weil die Umwelt sich durch verschiedene Einflüsse wandelt. Das heißt Hintergrundaussterben und geschieht auch ohne unser Zutun.

Aber seit einigen Jahrzehnten verzeichnen Wissenschaftler weltweit einen explosionsartigen Anstieg bei der Anzahl bedrohter Arten und Spezies. Das normale Hintergrundaussterben liegt bei dem Verlust von 0,1 bis 1 Spezies pro 10.000 Arten im Verlauf von 100 Jahren. Aktuell haben wir es aber mit dem Aussterben zahlreicher Arten in bisher nicht gekanntem Ausmaß zu tun. Ein großer Teil der Lebewesen wird in extrem kurzer Zeit ausgelöscht, weil sie sich den radikalen und rasanten von uns Menschen verursachten Veränderungen der Umwelt nicht mehr anpassen können.

Eine Gruppe von Forschern und Forscherinnen aus Mexiko und den USA verglich die Aussterberaten von Säugetier-, Vogel-, Reptilien-, Amphibien- und Fischarten mit dem Hintergrundaussterben, also der Speziesanzahl, die wohl ohne Zutun des Menschen verschwunden wären. Der Hauptautor der Studie, Professor Gerardo Ceballos von der Nationalen Autonomen Universität von Mexiko, und seine Kollegen warnen davor, dass wir uns mitten in einem großen Massenaussterben befinden. Dem sechsten, seit es Leben auf der Erde gibt. Der Unterschied? Dieses Mal ist der Mensch verantwortlich.

Die vorherigen fünf großen Aussterbekatastrophen der Tier- und Pflanzenarten wurden durch äußere Einflüsse hervorgerufen.

Das letzte große Massensterben kennt jedes Kind. Es fand vor etwa 65 Millionen Jahren statt. Es ist die Zeit, in der die Dinosaurier verschwunden sind. Man vermutet, dass ein Meteoriteneinschlag nahe der Halbinsel Yucatan am Golf von Mexiko einen abrupten Klimaumschwung auslöste, der die Dinosaurier binnen weniger hundert Jahre aussterben ließ und fast drei Viertel aller Arten mit sich nahm.

72 Vom Kükenschreddern, von Güllefluten und dem Artensterben

Anteil der ausgestorbenen Wirbeltierarten in Prozent
(gemessen an den der Weltnaturschutzunion bekannten Arten)

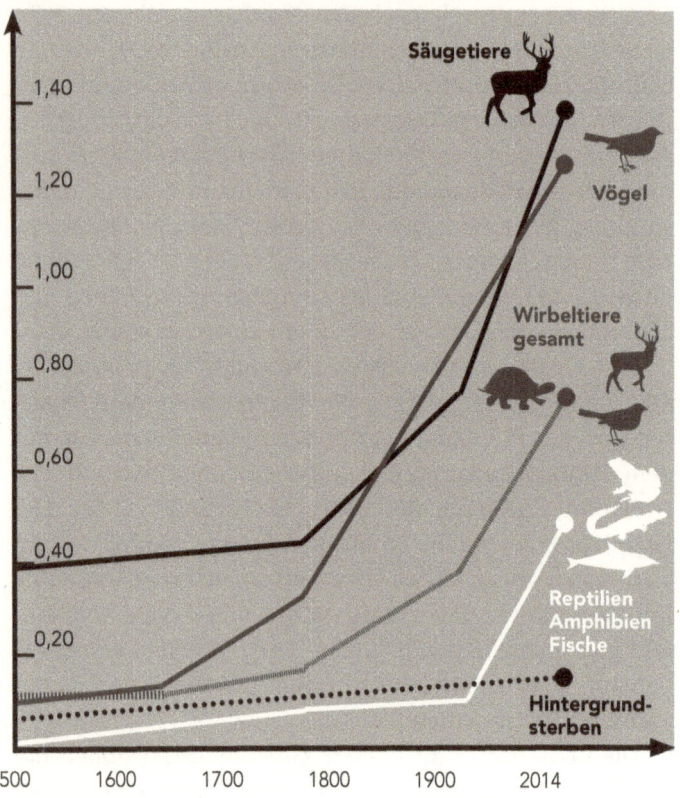

Trotz extrem konservativer Berechnungen zeigen Forscher in der Studie auf, dass die allermeisten Wirbeltierarten relativ parallel zur industriellen Revolution ausgerottet wurden.

Komplexe Ökosysteme sind für so abrupte Wechsel des Klimas schlecht gewappnet und kollabieren. Nur langsam entstehen danach im Verlaufe von Jahrtausenden und Jahrmillionen neue Arten, so wie damals die Säugetiere – und auch wir Menschen. Es gibt natürlich einige besonders robuste Arten beziehungsweise Lebensformen, die überleben immer. Die anpassungsfähige Ratte zum Beispiel, die schon das große Dinosauriersterben überstanden hat.

Das Verstummen der Natur in Deutschland

Artensterben? Das klingt für viele erst mal nach einem Problem, das es hier in Deutschland gar nicht so gibt. Man denkt vielleicht eher an die letzten überlebenden Breitmaulnashörner. Oder an Wilderei und Jagd auf seltene Tiere wie den Löwen Cecil, der auf einer sinnlosen Safari getötet wurde. Man denkt an die japanischen Walfangflotten, an hungernde Eisbären, die wegen des Klimawandels ihren Lebensraum verlieren und kaum noch Futter finden.

Doch auch hier vor Ort geht das Artensterben voran – nur auf den ersten Blick vielleicht weniger sichtbar. Der Kiebitz oder der Feldhamster taugen nicht so gut als Kampagnensymbole. Pilze und Pflanzen noch weniger. Aber sie sind genauso wichtig für die Stabilität unserer Ökosysteme und damit unserer Natur.

In meiner Jugend gab es bei uns ganz in der Nähe noch einen kleinen Hof mit 15 Milchkühen. Zu dem Hof gehörte ein Garten mit schönem altem Obstbestand. Ich habe dort gelegentlich die Bäume beschnitten. Während der Arbeit an den Obstbäumen kam der Bauer dazu. Er war wohl so um die Mitte 70. Sonne, Wind und Regen hatten tiefe Furchen in sein Gesicht gegraben, seine Hände waren voller Schwielen von der harten Arbeit. Die Tiere waren sein Leben, er wusste alles über sie und das Land, auf dem sie weideten. Der Tierarzt kam fast nie auf den Hof. Der alte Mann war überzeugt: »Eine Kuh braucht sieben oder acht Kräuter im

Gras, dann bleibt sie gesund.« Das ist jetzt knapp 30 Jahre her. Der Garten des Bauern, wo die Obstbäume standen, musste vor ein paar Jahren dem Straßenbau weichen.

Das Grünland wird weniger, und anstelle der einst üppig blühenden Wiesen und Weiden findet man sogar im oberbayrischen Alpenvorland wie überall in Deutschland häufig nur noch monotone, überdüngte, artenarme Grasflächen, auf denen außer Löwenzahn kaum noch Blumen und Kräuter wachsen. Und selbst Löwenzahn wird auf manchen sogenannten Hochleistungswiesen inzwischen selten.

Im Mai 2015 hat das Bundesamt für Naturschutz erstmalig einen umfassenden Artenschutz-Report für Deutschland vorgestellt. Die Zahlen sind alarmierend: Ein Drittel aller Arten ist in Deutschland gefährdet, 4 Prozent sind für immer von dieser Erde verschwunden. Und das hier, vor unserer Haustür. So ist die Zahl der Brutvogelarten in den letzten zwölf Jahren um ein Drittel (34 Prozent) zurückgegangen. Fast ein Viertel der Zugvogelarten (über 23 Prozent) sind bestandsgefährdet und stehen auf der Roten Liste der wandernden Vogelarten. Der Gesang, mit dem Jahr für Jahr der Frühling und die sich entfaltende Natur begrüßt werden, wird leiser.

Auf dem Land erzählen mir manche, dass sie mittlerweile sogar kaum noch Spatzen zu Gesicht bekommen. Ein solcher Allerweltsvogel, der von manchen ja schon als Plage gesehen wurde, ist mittlerweile in einigen Regionen selten geworden. In ganz Europa geht die Population der häufigsten Vogelarten zurück. Ein eindrücklicher Seismograf für die katastrophalen ökologischen Verschlechterungen auf dem Land ist das Rebhuhn. Es lebt in der Feldflur und auf Brachflächen und ist ein klassischer Kulturfolger der Landwirtschaft. Bei den Rebhühnern ist der Bestand allein in den letzten 30 Jahren um über 90 Prozent zurückgegangen.

Der stumme Frühling

Ein Futterhäuschen im Winter, im Staub badende Spatzen, der Sammelflug der Stare – viele lieben Vögel. Aber in ganz Europa sterben die Vögel weg. Laut Bird Watch lebt auf den Feldern der Europäischen Union nur noch rund die Hälfte aller ursprünglich dort beheimateten Vogelarten. Der Bestand der 36 häufigsten Arten geht in rasantem Tempo zurück, darunter Feldlerchen, Stare oder Rebhühner; die Spatzenpopulation ist in den letzten 30 Jahren sogar um rund 50 Prozent gesunken. Das haben Forscher anhand von Langzeitbeobachtungen von über 144 europäischen Vogelarten in 25 Ländern herausgefunden. Der Grund: Die Vögel finden keine Nistplätze mehr, weil viele Feldhecken und -bäume gerodet und Feldraine zerstört wurden, oder zu wenig Nahrung, weil Insekten und andere wirbellose Tiere durch Pestizide vernichtet werden. Wenn die Entwicklung so weitergeht, droht der Titel des Buches »Der stumme Frühling« der Biologin und Schriftstellerin Rachel Carson aus dem Jahr 1962 schon bald Wirklichkeit zu werden.

Was genau treibt das heutige sechste Massensterben bei uns voran? Fragt man Experten, erhält man im Kern die Antwort: Neben der Forstwirtschaft, die das Leben im Wald stört, dem Verkehrswegebau, der Ökosysteme durchschneidet, und dem Siedlungsbau, der immer mehr Flächen raubt, ist vor allem die industrielle Landwirtschaft mit ihrer Zerstörung naturnaher Strukturen wie Feldhecken, der Überdüngung, ihren Ackergiften und Monokulturen Hauptverursacher des dramatischen Artensterbens.

Die zunehmend industrialisierte Landwirtschaft beansprucht enorme Areale auf diesem Planeten, weltweit knapp 5 Milliarden Hektar, das ist mehr als ein Drittel der gesamten Landfläche. In Deutschland wird sogar auf mehr als der Hälfte des Landes Landwirtschaft betrieben. Die Industrialisierung der Landwirtschaft verändert die Landschaftsstruktur. Sie zerstört wichtige Lebensräume für Tiere und Pflanzen. Feldhaine, Hecken und Randstreifen fallen der Landbewirtschaftung zum Opfer. In Monokulturlandschaften finden Wildtiere keine Möglichkeiten zum Rückzug mehr. Überdüngung schadet den Lebensräumen im Wasser und auf Wiesen. Und der Einsatz von mehr als 100.000 Tonnen Ackergiften jährlich tut sein Übriges.

International sind es in Landökosystemen neben den bereits genannten Faktoren vor allem die Zerstörung natürlicher und naturnaher Wälder, die Jagd und im Meeresökosystemen Überdüngung, Überfischung, Müll, Übersäuerung durch CO_2 und die Klimaerwärmung.

Wozu braucht die Welt Spatzen und Wildbienen?

Viele Menschen haben einen besonderen Bezug zur Natur. Unsere Wälder, Wiesen und Auen waren schon immer eine Quelle der Inspiration. Zahlreiche Dichter und Schriftsteller haben in ihren Werken die Schönheit von Flora und Fauna beschrieben.

Ich glaube, es gibt in vielen von uns eine fast archaische Sehnsucht nach schöner Natur. Egal, ob man nun das Meer oder die Berge bevorzugt, die Natur bedeutet für uns Lebensqualität. Neben der Freude und dem Glück, das wir empfinden, wenn wir uns im Grünen aufhalten, gibt es aber noch eine ganze Reihe weiterer guter Gründe, unsere Natur und Wildnis zu erhalten.

Zum einen ist die Ausrottung etlicher Tier- und Pflanzenarten eine grundsätzliche ethische Frage. Mit welchem

Recht radieren wir den Feldhamster oder große Greifvögel wie den Wanderfalken aus? Mit welchem Recht sorgen wir dafür, dass Menschen in der Zukunft diese nie mehr kennenlernen können? Um es mit Papst Franziskus zu sagen: Der Mensch darf die Schöpfung nicht missbrauchen, und noch weniger ist er berechtigt, sie zu zerstören.

Intakte Ökosysteme sind zudem für uns Menschen enorm wichtig. Funktionierende Ökosysteme sind die Voraussetzung für den Anbau von Lebensmitteln, intakte Bäche und Auen reinigen das Wasser und schützen uns vor Hochwasser, intakte Wälder schützen den Boden vor Erosion, bauen Nitrate ab und binden Kohlenstoff. Als Biologe vergleiche ich die komplexen Ökosysteme häufig mit einem dichten Netz. Ein Netz, das uns und unsere Zivilisation trägt. Ein Netz, in dem jede Art ein einzelner Knoten ist und jeweils mit dem anderen verbunden ist. Doch mit jeder Art, die verschwindet, die wir von diesem Planeten ausradieren, verlieren wir einen Knoten. Maschen hängen nur noch in der Luft. Das Netz, das uns trägt, wird schwächer – bis es irgendwann zu reißen droht.

Man kann auch ökonomisch argumentieren. Die Natur ist für uns ein ungemein wichtiger Wirtschaftsfaktor. Jeder weiß, dass Bienen und andere Bestäuber für uns unverzichtbar sind. Nur durch sie können wir ernten, was wir säen. Ein Drittel unserer Lebensmittel – darunter fast 4000 Obst- und Gemüsesorten in Europa – würde nicht wachsen, wenn es keine Insekten gäbe, die die Pflanzen bestäuben. In Geld ausgedrückt: Die von bestäubenden Insekten wie den Bienen, Hummeln oder Schmetterlingen abhängige weltweite landwirtschaftliche Produktion hat einen geschätzten Wert von 153 Milliarden Euro.

Ein weiteres Beispiel für den wirtschaftlichen Nutzen der Natur sind Heilpflanzen. Noch heute gewinnen wir wichtige Medikamente aus teilweise sehr seltenen Pflanzen. Weltweit werden zwischen 17 und 20 Prozent der Farne und Blütenpflanzen zu Heilzwecken genutzt, also zwischen 48.000 und 57.000 verschiedene Arten. In Deutschland werden jährlich allein 1,3 Milliarden Euro mit pflanzlichen Arzneimitteln umgesetzt.

Und nicht zuletzt dienen die Arten als Vorbild im Bereich der Bionik, einer Wissenschaft, in der man versucht, Funktionsweisen der Natur für technische Lösungen zu kopieren. Die gemeine Klette ist wohl das ebenso simpelste wie bekannteste Beispiel, denn sie war das Vorbild für Klettverschlüsse. Ein weniger bekanntes Beispiel ist die Schuppenhaut bestimmter Haie. Wegen des geringen Strömungswiderstandes der Oberfläche hat man aus ihr Anregungen für den energiesparenden Flugzeug- und Fahrzeugbau oder für das Design von Schwimmanzügen gewonnen.

Die Bewahrung und der Schutz der biologischen Vielfalt mit ihren Pflanzen, Tieren und Lebensräumen ist also nicht nur ein romantisches oder ethisches Anliegen, dafür sprechen auch knallharte ökonomische Argumente. Dennoch gehen wir mit unserer Natur um, als wäre sie unerschöpflich. Und wir überziehen die Natur sogar mit regelrechten Artenkillern.

Ein absurder Feldzug gegen die Natur

Eine der größten Hungerskatastrophen überhaupt fand Ende der 1950er-Jahre in China statt, zu der Zeit, als Mao Zedong regierte. Im Kampf gegen Ernteausfälle hatte Mao die Spatzen zum Feind erklärt, weil sie vom Saatgut pickten. Also rief er die Chinesen zu einem Krieg gegen die Sperlinge auf. Die Leute machten einen ohrenbetäubenden Lärm, sodass die Vögel, die sich nirgends mehr niederlassen konnten, vor Erschöpfung vom Himmel fielen. Geschätzte 2 Milliarden Tiere starben. Was war die Folge? Als nicht nur die Spatzen, sondern auch zahlreiche andere Vögel praktisch ausgerottet waren, fielen Heuschrecken über die Felder her, andere Insekten plagten das ganze Land, weil deren natürliche Feinde nun fehlten. Die Ernteausfälle wurden schlimmer, der Hunger nahm zu. Am Schluss musste Mao Spatzen aus der Sowjetunion importieren. Ein absurder Feldzug gegen die Natur.

»Pflanzenschutz« tötet

Früher hieß es mal, gegen alles sei ein Kraut gewachsen. Inzwischen gibt es aber viele dieser Kräuter gar nicht mehr, denn in den Laboren der großen Chemiekonzerne entsteht ein wahres Arsenal an Ackergiften, mit denen man versucht, die Natur in Schach zu halten, statt, wie in der ökologischen Landwirtschaft üblich, mit ihr zusammenzuarbeiten. – Nun ist es durchaus sinnvoll, Gemüse und Getreide gegen Insekten und sogenannte Unkräuter zu schützen, sonst könnten diese manche Ernte zerstören. Aber die Fokussierung auf schnelle Lösungen durch Chemie hat große Probleme geschaffen.

Vor den negativen Auswirkungen synthetisch hergestellter Pestizide auf unsere Ökosysteme wird schon lange gewarnt. Vor ein paar Jahren hat das millionenfache Bienensterben das Thema auf die Agenda geholt. Auch wenn sich wahrscheinlich nie klären lässt, ob es nun Albert Einstein war, der gesagt haben soll »*Wenn die Biene einmal von der Erde verschwindet, hat der Mensch nur noch vier Jahre zu leben*«, zeigt dieser Satz doch, worum es geht: Bienen sind durch ihre fleißige Bestäubung für uns Menschen quasi unverzichtbar. Und trotzdem wurden und werden große Mengen Ackergifte eingesetzt, die diese nützlichen Insekten töten – sogenannte Neonicotinoide.

Neonicotinoide sind mitverantwortlich für das Sterben von Bienen und anderen wichtigen Insekten. Ein Bericht des Wissenschaftlichen Europäischen Beirats der Wissenschaftsakademien in Europa (EASAC) hat herausgefunden, dass die Neonicotinoide wie eine Droge wirken und die Bienen sprichwörtlich auf diese Pestizide fliegen. Andere Studien zeigen, dass die Gifte nicht nur für Honig- und Wildbienen, Schmetterlinge und andere Insekten gefährlich sind, sondern auch für Vögel. Die Pestizide greifen in ein funktionierendes Ökosystem ein, sie unterbrechen die natürliche Nahrungskette. Weniger Insekten bedeutet weniger Nahrung für die Vögel. Sie finden während der Brutphasen nicht mehr ausreichend Futter. Wie gesagt: Die Natur funktioniert wie ein Netz. Schneidet man an einer Stelle einen Knoten durch, löst sich schnell der nächste.

Chemie als Schmiermittel der industriellen Landwirtschaft

Um Lebensmittel industriell zu produzieren, werden Pflanzen mit sogenannten Pflanzenschutzmitteln, die man besser Ackergifte nennen sollte, behandelt. Unter dem Sammelbegriff **Pestizid** (von lat. pestis = Geißel, Seuche und lat. caedere = töten) sind chemische Substanzen versammelt, die lästige oder schädliche Lebewesen töten, vertreiben oder in deren Keimung, Wachstum oder Vermehrung hemmen.

Zu den Pestiziden gehören **Insektizide** zur Vernichtung von schädlichen Insekten und **Herbizide**, mit denen sowohl in der Landwirtschaft als auch in heimischen Gärten störende Pflanzen abgetötet werden. Ein berüchtigtes Herbizid ist das von der US-amerikanischen Firma Monsanto produzierte Agent Orange, das während des Vietnamkriegs von den USA eingesetzt wurde, um Wälder zu entlauben und Nutzpflanzen zu zerstören. Aus den Monsanto-Laboren stammt auch das weltweit am häufigsten verwendete Totalherbizid Glyphosat, das unter anderem als »Roundup« im Handel ist.

Fungizide zur Bekämpfung von Schadpilzen werden auf Blätter gespritzt oder in den Boden eingebracht. Das Beizen von Saatgut soll die Pilzsporen schon auf den Samen abtöten. Heute wird praktisch das gesamte Getreidesaatgut vor der Aussaat chemisch gebeizt.

Auch im Ökolandbau werden Mittel zum Schutz von Pflanzen eingesetzt. Erlaubt sind Pflanzenschutz- und Stärkungsmittel nur auf naturstofflicher Basis. Mittel mit gentechnisch veränderten Organismen (GVO) sind tabu und – anders als in der konventionellen Landwirtschaft üblich – auch die Verwendung synthetischer Pestizide.

Aus gutem Grund haben die EU-Mitgliedsstaaten daher im Dezember 2013 Anwendungsbeschränkungen für drei Pestizide erlassen, die zur Gruppe der Neonicotinoide gehören. Die beiden Insektizide Clothianidin und Imidacloprid vertreibt Bayer CropScience von Leverkusen aus, das dritte Thiametoxam stammt von Syngenta in der Schweiz. Sie werden in 120 Ländern versprüht und stehen unter starkem Verdacht, mitverantwortlich für das Bienensterben in Europa zu sein. Wird Saatgut mit diesen Mitteln behandelt, verteilt sich das Gift während des Wachstums von der Wurzel aus auf die gesamte Pflanze. Sie sind also später auch in Pollen und im Nektar zu finden, den die Bienen sammeln. Verschiedene Studien lieferten Hinweise darauf, dass diese Insektizide die Bienen entscheidend beeinträchtigen – etwa indem sie deren Lernvermögen und hoch ausgeprägten Orientierungssinn stören, sodass sie nicht mehr in ihre Stöcke zurückfinden – und damit zu dem als colony collapse disorder bekannten Kollaps ganzer Bienenvölker beitragen, der seit den 2000er Jahren im Norden der USA und Europa beobachtet wird.

Das veranlasste die EU, einzelne Anwendungsbereiche des Neonicotinoid-Einsatzes zu beschränken. Doch ohne Wirkung.

Doch trotz des Teilverbots dieser Stoffe ist der Gesamtabsatz von Bienenkillern in Deutschland zuletzt gestiegen. Die bisherigen EU-Teilverbote reichen schlicht nicht aus, um Bienen und andere Insekten zu schützen. Wir müssen den Gesamteinsatz von Pestiziden in der Landwirtschaft reduzieren. Um unsere Umwelt zu schützen. Und in unserem eigenen Interesse.

Krebsgefahr vom Acker

Welche Gefahr von manchen Pestiziden ausgeht, wurde im März 2015 bekannt. Ein Gutachten der Krebsagentur (IARC) der Weltgesundheitsorganisation stufte gleich mehrere Pestizide als »wahrscheinlich krebserregend« ein. Darunter auch Glyphosat – das heute meistverkaufte Pestizid weltweit. Seit 40 Jahren ist das von Monsanto entwickelte Totalherbizid Schmiermittel der agroindustriellen Produktion. Die WHO-Experten, die zahlreiche Studien ausgewertet haben, warnen nun vor der Krebsgefahr vom Acker.

Der Zeitpunkt ist brisant. Denn in der EU steht gerade die Neuzulassung des Ackergifts an. Diesen Sommer soll entschieden werden, ob das Pestizid für weitere 15 Jahre auf unseren Äckern versprüht werden darf – ein Gesundheitsrisiko für uns alle. Scheitert die Glyphosat-Wiederzulassung, droht Monsanto ein Milliardenverlust. Eine deutsche Behörde – das Bundesinstitut für Risikobewertung – spielt bei der Wiederzulassung eine unrühmliche Rolle.

In Deutschland werden jährlich rund 5 Millionen Liter reiner Glyphosat-Wirkstoff auf knapp 40 Prozent der Ackerfläche gesprüht. Gemixt wird der Wirkstoff mit anderen Substanzen – ein wahrer Giftcocktail für den Acker. Glyphosat ist fester Bestandteil der agroindustriellen Produktion. In der Anwendung wird das Gift zuweilen unterschätzt und unsachgemäß ausgebracht, zum Beispiel unmittelbar vor der Getreideernte, was Zeit und Geld spart. Die eventuell noch feuchten Getreidekörner dörren aus, das Unkraut stirbt ab. So spart man Arbeit, setzt aber unnötig viele Pestizide ein.

Das wahrscheinlich krebserregende Glyphosat gelangt in die Lebensmittel. Stichproben der Zeitschrift »Ökotest« haben gezeigt, dass Glyphosat zum Beispiel in Mehl, in Haferflocken, in konventionellen Brötchen und Brot und sogar in Bier, enthalten ist. Das wahrscheinlich krebserregende Ackergift ist feste Beilage auf unserem Teller geworden.

Über die Lebensmittel gelangt das Gift auch in unseren Körper. Egal, ob man auf dem Land neben einem Acker oder in der Münchener Innenstadt lebt: Glyphosat-Rückstände im Organismus sind häufig. Der Bund für Umwelt und Naturschutz hat in einer Stichprobenanalyse Glyphosat in 70 Prozent aller getesteten Urinproben nachgewiesen. Fast die Hälfte aller Großstädter in Europa weist Rückstände des Pestizids im Körper auf.

Dazu kommt, dass Glyphosat nicht nur in der Landwirtschaft eingesetzt wird. Auch die Deutsche Bahn versprüht jährlich 80 Tonnen glyphosathaltige Mittel, um die Schienen frei von Unkraut zu halten. Und als »todsicher wirkender Unkrautvernichter« gelangt es in die Hände nicht geschulter oder wider besseres Wissen handelnder Hobbygärtnerinnen und -gärtner sowie Hausmeisterinnen und -meister. Es wird auf Gehwegen und Parkwiesen und Gärten gesprüht. Glyphosat wird also auch an Orten eingesetzt, wo Kinder spielen, wo Familien spazieren gehen.

Solange nicht geklärt ist, ob Glyphosat krebserregend ist oder nicht, muss das Vorsorgeprinzip gelten. Es wäre ein Skandal, das Ackergift für weitere fünfzehn Jahre zuzulassen, solange das nicht mit Sicherheit ausgeschlossen werden kann.

Die Bundesrepublik hat einen entscheidenden Einfluss darauf, ob Glyphosat wieder zugelassen wird. Deutschland ist Berichterstatter für die Zulassung. Doch die deutschen Behörden ignorieren die Warnung der Krebsexperten. Trotz der IARC-Einstufung des Pestizids als wahrscheinlich krebserregend hat Deutschland Glyphosat in seinem Bericht an die EU-Behörden als unbedenklich eingestuft.

Das zuständige Bundesamt für Risikoforschung sieht – trotz der WHO-Warnungen – keinen Anlass, Glyphosat aus dem Verkehr zu ziehen. Brisant ist, dass das BfR in seiner Bewertung wichtige Studien zur Gentoxizität (Schädigung des Erbguts) und Kanzerogenität (Entstehung von Krebs) ignoriert und sich in der Bewertung zu stark auf Industriestudien gestützt hat, was von vielen Seiten kritisiert wird.

Die europäische Lebensmittelbehörde EFSA sieht, gestützt auf den Bericht des BfR, keinen Anlass, Glyphosat zu verbieten, und empfiehlt eine Neuzulassung für weitere zehn Jahre. Das ist massiv kritisiert worden, nicht nur von uns Grünen. Im Dezember letzten Jahres haben fast 100 renommierte Wissenschaftler aus aller Welt einen offenen Brief an die EU-Kommission geschrieben und das Vorgehen angeprangert. Die Behörden hätten wichtige Befunde ignoriert, die darauf hinweisen, dass Glyphosat krebserregend sei.

Ich halte das Vorgehen für fahrlässig, sowohl von der Bundesregierung als auch von den Behörden. Innerhalb der Europäischen Union gilt das sogenannte Vorsorgeprinzip. Das heißt, wenn nicht ausgeschlossen werden kann, dass ein Stoff gesundheitsschädlich ist, sollte er nicht angewendet werden. Aber das Vorsorgeprinzip wird hier ausgesetzt. Die Warnungen der WHO-Krebsexperten müssen ernst genommen werden. Bis diese nicht ausdrücklich widerlegt sind, darf Glyphosat nicht wieder zugelassen werden.

Nachdem die Umweltverbände aktiv wurden und ich gemeinsam mit meinem Kollegen Harald Ebner einen Brief an die Baumärkte geschrieben habe mit dem Appell, das Mittel auszulisten, haben zumindest einige reagiert. Ein paar größere Baumarktketten und einige weitere regionale Baumärkte haben Glyphosat mittlerweile aus ihrem Portfolio genommen oder dies zumindest angekündigt. Ein Etappenerfolg und ein wichtiges Signal vom Handel. Aber den gesetzlichen Schutz ersetzt das nicht.

Das große Geld
Pestizide sind ein Riesengeschäft für die Chemiekonzerne. Laut Pesticide Action Network ist der Jahresumsatz zwischen 2005 und 2010 um 7 Milliarden Euro auf 38 Milliarden Euro gewachsen. Die deutschen Pestizidküchen von Bayer und BASF haben daran einen erheblichen Anteil. Sie machen jährlich 13 Milliarden Euro Umsatz mit den Ackergiften. Zusammen mit Monsanto, Syngenta und Dow AgroScience teilen sie sich den Löwenanteil des Weltmarkts für Pestizide auf.

Warum die Bundesregierung nichts gegen den hohen Pestizideinsatz unternimmt, der unsere Gesundheit gefährdet und unsere Arten bedroht ist klar: Sie müsste sich dafür mit Bayer und BASF anlegen. Aber das tut die Bundesregierung nicht. Dazu hat sie keinen Mumm. Der Profit der Agroindustrie ist ihr wichtiger als die Gesundheit der Menschen und der Schutz unserer Natur. Und das ist ein Skandal. Nur mit viel Druck und Rückenwind der Zivilgesellschaft können wir es schaffen, Glyphosat vom Acker zu verbannen und den Einsatz von Pestiziden insgesamt zu reduzieren. Und genau das muss passieren, wenn wir nicht nur unsere Artenvielfalt – sondern auch unsere Gesundheit schützen wollen.

Unser Klima

Die zweite große ökologische Katastrophe, auf die wir neben dem Artensterben zusteuern, ist die Klimakrise. Durch den enormen Ausstoß klimaschädlicher Gase wie CO_2, Methan und Lachgas heizen wir unser Klima an. Momentan sind wir voll auf Kurs zu einer Erderwärmung von durchschnittlich 4 °C bis 2100 – das sind ganze 2 °C mehr als das Ziel, auf das sich die internationale Staatengemeinschaft geeinigt hat.

Selbst die Internationale Energieagentur, die eher für ihren atomfreundlichen Kurs bekannt und mitnichten eine grüne Ökotruppe ist, warnt in ihrem World Energy Outlook, dass wir – wenn wir so weitermachen wie bisher, sogar 6 °C Erderhitzung bis Ende des Jahrhunderts erreichen können. Und das sind nur Durchschnittswerte. Jedes Grad mehr erhöht die Wahrscheinlichkeit und damit die Zahl schwerer Stürme, Hochwasserkatastrophen und Überschwemmungen. Jedes Grad mehr erhöht den Meeresspiegel und mit jedem Grad mehr werden mehr Kipppunkte gerissen wie der Punkt, ab dem Grönland komplett abschmilzt.

Ein paar notorische Klimaskeptiker und Industrielobbyisten werden immer wieder ins Feld führen, dass es doch schon öfter Klimawandel gegeben habe. Dass die Menschen sich doch schon anpassen könnten. Dass ein wärmerer Winter doch gar nicht so verkehrt sei.

Richtig ist auch, dass die Natur sich immer irgendwie angepasst hat. Allerdings sind schon bei den letzten Klimakrisen stets Unmengen von Arten unwiederbringlich ausgestorben. Dieses Mal betrifft es unseren eigenen Lebensraum.

Die Ozeane erwärmen sich, Unwetter werden stärker, Dürren nehmen zu. Das Abschmelzen der Gletscher lässt den Meeresspiegel ansteigen, Überflutungen werden häufiger. Laut den Vereinten Nationen lebt mehr als die Hälfte der Menschen auf dieser Welt in Küstenregionen. Drei Viertel der großen Städte sind an der Küste angesiedelt. Was passiert mit diesen Städten, wenn der Meeresspiegel um mehrere Meter steigt? Die Malediven oder auch Bangladesch bekommen dann ein Riesenproblem, schon die Vorboten dieser Veränderungen haben in diesen Länder ernorme Verheerungen angerichtet. Die Klimaumbrüche werden viele Menschen hart treffen. Wenn das Meer über die Ufer dieser tiefliegenden Länder tritt, müssen mehrere Millionen Menschen fliehen. Für einen ausreichenden Schutz ihrer Lebensgrundlagen fehlt vielen ärmeren Ländern schlicht das Geld.

Bei uns in Deutschland ist das Geld zwar da. Wir können unser Land gegen Umweltkatastrophen mit vielen Milliarden verteidigen oder auch Schäden reparieren. Aber die Folgen von Extremklimata spüren wir auch hier. Wir brauchen uns nur an die beiden Jahrhundertfluten zu erinnern, die wir innerhalb von zehn Jahren in Deutschland hatten. Ich habe im Juni 2013 in Deggendorf an der Donau selbst gesehen, wie verzweifelt die Menschen waren, als die Dämme brachen, die Wassermassen ganze Landstriche verwüstet haben. Der Klimawandel ist eben nicht nur ein Problem, das andere betrifft. Ja, er trifft vor allem die Ärmeren im globalen Süden. Aber er findet auch direkt vor unserer Haustür statt.

> **Der Treibhauseffekt**
> Die Sonnenstrahlung wird von der Erde nur teilweise ins All zurückreflektiert, weil die Erdatmosphäre mit Wasserdampf, CO_2 und anderen Spurengasen wie eine Art Glashaus wirkt. Ohne diesen natürlichen Treibhauseffekt hätte sich auf der Erde gar kein Leben entwickeln können, denn es wäre viel zu kalt. Gelangt aber von der Erde zusätzliches Treibhausgas in die Atmosphäre, beispielsweise das CO_2 durch Brandrodungen oder durch die Verbrennung fossiler Rohstoffe wie Kohle oder Erdöl, verstärkt das den Treibhauseffekt – und die Erde erwärmt sich weiter.

Und wer meint, wärmere Temperaturen seien ja gar nicht so schlimm: Letztes Jahr gab es in Indien eine Hitzewelle mit fast 50 °C – 1100 Menschen sind dadurch gestorben. So etwas sollte man nicht mit Bemerkungen über schöne warme Sommer kleinreden.

Natürlich hat es – genau wie das Artensterben – auch schon mehrere Klimawandel auf der Erde gegeben. Die letzte Eiszeit ist wohl jedem ein Begriff. Der Unterschied: Der jetzige Klimawandel ist menschengemacht. Wir sind dafür verantwortlich. Und genau deshalb können wir auch etwas dagegen tun. Es liegt in unserem ureigenen Interesse, dass Extremwetter und Dürren nicht weiter zunehmen, dass Regenfälle nicht kürzer und gleichzeitig stärker werden und dass der Meeresspiegel nicht in unbeherrschbare Höhen steigt.

Die Wirtschaftsprüfer von PriceWaterhouseCoopers berechnen in ihrem alljährlich erscheinenden Low Carbon Economy Index, dass wir – um die Erderwärmung noch auf 2 °C zu begrenzen – unsere globale Weltwirtschaft jährlich um 6,2 Prozent »dekarbonisieren« müssen. Und das gilt für die Weltwirtschaft als Ganzes. Diejenigen, die wie die Industrieländer hohe Pro-Kopf-Emissionen haben und die historisch für einen Großteil der Emissionen verantwortlich sind, werden mehr tun müssen. Und es gilt Jahr für Jahr. Von jetzt an bis 2100. Jedes Jahr, das wir vergeuden, macht es schwieriger, die Klimakatastrophe abzuwenden. Aber eine Umkehr ist möglich. Und sie ist nötig. Ob man nun Ökonom ist oder Christ – Papst Franziskus hat es auf den Punkt gebracht. Er spricht von einer »heiligen Pflicht«, unsere Erde zu schützen.

In Paris gelang im letzten Herbst nach jahrelangem Ringen ein wichtiger Befreiungsschlag der internationalen Klimadiplomatie. Das Pariser Abkommen ist ein wichtiger Meilenstein, um die Erderwärmung auf 2 °C zu begrenzen. Nun muss das Abkommen mit Leben gefüllt werden. Die Staaten dieser Erde – Deutschland eingeschlossen – müssen liefern und halten, was sie versprochen haben.

Vier Fünftel der bekannten fossilen Energiereserven, also Kohle, Öl und Gas, müssen im Boden bleiben. Sie dürfen niemals gefördert und verbrannt werden. Um nichts weniger geht es. Um unsere Lebensgrundlagen zu schützen, brauchen wir radikale Emissionsreduzierungen. Deshalb ist es so unverantwortlich, dass sich die deutsche Bundesregierung vor dem Kohleausstieg drückt und Angela Merkel als Kohlekanzlerin mit der Industrie gemeinsame Sache macht. Je früher wir den Kohleausstieg einleiten, desto besser. Denn er ist unvermeidlich. Er ist die logische Konsequenz aus Paris.

Auch die Landwirtschaft dürfen wir bei der Bewältigung der Klimakrise nicht aus der Verantwortung entlassen. Je nach Berechnung trägt die Landwirtschaft zwischen einem Viertel und einem Drittel zur globalen Klimakrise bei. Zahlen, die darunter liegen, schließen wichtige Faktoren aus. Zum Beispiel die Produktion und Verwendung energieintensiver Kunstdünger, Transport und Verpackung und vor allem klimaschädliche Gase, die durch Rodungen und Landumbrüche in der Landwirtschaft entstehen. Wenn Regenwald gerodet wird, um Soja für unsere Futtertröge anzubauen, oder wenn Moore trockengelegt werden, werden große Mengen klimaschädlicher Gase freigesetzt. Diese sogenannten »Klimasenken« sind ein wichtiger Speicher von Treibhausgasen, den wir nicht zerstören dürfen.

Die weltweite Fleischproduktion spielt eine zentrale Rolle bei der Klimakrise. Sie verursacht rund 15 Prozent der Treibhausgase. Forscher rechnen mit einer rasanten Zunahme der Treibhausgase durch die Fleischproduktion, da der weltweite Appetit auf Fleisch wächst und die industrielle Produktion von Fleisch deutlich mehr Treibhausgase verursacht als die Produktion pflanzlicher Lebensmittel.

Schaut man, welche Treibhausgase die Landwirtschaft innerhalb der bundesdeutschen Grenzen verursacht – also ohne Berücksichtigung von Futtermittelimporten und dergleichen, spielen neben dem bekannten und insgesamt wichtigsten Klimakiller CO_2 vor allem Methan und Lachgas eine wesentliche Rolle. Zwischen 60 und 70 Prozent der Methan- und Lachgasemissionen stammen in Deutschland aus der Landwirtschaft. Diese sind wesentlich klimaschädlicher als CO_2. Methan ist etwa 21-mal schädlicher als CO_2, eine Tonne Lachgas sogar rund 300-mal schädlicher.

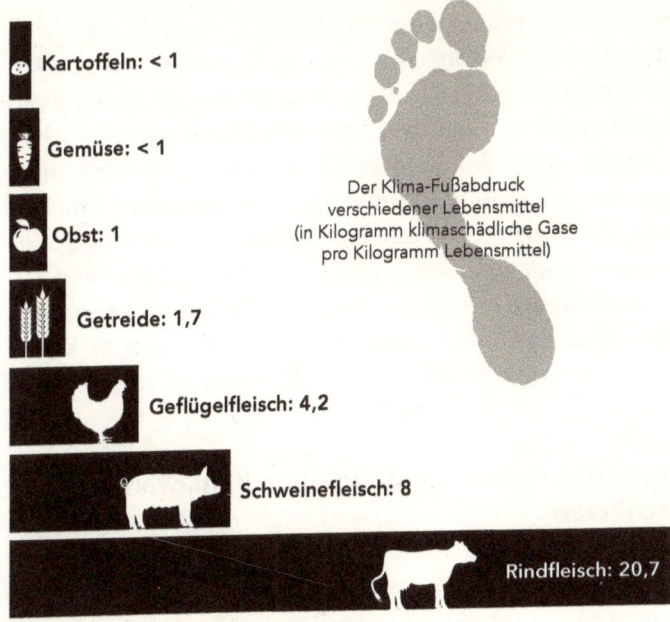

Der Klima-Fußabdruck von Fleisch ist im Vergleich zu anderen Lebensmitteln deutlich höher.

Methan entsteht in der hiesigen Landwirtschaft nach Angaben des Umweltbundesamtes überwiegend durch die Verdauung wiederkäuender Tiere und die Ausbringung von Düngern wie Gülle. Lachgasemissionen entstehen vor allem durch die Überdüngung des Bodens mit Stickstoff, zum Beispiel durch Kunstdünger und Gülle.

Wer Klimaschutz in der Landwirtschaft ernst meint, muss die Tierhaltung ökologischer gestalten und die Dumpingfleischproduktion beenden. Die Landwirtschaft kann und muss zum Klimaschützer werden. Dafür ist es unerlässlich, die Importe von Futtermitteln zu reduzieren und dafür zu sorgen, dass hierfür keine Wälder gerodet werden. Ebenso muss die Tierhaltung wieder an die Fläche gebunden werden. Dadurch verringert sich auch die Produktion von klimaschädlicher Gülle. Und der Verzicht auf Kunstdünger vermindert den Druck auf den Boden. Wird die Ökolandwirtschaft gestärkt, wird Grünland geschützt und die Weidehaltung gefördert, sparen wir klimaschädliche Futtermittelimporte ein und fördern den Humusaufbau. Jede zusätzliche Tonne Humus im Boden spart 1 Tonne CO_2. Genau wie in anderen Wirtschaftszweigen sind neue, ökologischere Wege erforderlich. Nur wenn die Landwirtschaft ihren Teil zum Klimaschutz beiträgt, können wir den Klimawandel stoppen.

Unsere Landwirtschaft vor dem Klimawandel schützen

Die Landwirtschaft – unsere Lebensmittelversorgung – ist nicht nur einer der zentralen Verursacher der Klimakrise, sondern auch einer der Bereiche, der am stärksten von den Auswirkungen der Erderwärmung betroffen sein wird, wenn wir nicht handeln. Zunehmende Überschwemmungen, Dürren und unvorhersehbare Extremwetter werden die Landwirtschaft stark verändern. Schon heute verschieben sich die Anbaugrenzen für bestimmte Feldfrüchte. Wasser wird knapper, Ernteausfälle häufiger. Im globalen Süden zählen Kleinbäuerinnen und Kleinbauern bereits heute zu den am stärksten betroffenen Menschen von Dürren und Ernteverlusten.

Während ich dieses Buch schreibe, bedroht eine extreme Dürre Teile des Südens und Ostens Afrikas. Allein im Süden des Kontinents droht 14 Millionen Menschen eine Hungersnot. Auch in Äthiopien ist die Lage angespannt, weil es während der letzten Regenzeit kaum Niederschlag gab. Rund 10 Millionen Menschen sind auf Hilfe angewiesen. Der Klimawandel verschärft die Probleme. Soforthilfe der internationalen Staatengemeinschaft ist dringend nötig, um eine Hungerkatastrophe abzuwenden. Auch die Bundesregierung kann und muss mehr leisten.

Längerfristig geht es aber auch darum, die Landwirtschaft widerstandsfähiger zu machen. Insbesondere die Kleinbäuerinnen und Kleinbauern in Ländern des globalen Südens werden weltweit durch die Klimakrise vor wachsenden Herausforderungen stehen. Selbst wenn wir es schaffen, die Klimaerwärmung auf 2 °C zu begrenzen, brauchen sie unsere Unterstützung.

Um die Landwirtschaft in Ländern, die vom Klimawandel besonders betroffen sind, widerstandsfähiger gegen Krisen zu machen, ist es entscheidend, dort keine Genmais-Monokulturen, sondern eine lokal angepasste und vielfältige Landwirtschaft zu fördern. Die Bäuerinnen und Bauern benötigen klimaresiliente, gentechnikfreie Sorten, die den Extremwettern standhalten. Sie müssen darin unterstützt werden, sich neues Wissen anzueignen, um trotz sich verschiebender Klimazonen Lebensmittel anbauen zu können. Das ist ein enormer Kraftakt. Wenn wir nicht handeln und unsere Landwirtschaft vom Klimakiller zum Klimaschützer machen und gleichzeitig im globalen Süden eine klimaresiliente, lokal angepasste kleinbäuerliche Landwirtschaft fördern, werden noch mehr Menschen, als es bereits heute der Fall ist, ihre Heimat verlieren.

Wald ohne Regen
Wälder sind gigantische CO_2-Speicher, der größte unter ihnen ist der Amazonas-Regenwald, der sich über neun Länder erstreckt. Er

bedeckt eine Fläche von 6,7 Millionen Quadratkilometern, ist also beinahe so groß wie Australien mit 7,7 Millionen Quadratkilometern. Als »globale Lunge« atmet er, laut einer Studie des Max-Planck-Instituts, des Potsdamer Instituts für Klimafolgenforschung (PIK) sowie des UN-Umweltprogramms UNEP, etwa 80 bis 120 Milliarden Tonnen Kohlenstoff – also mehr als das Hundertfache der jährlichen CO_2-Emissionen Deutschlands. Sein Blätterdach und die immensen Süßwasservorräte des Amazonas sorgen dafür, dass sich unser Klima nicht noch schneller aufheizt. Doch dieser Kühleffekt geht durch die Zerstörung des Urwalds verloren. Und deshalb werden die systematischen Rodungen im Amazonas-Becken zu einem handfesten Problem für uns alle. Im Schnitt wurden alleine in Brasilien – hier liegt der größte Teil des südamerikanischen Regenwalds – in den vergangenen zehn Jahren (2005 bis 2014) jede Minute Regenwaldflächen in der Größe von jeweils etwa zwei Fußballfeldern vernichtet.

Wohin das führen kann, hatte der weltweit renommierte Klimaforscher Hans Joachim Schellnhuber vom Potsdam-Institut für Klimafolgenforschung schon 2007 beim 7. Forum »Globale Fragen zu Klimawandel und Sicherheit« im Auswärtigen Amt in Berlin eindringlich geschildert. Der Klimawandel, so Schellnhuber, wird geostrategisch eine Reihe unterschiedlicher Auswirkungen auf verschiedene Regionen haben, durch die wir auf eine Art Megakonflikt zusteuern. Allerdings würden die Hauptverursacher des Klimawandels, also der globale Norden, am wenigsten von den Auswirkungen betroffen sein. Die größte Dürregefahr betrifft den Amazonas-Regenwald, der nach Schellnhubers Ansicht Ende dieses Jahrhunderts möglicherweise ganz verschwunden ist: »Die Konsequenz wäre nicht nur die Zerstörung des größten Ökosystems der Erde, sondern auch eine Veränderung der gesamten Klimatologie Lateinamerikas. Die Lebensbasis für viele Menschen

> wäre unterminiert, was wiederum zu gewaltigen Migrationsströmen führen könnte.«

Vom Winde verweht

Die Nutzung unserer Böden ist neben dem Klimawandel und dem Artensterben die dritte planetare Grenze, die laut Forschern bereits überschritten ist.

Gesunde Böden spielen mit die wichtigste Rolle bei der Ernährung des Menschen und bei der Bekämpfung des weltweiten Hungers. Denn auf ihnen wächst unser Getreide, unser Gemüse, unser Obst, hier grasen Kühe und hier kommt das Futter für viele Tiere her. Unsere Böden nehmen den Regen auf und schaffen neues Trinkwasser. Sie dienen als Schadstoffpuffer, denn sie speichern mehr Kohlenstoff als alle Wälder der Welt zusammen und regulieren somit unser Klima. Und sie sind von zentraler Bedeutung für die Artenvielfalt: In einer Handvoll fruchtbarer Erde leben mehr Mikroorganismen als Menschen auf unserem Planeten, denn zwei Drittel aller Arten leben unter der Erdoberfläche. Es ist unser Boden, der uns trägt.

Unser Boden – Mutter Erde – ist eine der wertvollsten Ressourcen, die wir haben. Tag für Tag trägt er uns, ernährt uns. Wir halten das für selbstverständlich. Doch wie wir mit dieser Lebensgrundlage umgehen, ist fatal. Jährlich gehen 24 Milliarden Tonnen fruchtbaren Bodens verloren. Rund ein Drittel des fruchtbaren Landes gilt bereits als zerstört. Die Gründe sind vielfältig: Asphaltierung und Bebauung spielen eine wichtige Rolle, aber auch Umweltbelastungen, Erosion und industrielle landwirtschaftliche

Nutzung. Als Mahnung haben die Vereinten Nationen 2015 das internationale Jahr des Bodens ausgerufen.

> **Wer Wind sät …**
> Ein großes Problem ist die Erosion durch Regen und Wind. In Europa gehen jedes Jahr etwa 970 Millionen Tonnen kostbare Erde unwiederbringlich durch Erosion verloren. Deutlich sichtbar wird der Abtrag des Oberbodens beispielsweise an den riesigen, strukturlosen Ackerschlägen ohne Heckenstreifen und Gehölzinseln, wie sie in weiten Teilen Mecklenburg-Vorpommerns anzutreffen sind. Dort hatte im April 2011 südlich von Rostock ein ungehindert über das Feld und dann über die Autobahn fegender Sandsturm eine Massenkarambolage ausgelöst, bei der acht Menschen starben und 130 verletzt wurden. Hier haben vermutlich gleich alle Bodenerosionsfaktoren – die Bodenbeschaffenheit, die Art der Nutzung, die Größe der Fläche und die Witterung – eine entsetzliche, aber vermeidbare Katastrophe ausgelöst.

Guter Boden ist nicht unerschöpflich. Rund 2000 Jahre vergehen, bis gerade einmal 10 Zentimeter neuer Boden entstehen, also etwa so viel wie zwei aufrecht stehende Streichholzschachteln. 2000 Jahre, in denen Wind, Sonne, Regen und Kleinstlebewesen ihn für uns fruchtbar machen. Die unterirdischen Bewohner wie Regenwürmer, Asseln und Mikroorganismen wie Bakterien, Pilze oder Amöben zersetzen abgestorbene Pflanzenteile, wandeln sie in Humus um und verteilen diese fruchtbare Substanz. Der Humus speichert Nährstoffe und Wasser und bildet eine porenreiche Struktur, die für eine gute Durchlüftung sorgt. Aber die natürliche Gesundheit des Bodens wird durch von Menschen gemachte Umwelteinflüsse bedroht. Vielerorts werden unsere Böden aber nicht nachhaltig bewirtschaftet. Die Bodenbearbeitung in der intensiven Landwirtschaft verdichtet durch große Maschinen die Struktur und verringert durch Monokulturen, Pestizide und Überdüngung das Leben im Boden.

Durch den abnehmenden Humusgehalt wird die natürliche Funktionsfähigkeit der Böden als Lebensraum für Nützlinge, Wasserspeicher und Nährstofftauscher erheblich beeinträchtigt und noch weiter verdichtet. Damit kommt ein regelrechter Teufelskreislauf in Gang: Die Pflanzen bilden weniger tiefe Wurzeln aus. Das wiederum bewirkt eine geringere Wasseraufnahme und Speicherkapazität der Böden, was wiederum einen Abtrag des Oberbodens durch Starkregen und Dürrephasen, die der Klimawandel mit sich bringt, zur Folge hat. Mittlerweile haben 45 Prozent, also fast die Hälfte der europäischen Böden, deutlich an organischer Substanz und damit an Fruchtbarkeit verloren.

Die Agrarindustrie versucht, die fehlende Bodenfruchtbarkeit durch synthetischen Mineraldünger wie Stickstoff, Kali und Phosphate wieder auszugleichen. Dafür werden gigantische Mengen gebraucht. Weltweit hat sich der Mineraldünger-Einsatz allein in den letzten 50 Jahren verfünffacht. Und es gibt noch ein weiteres Problem: In den USA und Europa sind die Böden durch den massiven Einsatz von Gülle völlig übersäuert. Denn in der Gülle, die aus den Fleischfabriken abtransportiert und auf die Äcker verteilt wird, steckt jede Menge Ammoniak. Diese Stickstoffverbindung behindert die Pflanzen bei der Aufnahme von Phosphor, einem Nährstoff, der unverzichtbar für gesundes Wachstum ist. Diese Überdüngung hat noch andere, extrem negative ökologische Folgen. Denn Stickstoff baut den Humus ab, sodass die wichtigen Kleinstlebewesen unter Tage regelrecht verhungern.

Wenn wir also auch in 50 Jahren noch Lebensmittel anbauen wollen, müssen wir unsere Böden besser behandeln. Wir müssen sie schützen – vor Erosion und Rodungen, vor Ackergiften und dem Riesenmist aus den Megaställen. Der Humusaufbau muss durch eine ökologischere Landwirtschaft gefördert werden. Wir sind dafür verantwortlich, dass wir diese wichtige Ressource für nachfolgende Generationen erhalten. Wir dürfen die Grenzen unseres Planeten nicht weiter strapazieren.

Eine Frage der Gerechtigkeit

Über den Tellerrand hinaus

Die Fleischfabrik Deutschland schadet den Menschen hier vor Ort. Sie schadet den Tieren, unserem Klima, unserer Artenvielfalt, dem Boden und unserem Wasser. Doch um ein vollständiges Bild von unserer Landwirtschaft zu zeichnen, will ich den Blick über die Landesgrenzen hinauswerfen.

Was wir hier vor Ort produzieren und konsumieren, hat Auswirkungen weltweit. Wirtschaftskreisläufe sind schon längst nicht mehr auf die europäischen Landesgrenzen begrenzt. Die Agroindustrie ist mittlerweile ein hochvernetzter globaler Wirtschaftszweig. Grundnahrungsmittel wie Getreide werden international an Rohstoffbörsen gehandelt. Ein Discounterschnitzel zum Dumpingpreis hat seinen Ursprung in Südamerika, wo Gensoja angebaut wird, so weit das Auge reicht. Europäische Fischtrawler sind längst vor Westafrika und nicht mehr nur vor Rügen unterwegs. Futtermittel werden über den Atlantik importiert, Dumpingfleisch über das Mittelmeer exportiert. Die Agroindustrie erobert seit Jahren internationale Märkte – mit teilweise weitreichenden und schwerwiegenden Folgen. Die Schäden, die die Fleischfabrik Deutschland international anrichtet, sind kaum zu übersehen.

Noch immer leiden fast 800 Millionen Menschen weltweit Hunger und mehr als 2 Milliarden Menschen leiden an Mangelernährung, denn ihnen fehlt mindestens ein, wenn nicht sogar mehrere Nährstoffe, die für ein gesundes Leben wichtig sind. Deshalb müssen wir ganz genau hinschauen und hinterfragen, wie das sein kann, während hier Überfluss und Verschwendung herrschen. Wir müssen über unseren Tellerrand hinausschauen. Welche Folgen sind wir bereit, mit unserer Lebensmittelproduktion in Kauf zu nehmen?

Modernes Raubrittertum

Wenn es um die globale Verantwortung für eine eigene nachhaltige Landwirtschaft geht, versagen wir kläglich.

Es fängt bei den Futtermitteln an: Produzierten früher die Bauern die Saat und das Futter für das Vieh noch selbst, kaufen sie beides heute in großen Teilen auf dem Weltmarkt zu. Obwohl fast die Hälfte des Ackerlands (46 Prozent) in Deutschland für die Futtererzeugung beansprucht wird, reicht das noch lange nicht aus, da wir solche Unmengen Fleisch produzieren.

Woher die Futtermittel kommen und unter welchen Bedingungen sie produziert wurden, darüber haben die Bauern kaum noch die Kontrolle. Und auch für Verbraucher ist nicht erkennbar, dass 85 Prozent des in Deutschland als Tierfutter verwendeten Sojas genmanipuliert sind. Nichts davon steht im Laden für Kunden sichtbar auf der Verpackung.

Unsere Fleischproduktion hängt am Tropf der Sojaimporte aus Südamerika. Wir importieren Unmengen Futtermittel von dort. Jährlich kommen im Durchschnitt 35 Millionen Tonnen Sojaprodukte nach Europa, nach Deutschland davon allein laut Bauernverband rund 6,6 Millionen Tonnen. Der Großteil stammt aus Brasilien und Argentinien.

Der WWF hat ausgerechnet, wie viel Fläche der Sojaanbau ausmacht, den Deutschland in anderen Ländern einnimmt: insgesamt circa 2,6 Millionen Hektar. Das ist eine Fläche größer als Mecklenburg-Vorpommern. Allein in Brasilien – dem unangefochtenen Hauptlieferanten für unser Soja – belegen wir eine Fläche so groß wie Schleswig-Holstein (1,6 Millionen Hektar). Der größte Anteil dieser eiweißreichen Hülsenfrüchte landet nicht etwa als Sojabratling im Bioladen, sondern in den Futtertrögen der Massentierhaltung. Die Universität Illinois hat 2011 in einer Studie für die US-Regierung ausgerechnet, dass 98 Prozent des Sojamehls als Tierfutter im Trog oder im Fischtank landet. Andere Quellen gehen davon aus, dass mindestens 80 Prozent des weltweit angebauten Sojas zur Tierfütterung verwendet wird. Nur ein geringer Teil wird direkt zu Lebensmitteln verarbeitet und landet so auf dem Teller, zum Beispiel als Veggie-Burger, Sojamilch oder Tofu.

Wir eignen uns auf diesem Wege Flächen an, die nicht uns gehören. Wir nutzen Boden in Teilen dieser Welt, der zuerst die dort lebenden Menschen ernähren sollte und nicht die Bäuche derer füllen, die eh schon im Wohlstand, vielleicht sogar im Überfluss leben. Dieser virtuelle Flächenimport erinnert mich stark an einen Raubzug durch die entlegenen Winkel unseres Planeten.

Die Auswirkungen der industriellen Fleischproduktion sind auf dem südamerikanischen Kontinent deutlich zu beobachten. In Ländern, in denen die Gesetze noch lascher ausgelegt werden und in denen teils Korruption und Willkür herrschen, sind die Folgen noch offensichtlicher als bei uns. Und wir tragen dafür eine Mitverantwortung, schließlich importieren wir die Ware.

Für den Anbau von Futtermitteln wird massenhaft Regenwald abgeholzt, was katastrophale Folgen für unser Klima und auf die Artenvielfalt hat. Und es wird kostbarer Ackerboden vergeudet, der angesichts des Hungers in der Welt wesentlich effizienter genutzt werden könnte. Ich war schon viele Male in Südamerika. Früher, als Student, habe ich zahlreiche Studienreisen durch Ecuador, Peru, Brasilien, Bolivien und andere Länder Lateinamerikas gemacht.

Ich war damals erst Anfang 20. Zu sehen wie die Zerstörung unserer Umwelt durch die Agroindustrie für viele Menschen zwangsläufig in Armut mündet, hinterließ einen bleibenden Eindruck: zerstörte Regenwälder, um weiteres Ackerland dazuzugewinnen, Kleinbauern, die von ihrem Besitz vertrieben werden, gigantische Monokulturen, mittendrin ein paar versprengte Siedlungen, wo die Plantagenarbeiter in bitterer Armut mit ihren Familien in Wellblechhütten hausen, überall Fetzen von blauen Plastiksäcken, dazwischen Gräben mit einer giftigen Brühe – ein ziemlich erschütternder Anblick. Wenn man vor so etwas steht, wird das ganze Ausmaß der gnadenlosen Ausbeutung erst greifbar.

Diese Bilder, die Gespräche mit den Menschen dort – all diese Erfahrungen haben mir deutlich gemacht, wo meine politische Heimat ist. Wofür ich kämpfe: für eine faire, für eine gerechte Welt.

Lebensgefährlicher Widerstand

Wenn wir über nachhaltige Verantwortung sprechen, geht es nicht nur um Umwelt- und Klimafragen. Es geht auch um Menschenleben. Jedes Jahr gibt die internationale Nichtregierungsorganisation Global Witness – was übersetzt so viel heißt wie »weltweiter Zeuge« – einen Bericht heraus. Der zeichnet ein drastisches Bild von den Gefahren, mit denen Menschen weltweit rechnen müssen, die sich für Land- und Umweltrechte einsetzen. Die bittere Bilanz: Allein zwischen 2002 und 2013 wurden mehr als 900 Umweltschützer, Indigene, Aktivisten und Kleinbauern in 35 Ländern ermordet, weil sie für den Erhalt der Umwelt oder um ihr Land gekämpft haben.

Besonders dramatisch ist die Situation in einigen Ländern Süd- und Mittelamerikas. Dort werden Menschen, die gegen die Ungerechtigkeiten aktiv werden und Widerstand leisten, eingeschüchtert, drangsaliert, bedroht, manchmal sogar umgebracht. Oft geht es bei den blutigen Auseinandersetzungen um Landkonflikte – auch wegen Soja für deutsche Futtertröge.

Laut Global Witness nimmt die Gewalt eher zu als ab. 2012 war mit 147 Ermordungen das bisher blutigste Jahr. Verfolgt werden diese Taten nur in Ausnahmefällen, es sind gerade einmal zehn Fälle bekannt, in denen die Mörder strafrechtlich belangt wurden.

Zum Beispiel in Argentinien, dem zweitwichtigsten Sojalieferanten Deutschlands. Hier wurden Menschen, die den Bau neuer Gentechfabriken verhindern wollten, brutal angegriffen und verletzt. Seit knapp drei Jahren protestieren in dem Ort Malvinas in der Provinz Cordoba Umweltaktivisten und Anwohner gegen die Pläne des Agrochemiekonzerns Monsanto, eine riesige Fabrik für genmanipuliertes Saatgut zu bauen.

Den Kern des Protests bildet das Kollektiv *Asamblea Malvinas – Lucha por la Vida* (Vereinigung von Malvinas – Kampf für das Leben) mit Sofía Gatica an der Spitze. Diese Frau hatte den Kampf gegen den Einsatz von Pestiziden begonnen, nachdem ihr neugeborenes Kind 2001 nur drei Tage nach der Geburt an Nierenschäden starb. Sie vermutete, dass die Felder mit gentechnisch verändertem Soja rund um ihr damaliges Dorf etwas damit zu tun hätten. Dort wurden das Unkrautvernichtungsmittels Glyphosat und andere Chemikalien von Flugzeugen aus großflächig über das Land gespritzt. Als die *Asamblea Malvinas* dann vor dem Baugelände ein Protestcamp errichtete, gab es einen brutalen Überfall mit mehreren Verletzten. Gatica wurde zuvor und auch danach mehrfach mit dem Tode bedroht und zusammengeschlagen. Wer die Täter waren? Das ließ sich nicht feststellen. Nur eines dürfte wohl sicher sein: Es waren keine, die das berechtigte Anliegen der Menschen in Malvinas auf eine intakte Umwelt unterstützen.

Das Land, in dem die Gewalt gegen Umwelt- und Landaktivisten laut *Global Witness* am größten ist, ist Brasilien. Obwohl Brasilien als aufstrebendes Schwellenland gilt, erzählt es ebenfalls eine düstere Geschichte. Laut *Global Witness* ist es das mit Abstand gefährlichste Land für Menschen, die für Land- und Umweltrechte kämpfen. Zwischen 2002 und 2013 sind hier 448 Menschen ermordet worden. 2014 sind 29 Umweltschützer und Landaktivisten getötet worden. Vor allem Menschen, die indigenen Bevölkerungsgruppen angehören, sind betroffen.

Was genau treibt diese Aktivisten an? Warum geht man so unerbittlich gegen sie vor? Welche Folgen hat der zunehmende Anbau von genmanipuliertem Soja für die Kleinbäuerinnen und Kleinbauern? Mit welchen Gesundheitsschäden durch Pestizideinsätze haben die Menschen zu kämpfen? Und was bedeutet es für die einzigartige Natur Südamerikas, wenn wir hier in Deutschland unsere Fleischproduktion anfeuern?

Um diese Fragen beantworten zu können, bin ich letztes Jahr erneut nach Brasilien gereist: in das Herz des Sojaanbaus. Ich wollte mir ein Bild davon machen, welche

Auswirkungen der zunehmende Anbau von Gensoja für Mensch und Natur heute hat. Nach umfangreicher Recherche ging es im Oktober 2015 los.

Gensoja, Glyphosat & Großgrundbesitz – Eindrücke meiner Reise nach Brasilien

Das letzte Mal war ich 1992 in Brasilien. Damals reiste ich über Land von Bolivien bis nach Rio de Janeiro. Zwischendurch machte ich immer wieder Station. Weite Teile des Südens und des Westens Brasiliens waren damals noch Regenwald oder Savanne, ursprüngliche Ökosysteme voller beeindruckender Natur und einzigartiger Lebewesen. Brasilien gilt nicht ohne Grund als »Kronjuwel« der Weltnatur. Über 40.000 Pflanzenarten, 427 Säugetierarten, 1294 Vogelarten und mehr als 3000 Fischarten sind hier heimisch. Ein Paradies für jeden Biologen und Artenforscher.

Verglichen mit meinem letzten Besuch hat sich das Land stark verändert. Als ich vor wenigen Monaten mit einem Minibus durch die staubige Landschaft des westlichen Bundesstaates Mato Grosso auf dem Weg nach Lucas do Rio Verde fahre, sind links und rechts des Weges stundenlang nichts als Agrarwüsten zu sehen. Der ursprüngliche Regenwald ist fast völlig verschwunden. Gensoja- und Genmaisplantagen, so weit das Auge reicht. Ein klägliches Bild.

Am Feldrand stehen überall Syngenta- und Cargill-Schilder. Das zeigt, wie groß der wirtschaftliche Einfluss dieser Konzerne ist.

Das Agrobusiness ist ein zentraler Wirtschaftsfaktor für Brasilien. Der Anbau von Kaffee und Soja und die Produktion von Zucker und Fleisch stehen für 40 Prozent der Ex-

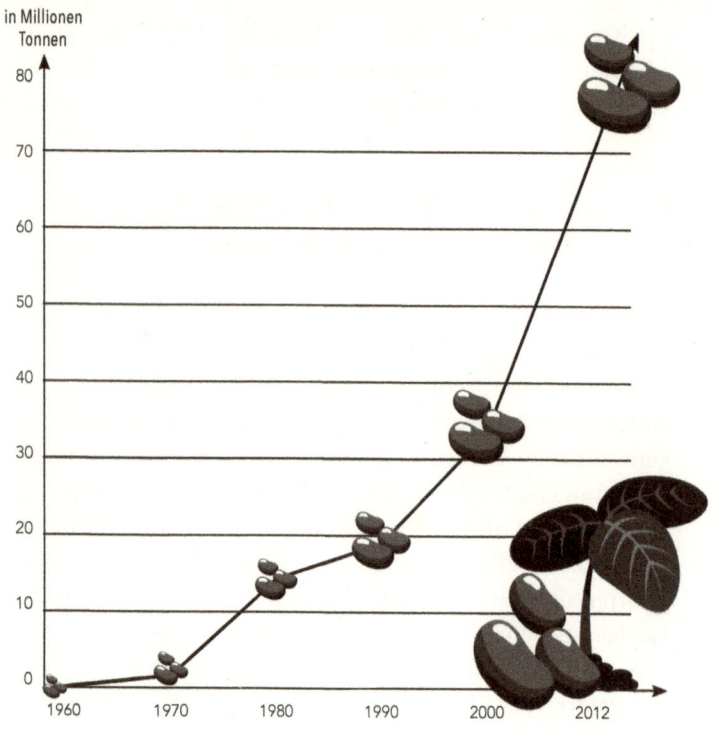

Sojaproduktion in Brasilien:
seit 1960 von fast null auf mehr als 60 Millionen Tonnen

porte. Über 90 Prozent des brasilianischen Sojas ist gentechnisch verändert. Es stammt aus den Laboren von Monsanto, Syngenta und Co.

Das Geschäft mit Sojabohnen boomt, profitieren tun aber nur wenige: Die Äcker sind in den Händen von Großgrundbesitzern. Allein in Mato Grosso besitzen 3 Prozent der Agrarbetriebe 61 Prozent der landesweiten Agrarfläche. Tendenz steigend.

Den einflussreichsten Sojabaron treffe ich gleich zu Beginn meiner Reise: Senator Blairo Maggi. Der ehemalige Gouverneur des Sojareichs Mato Grosso ist nicht nur der größte private Sojaproduzent der Welt. Seine Firma baut auf 250.000 Hektar – einer Fläche mehr als dreimal so groß wie Hamburg – Gensoja für den Export an. Und in seinen Händen verbinden sich politische und wirtschaftliche Macht. Absurderweise ist Maggi auch Vorsitzender des Umweltausschusses im brasilianischen Senat. Man muss nicht besonders misstrauisch sein, um hier einen Interessenskonflikt zu vermuten.

Im Gespräch befrage ich den Senator zu aktuellen Konflikten um Landnahme und Vertreibung in den Anbaugebieten. Seine Antwort ist krude. Nicht die Großgrundbesitzer seien das Problem, sondern die Indigenen seien die Schuldigen. Er scheut sich auch nicht zu behaupten, dass Indigene mithilfe kirchlicher Menschenrechtsorganisationen wie *CIMI* aus Paraguay und Argentinien quasi »importiert« würden, um Konflikte zu schüren. Eine perfide Argumentation, die auch die NGOs und Bischof Leonardo Ulrich Steiner selbstverständlich widerlegen, die ich gleich im Anschluss an meinen Besuch bei Maggi treffe.

Bischof Steiner, der lange in Mato Grosso gelebt und sich dort für die Rechte Indigener eingesetzt hat, erzählt mir, dass sich die Landkonflikte zur Zeit zuspitzten. Großgrundbesitzer spielten dabei eine unrühmliche Rolle. Indigene würden umgebracht und von ihrem Land vertrieben. Das Land, auf dem schon die Ahnen gelebt haben, hat eine besondere Bedeutung für viele Indigene. Er erzählt mir auch von dem Fall eines jungen indigenen Mannes, der von Vertreibung bedroht war. Damit sein Geist das Land seiner Vorfahren nicht verlassen muss, hat sich der junge Mann schließlich auf seinem Grundstück erhängt.

Bischof Steiner spricht auch davon, dass die Pestizideinsätze weiter zunähmen. In vielen Regionen sei der Boden grau und tot vor lauter Spritzmitteln. Zum Schluss bittet er uns: Wo es Konflikte gibt, darf man nicht wegschauen und nicht nachlassen im Kampf um mehr Gerechtigkeit. Das gilt auch für uns in Europa.

Gegen den Raubtierkapitalismus

Einer, der die Ungerechtigkeit dieses ausbeuterischen Systems und seine Folgen für die Menschen aus allernächster Anschauung kennt und beschrieben hat, ist der aus dem Sojaland Argentinien stammende Jorge Mario Bergoglio, besser bekannt als Papst Franziskus. Er hat in seiner Enzyklika »Laudato si'« den Raubtierkapitalismus gegeißelt und eine Marktwirtschaft, die jedes menschliche Maß verloren hat. Darin beschreibt er auch die düsteren Folgen des Agrobusiness: »*An vielen Orten ist nach der Einführung dieses Anbaus [genmanipulierter Pflanzen] festzustellen, dass der fruchtbare Boden in den Händen einiger weniger konzentriert ist, bedingt durch das ›allmähliche Verschwinden der kleinen Produzenten, die sich infolge des Verlustes des bewirtschafteten Bodens gezwungen sahen, sich aus der direkten Produktion zurückzuziehen.‹ Die Schwächsten werden zu Arbeitern im Prekariat, und viele Landarbeiter ziehen schließlich in elende Siedlungen in den Städten. Die Ausdehnung der Reichweite dieses Anbaus zerstört das komplexe Netz der Ökosysteme, vermindert die Produktionsvielfalt und beeinträchtigt die Gegenwart und die Zukunft der jeweiligen regionalen Wirtschaft.*«

Ich will selbst mit Kleinbauern sprechen und mir ein Bild von der Situation in den Anbaugebieten machen. Mein nächstes Ziel: die riesige Sojaregion Mato Grosso. Zwei Stunden lang geht es im Minibus vorbei an Soja- und Maisfeldern, die bis zum Horizont reichen.

An der Straße befinden sich gewaltige Lagersilos und Logistikgebäude für den Sojaexport. Über die Sojaautobahn »BR 163« werden die Bohnen und das Getreide zu dem im Norden gelegenen, etwa 1500 Kilometer entfernten Hafen transportiert. Per Schiff kommt es dann nach Europa, wo die Fracht zum allergrößten Teil für die Tiermast verwendet wird.

In Lucas do Rio Verde treffe ich Nilfo Wandscheer, den Kopf des lokalen Widerstands gegen die Sojalobby. Mit anderen Kleinbauern und deren Familien hat sich Wandscheer zu einer Kooperative zusammengeschlossen. Er selbst bewirtschaftet gemeinsam mit seiner Familie gerade einmal 2,4 Hektar Land, hat 32 Milchkühe und ein paar Rinder. Stolz zeigt er mir seine eigene kleine Molkerei, die er zusammen mit seiner Tochter betreibt.

Wandscheer ist politisch sehr aktiv – und unbequem. So erstattet er zum Beispiel Umweltanzeigen, wenn in indigenen Gebieten illegal Holz geschlagen wird, wie es in Mato Grosso und anderen Teilen Brasiliens häufig geschieht.

Sein Kampf gegen die Agroindustrie ist nicht ungefährlich. Er berichtete mir, dass er für sein Engagement mehrfach Morddrohungen erhalten hat. Als er einmal in seinem Pick-up durch die Stadt fuhr, wurde ihm eine Waffe an den Kopf gehalten.

Der Mann zögerte und meinte dann: »Ich bring dich nicht um, aber zieh dich aus aller politischen Arbeit zurück.« Auch wenn er noch einmal davongekommen war – Wandscheer hatte Angst und wusste nicht, ob er seinen Widerstand aufrechterhalten kann. Das erklärt, warum sich viele Bauern trotz ihrer bedrohlichen wirtschaftlichen Lage nicht öffentlich für ihre Rechte einsetzen: Sie fürchten um

Im Gespräch mit einem brasilianischen Sojaproduzenten

ihr Leben und das ihrer Familie. Es herrscht ein Klima der Angst. Hilfe bekommen sie kaum: Anzeigen gegen Morddrohungen laufen meist ins Leere. Verbrechen werden nur selten aufgeklärt.

Nicht nur Kleinbauern wie Wandscheer, selbst kleine bis mittlere Sojabetriebe stecken in Brasilien in Schwierigkeiten – Investoren wollen an ihr Land. In der Nähe von Lucas do Rio Verde habe ich eine Familie besucht, die vor 38 Jahren in die Region kam, ein Stück Land rodete und zunächst Reis angebaut hatte. Auf ihren 420 Hektar – einer Fläche von fast 590 Fußballfeldern – baut die Familie mittlerweile nur noch Gensoja und Genmais an. Ein trauriges Bild. Der Bauer zeigt uns sein Saatgut, das unter anderem von Monsanto stammt. Im Schuppen liegt ein Berg leerer Pestizidkanister von Roundup und 2,4D.

Die Familie hat sich angepasst. Trotzdem kommen regelmäßig Leute mit fertigen Verträgen zu ihnen. Sie drängen den

Eine Frage der Gerechtigkeit **111**

Leere Pestizidkanister auf dem Hof eines Sojabauern in Brasilien

Bauern, sein Land zu verkaufen. Fünf seiner Nachbarn haben schon an Großgrundbesitzer verkauft. Er selbst weiß nicht, wie lange er seinen Betrieb noch halten kann. Sein genverändertes Saatgut und die dazugehörigen Pestizide muss der Bauer, so berichtet er mir, im Tausch gegen einen Teil seiner Ernte erwerben. Fällt die Ernte schlecht aus, verschuldet er sich. Abhängigkeiten, die mich ans Mittelalter erinnern.

Mich interessiert, was die örtliche Politik zum giftigen Geschäft mit den in großen Teilen für den Export bestimmten Feldfrüchten zu sagen hat. Zu den Bedrohungen, zum Pestizideinsatz. Eigentlich wollte ich den Bürgermeister von Lucas do Rio Verde treffen. Er bewirtschaftet 250.000 Hektar Land, auf dem er größtenteils Gensoja anbaut, und zählt zu den reichsten Politikern Brasiliens. Doch wenige Tage vorher sagt er unseren Termin ab und schickt seinen Vize vor: Miguel Vaz Ribeiro. Vaz Ribeiro gehören schlappe 15.000 Hektar Land.

Wir treffen ihn in seinem Büro in der Stadtverwaltung – einem Luxusbau. Zunächst zeigen seine Mitarbeiter mir einen Hochglanzwerbefilm über die Agroindustrie in der Region. Geht es nach den Vorstellungen von Vaz Ribeiro soll das Agrobusiness hier noch stärker wachsen. Sein Plan: noch mehr Soja und Mais – und noch mehr Tiere auf weniger Fläche. Das Modell Massentierhaltung wird hier begeistert gefördert. Liegt das vielleicht daran, dass er selbst Soja- und Maisproduzent ist? Wieder wird deutlich, wie sehr politische und (agrar-)wirtschaftliche Macht in Brasilien verschmolzen sind.

Felder statt Regenwald
In Brasilien wurde die Anbaufläche für Soja seit dem Jahr 2000 um mehr als 160 Prozent auf heute rund 22 Millionen Hektar ausgeweitet. Im Nachbarland Argentinien boomt der Sojaanbau ebenfalls. Hier wuchsen die Anbauflächen um 190 Prozent auf heute 17 Million Hektar. Zusammen wird in diesen beiden Ländern Soja auf einer Fläche angebaut, die größer als die Bundesrepublik Deutschland ist. Dafür werden große Mengen Regenwald gerodet. Allein zwischen 2012 und 2013 sind 580000 Hektar brasilianischer Regenwald verloren gegangen – eine Fläche doppelt so groß wie das Saarland.

Es zeigt sich, dass es Vaz Ribeiro nicht um das Wohl seiner Bürger geht, sondern darum, eine Machtstruktur zu etablieren und auszuweiten. Seine Bürger sollen sich nicht in der kleinbäuerlichen Landwirtschaft ein Auskommen verdienen können, sondern in absoluten Abhängigkeitsverhältnissen zu Großgrundbesitzern wie ihm stehen. Als ich Vaz Ribeiro mit den Vertreibungen und den gesundheitlichen

Folgen der Pestizideinsätze konfrontiere, blockt er zunächst ab. Dann will er sich die Namen der Kritiker notieren. Er wolle den Kontakt suchen. Wie er das wohl meint? Ich fühle mich ein wenig an Mafiafilme erinnert. Sein letzter Satz zum Abschied klingt geradezu grotesk: Er wolle der Welt ein nachhaltiges Erbe hinterlassen.

Die Schatten, die die brasilianische Agroindustrie wirft, sehe ich auch im Krankenhaus von Lucas do Rio Verde. Ein Krankenhaussprecher erklärt, dass es Hinweise gebe, dass Ackergifte enorm gefährlich seien. Kaum ist ihm das rausgerutscht, rudert er zurück und weicht auf andere Themen aus. Auch die Oberschwester, die mich durch das Krankenhaus führt, berichtet mir von Auffälligkeiten. In bestimmten Jahreszeiten würden gehäuft Lungenerkrankungen auftreten. Einige Ärzte würden einen Zusammenhang mit den Pestizideinsätzen sehen. Doch die Stadtverwaltung leistet keinen Beitrag zur Aufklärung der Auffälligkeiten.

Tags darauf in Cuiabá, der Hauptstadt von Mato Grosso, treffe ich Inácio Werner und Teobaldo Witter von der katholischen Comissão Pastoral da Terra (CPT – deutsch: Landpastorale). Die CPT sammelt und dokumentiert Menschenrechtsverletzungen und Vertreibungen im Zusammenhang mit Landkonflikten. Die Organisation veröffentlicht jährlich einen Bericht zur Verletzung der Landrechte. Beide Männer berichten, dass es bei Landkonflikten sogar zu Ermordungen kommt. Allein in Mato Grosso wurden im ersten Halbjahr 2015 fünf Menschen getötet, darunter führende Köpfe der Gewerkschaften, Landlosenbewegung und Indigene. Seit 1985 wurden insgesamt 129 Morde verzeichnet. Die Todesfälle bleiben meist ohne Konsequenzen, die Täter werden nicht ermittelt. Dazu kommt: Die brasilianischen Gerichte vor Ort sehen viele Morddrohungen nicht als strafrechtlich relevant an.

500.000 Menschen leben in Mato Grosso auf dem Land. Zwischen 2000 und 2014 verloren 18.215 Familien (fast 80.000 Menschen) ihr Land, ihr Haus und ihre Tiere wurden teils verbrannt. Noch bedrückender: Die Zahlen gehen steil nach oben. Allein im ersten Halbjahr 2015 wurden nach Angaben der Landpastorale bereits 2000 Familien vertrieben.

Die beiden Männer der Landpastorale zeigen mir Videos mit erschreckendem Bildmaterial von niedergebrannten Hütten, Einschusslöchern und Toten. Manche Aufnahmen sind gerade einmal zwei Wochen alt. 200 Kilometer nördlich von Sinop an der Grenze zum Bundesstaat Para wurden vor wenigen Monaten 80 Häuser niedergebrannt – eine ganze Ortschaft samt Gemeindehaus. Nun sollen hier Ställe für Massentierhaltung entstehen.

Inácio Werner und Teobaldo Witter sehen einen Zusammenhang zwischen der Landkonzentration und der Expansion des Agrobusiness. Wenige Großgrundbesitzer eignen sich immer mehr Fläche an. Ich frage, ob das Ganze einem Muster folgt. Ihre Antwort: Ja. Erst wird die Agrargrenze, also der Bereich, wo sich Landwirtschaft in die natürliche Vegetation schneidet, durch Rodungen, Vertreibungen und Gewalt gegen Indigene und Kleinbäuerinnen und Kleinbauern vorgetrieben. Nach einiger Zeit, wenn sich die Macht der Großgrundbesitzer in der Region etabliert hat, setzen sie auf Geld und Einschüchterung. Weitere Ländereien werden dann aufgekauft, um darauf Tiere zu halten oder Soja und Mais anzubauen.

Daraus ergeben sich zwangsläufig Konflikte. Indigene und Nomaden, die abhängig von der Regenzeit umherziehen, müssen weichen. Zum Teil wird das Land aufgekauft. Häufig werden die Menschen vor Ort gezielt unter Druck gesetzt. Es werden sogar Totalherbizide auf die Häuser der

Indigenen und Kleinbauern gesprüht, ihre Ernten vernichtet und sie zur Flucht gezwungen, berichten mir die beiden.

Die Erzählungen von Inácio Werner und Teobaldo Witter sind schockierend. 2003 wurde auch einer ihrer Kollegen ermordet. Umso mehr beeindruckt mich das Engagement der beiden. Sie machen weiter, obwohl ihr eigenes Leben bedroht ist.

Zum Abschluss meiner Reise treffe ich mich noch mit einer Expertin für Pestizide. Denn was ich im Krankenhaus von Lucas do Rio Verde gehört habe, beunruhigt mich. Also fahre ich nach Rio und besuche dort die Toxikologin und Krebsforscherin Marcia Sarpa vom Nationalen Krebsforschungsinstitut. Mich interessiert, welchen Zusammenhang sie zwischen dem Einsatz von Ackergiften wie Glyphosat und Krankheiten sieht.

Marcia Sarpa berichtet mir, dass Brasilien seit 2009 weltweit an der Spitze des Pestizidverbrauchs liegt. Zwischen 2000 und 2012 ist der Pestizideinsatz in Brasilien um 162 Prozent in die Höhe geschnellt. Mehr als 1 Million Tonnen werden mittlerweile jedes Jahr auf die Äcker geschüttet. Damit ging auch der Profit für die Agrochemie steil nach oben. Betrug der Umsatz für Ackergifte 2001 noch 2 Milliarden US-Dollar, waren es 2011 mit 8,5 Milliarden US-Dollar bereits mehr als das Vierfache. Glyphosat wird besonders stark eingesetzt – seit 2012 ist es das meistverwendete Ackergift in Brasilien. Und der Bedarf nach Pestiziden steigt. Viele Pflanzen werden resistent gegen die Ackergifte. Auch Sojabaron Senator Maggi hat berichtet, dass seine Mitarbeiter immer mehr Spritzmittel einsetzen müssten, weil einige Unkräuter gegen bestimmte Pestizide resistent werden.

Frau Sarpa berichtet von den gesundheitlichen Folgen der Pestizideinsätze. Die Symptome ähneln denen mancher Viruserkrankungen und sind daher leicht zu verwechseln: Übelkeit, Erbrechen, Schwindel. Akute Vergiftungserscheinungen kommen vor allem bei Landarbeitern vor, die den Stoffen direkt ausgesetzt sind. Ein weiteres großes Problem bei den Arbeitern sind laut Sarpa chronische Erkrankungen wie Parkinson.

Sarpa berichtet mir, dass in Lebensmittelproben sehr viele Pestizidrückstände gefunden wurden, die die Grenzwerte oft bei Weitem überschreiten. Häufig fänden sich auch Rückstände mehrerer Pestizide, deren Wirkung sich im menschlichen Körper potenziert, was Krebs auslösen kann. Dazu muss man wissen, dass in Brasilien noch Pestizide eingesetzt werden, die anderswo längst verboten sind. Zum Vergleich: In Europa sind 48 Pestizide verboten, in Brasilien nur 17.

Neben Krebs nennt Sarpa als weitere gesundheitliche Folgen Unfruchtbarkeit, Missbildungen und Fehlgeburten. Sarpa hat dazu zahlreiche Fallstudien verfasst. Die Ergebnisse beunruhigen mich. Marcia Sarpa sagt zum Abschluss, dass es gut wäre, wenn Länder wie Deutschland den Import von Gensoja verbieten würden. Dann müssten sie in Brasilien das Zeug nicht länger anbauen.

Auf dem Rückweg

Die Reise nach Brasilien hat mich bestärkt. Immer mehr Menschen haben genau wie ich aus guten Gründen ein Problem mit dem, was in der Welt da draußen geschieht, und machen sich Gedanken um die Folgen der Fleischproduktion für Mensch und Natur. Es ist erneut klar geworden: Wir dürfen eine solche Form der Landwirtschaft in Südamerika nicht weiter unterstützen. Wir brauchen klare Regeln für den Import von Soja und Mais.

Soja ist fester Bestandteil unserer Nahrungskette. Doch wir wissen zu wenig darüber. Es braucht wirklich keine kriminelle Energie, um sich ein Schnitzel zu kaufen, für das eventuell Kleinbauern vertrieben wurden, wenn einem diese Info vorenthalten wird. Erstens steht das nicht auf der Verpackung. Und, zweitens liegt es auch nicht in der alleinigen Verantwortung des Einzelnen. Nicht die Verbraucher oder Bauern sind kriminell, sondern das System.

Es ist die Aufgabe von Politik und Wirtschaft zu verhindern, dass Menschen durch Sojaanbau vertrieben werden. Und als einer der größten Gensojaimporteure ist Deutschland, ist Europa da nicht machtlos.

Deshalb ist klar: Wir brauchen dringend eine Zertifizierung von Tierfutter, das wir nach Europa importieren. Es muss klar sein, dass es nicht unter sklavenähnlichen Bedingungen hergestellt und dafür Umweltzerstörung und Vertreibung in Kauf genommen wurde.

Die Politik muss die Rahmenbedingungen schaffen für eine lebenswerte und gerechte Welt. Das gilt für Gensoja aus Südamerika. Das gilt aber auch genauso für alle anderen Ressourcen und Produkte, die hier konsumiert werden. Menschenrechte und Umweltschutz müssen in allen Lieferketten eingehalten werden – nicht nur bei Soja.

Zur Flucht gezwungen

Das globalisierte industrielle Agrobusiness schafft nicht nur dort Verwerfungen, wo unsere Futtermittel herkommen.

Wir leben in einer Zeit, in der 60 Millionen Menschen auf der Flucht sind. Die meisten fliehen vor Krieg und Gewalt. Viele machen sich auf den Weg nach Europa, weil es in den Flüchtlingslagern in Jordanien, in der Türkei, im Libanon nicht genug Essen gibt. Die Hilfe vor Ort, zum Beispiel durch das Welternährungsprogramm, ist völlig unterfinanziert, sodass es nicht mal mehr reicht, einfachste Grundnahrungsmittel zur Verfügung zu stellen. Doch es gibt auch Menschen, die ihre Heimat verlassen, weil ihnen die Lebensgrundlagen genommen werden.

Die europäische Agrar- und Fischereipolitik hat viele Verlierer erzeugt – gerade im globalen Süden. Megatrawler fischen die Fanggründe vor Afrikas Küste leer, um daraus Fischstäbchen für den europäischen Markt zu produzieren, weil Fischereiabkommen keine ausreichenden Regeln kennen, aber was ist dann mit den Fischern vor Ort, deren Netze auf einmal leer bleiben?

Wenn hochsubventionierte Agrarprodukte aus den Tierfabriken den afrikanischen Markt überschwemmen – was machen dann die Kleinbauern vor Ort, die ihre Produkte nicht mehr loswerden und so ihre Einkommensquelle verlieren? Allein im Jahr 2012 schütteten deutsche Fleischbetriebe 42 Millionen Kilo Hähnchenteile auf die Märkte des afrikanischen Kontinents. Oft ist das Fleisch so hoch subventioniert, dass es billiger verkauft werden kann als das der lokalen Bauern.

Manche Menschen, denen in dieser neokolonialistischen Manier die Lebensgrundlage zerstört wird, fliehen dann. Sie fliehen auch nach Europa. Sie begeben sich auf einen langen und lebensgefährlichen Weg. Wenn sie die Überfahrt mit viel Glück überleben und an den Grenzen nicht zusammengeknüppelt werden, dann schaffen sie es vielleicht sogar nach Deutschland. Hier werden sie dann als »Wirtschaftsflüchtlinge« diffamiert und verhöhnt. Auf einmal spielt es anscheinend keine Rolle mehr, dass wir ihre Lebensgrundlagen zerstört haben.

Wenn wir uns ernsthaft und langfristig mit den Fluchtursachen von Menschen beschäftigen und diese bekämpfen wollen, dann müssen wir bei der Art und Weise unserer Lebensmittelerzeugung den Blick über den Tellerrand richte. Wir müssen darauf achten, dass alle Menschen in der Welt das Grundrecht auf ausreichende und gute Nahrung haben.

Bis zu diesem Zeitpunkt ist die Empörung über »Wirtschaftsflüchtlinge« nicht nur hohl, sondern zynisch.

Wie werden wir alle satt?

Am Ende geht es um eine entscheidende Frage: Wie werden wir alle satt? Auch wenn sich viel tut, die Bekämpfung des Hungers bleibt eine der größten Herausforderungen. Und die Weltbevölkerung wächst rasant. Rund 7,3 Milliarden Menschen leben schon heute auf der Erde. Aber in jeder Sekunde wächst die Weltbevölkerung um etwa 2,6 Erdenbürger, vor allem im globalen Süden. Einer aktuellen UNO-Prognose zufolge könnten es im Jahr 2100 bereits rund 11 Milliarden Menschen auf diesem Planeten sein, wenn sich der Trend fortsetzt. Das Land, das theoretisch jedem pro Kopf zur Ernährung zu Verfügung steht, schrumpft dagegen stetig. Was müssen wir also tun, um alle Menschen satt zu bekommen? Das ist eine der größten Herausforderungen, vor denen wir als Menschheit stehen.

Es gibt längst genug zu essen, argumentiert der Schweizer Soziologe Jean Ziegler, der bis 2008 UN-Sonderberichterstatter für das Recht auf Nahrung war. Ihm zufolge könnte die Erde 12 Milliarden Menschen ernähren – wenn es nicht eine tödliche Ungleichverteilung von Lebensmitteln gäbe. Wir leben in einer ungerechten Welt. Auf der einen Seite herrschen Überfluss und Verschwendung, auf der anderen Mangel und Hunger.

Wir müssen die Verteilungsfrage stellen. 800 Millionen Tonnen Getreide – wichtige Grundnahrungsmittel wie Roggen, Weizen, Hafer und Mais – landen jährlich im Futtertrog. Das sind fast 40 Prozent der weltweiten Ernte. Dazu kommen 250 Millionen Tonnen Ölschrote, vor allem Soja. Grundnahrungsmittel, die an anderen Orten den Hunger stillen könnten, werden dafür genutzt, um Tiere zu mästen. Ist das gerecht? Definitiv nicht.

Wir müssen auch die Richtungsfrage stellen. Wohin wollen wir? Für mich zeichnen sich zwei Pfade ab, die wir beschreiten können. Der eine Pfad ist der der Agroindustrie, deren Parole lautet: mehr industrielle Landwirtschaft, mehr Chemie, teures Gentech-Saatgut und Hightech-Maschinen. Aber das können sich nur Landwirte mit reichlich Kapital leisten – oder sie müssen sich verschulden. Das schafft Abhängigkeiten und Armut. Und: Diese Technologien sind nicht nachhaltig. Sie zerstören den Boden, das Wasser, unsere Artenvielfalt und das Klima.

Der andere Pfad – und das ist der, der auch vom Weltagrarrat, der 2002 von der Weltbank ins Leben gerufen wurde und dem zahlreiche Regierungen und Nichtregierungsorganisationen angehören, empfohlen und als einzige Möglichkeit für die Zukunft betrachtet wird: Wir müssen vor allem die kleinbäuerliche Landwirtschaft unterstützen. Auf nachhaltige, ökologische Anbaumethoden setzen. In seinem im April 2008 vorgestellten Bericht »Landwirtschaft am Scheideweg« kommt der Weltagrarrat zu dem Schluss, dass die Menschen in Zukunft nur mit einer kleinbäuerlich-ökologischen Landwirtschaft satt werden. Ein Weiterso wie bisher ist keine Option. Die Länder des globalen Südens brauchen eigene ökologische und vor allem standortangepasste Anbaumethoden und nicht das Monsanto-Rezept.

Warum? Der internationalen Menschenrechtsorganisation FIAN zufolge ist Hunger ländlich. Rund 80 Prozent der Hungernden leben auf dem Land, die Hälfte sind Kleinbäuerinnen und Kleinbauern. Deshalb empfehlen viele Entwicklungsorganisationen und die UN-Organisation für Ernährung und Landwirtschaft (FAO) – genau wie der Weltagrarbericht – seit Jahren, dass wir die kleinbäuerliche Landwirtschaft stärken müssen. Wichtiger, als bei ihnen jetzt industrielle Strukturen zu installieren, wäre sicherzustellen, dass sie sich selber versorgen können. Wenn eine Familie ihr Land an einen Großbauern verkaufen muss, der am Ende Cash Crops für den Weltmarkt anbaut, hat sie damit nichts gewonnen, im Gegenteil.

Die Bauern wissen es am besten

Den Weltrekord beim Reisertrag hat der Kleinbauer Sumant Kumar in einem der ärmsten Landstriche im Nordosten Indiens erreicht – und zwar ganz ohne Gentechnik und Chemie.

Er erntete 22,4 Tonnen Reis auf nur einem Hektar Land – mit einer ausgeklügelten Anbaumethode, die der sogenannten modernen Landwirtschaft widerspricht. Bei der SRI-Methode (System of Rice Intensification) pflanzt der Bauer einfach weniger von seinem Getreide oder seinen Reispflanzen, und das in breiteren Abständen. Er setzt wenig Wasser ein, dafür reichlich organischen Dünger. Der Effekt leuchtet ein: der Boden kann so besser atmen, und die Wurzeln werden gut belüftet.

Sumant Kumars Erfolg hat weltweit Schlagzeilen gemacht. Laut der britischen Tageszeitung »The Guardian« hat auch der Nobelpreisträger Joseph Stiglitz die Region besucht und angesichts der enormen Erntemengen gesagt, Bauern seien die besseren Wissenschaftler.

Wir dürfen nicht die Strukturen zerstören, die die Menschen in vielen Ländern ernähren. 70 Prozent der Nahrung wird weltweit von Kleinbäuerinnen und Kleinbauern erzeugt. Sie sind das Rückgrat der weltweiten Lebensmittelversorgung. Sie sind es, bei denen wir ansetzen müssen. Die wir stärken müssen. Die ökologischen Anbaumethoden müssen gestärkt werden. Natürlich brauchen wir auch hier Innovationen. Natürlich brauchen wir auch eine produktivere, eine widerstandsfähigere Landwirtschaft und auch Effizienzsteigerungen. Aber ohne Böden, Wasser und Artenvielfalt dabei zu zerstören. Mit anderen Worten: eine Landwirtschaft, die krisenfest ist. Und auch bessere Maschinen. Aber ohne dabei die Kleinbauern vom Acker zu jagen und einen nachhaltigen Pfad zu verlassen. Das System der Gentechnik und Agroindustrie, das Kleinbauern vom Acker jagt, hat aber ausgedient, weil es im Hinblick auf eine gerechtere Verteilung und bei der Bekämpfung des Hungers nicht zukunftsfähig ist.

Konzerne als »Entwicklungshelfer«

Wir müssen für eine bessere Entwicklungszusammenarbeit streiten. Doch auch bei der Bekämpfung des Hungers versuchen Konzerne Technologien durchzudrücken, die den Hunger nicht lindern, sondern nur weiter verschärfen werden. Die Agroindustrie wird nicht müde zu behaupten, mehr Wettbewerb, mehr Cash Crops für den Export und fragwürdige Technologien wären die Zukunft unseres täglichen Brots.

Mit diesem Argumentationsmuster verschafft sie sich sogar den Zugang zu öffentlichen Geldern. Wie das funktioniert? Durch Kungelei, »Beziehungsarbeit« und Strategie, wie beispielsweise das *German Food Partnership*-Programm zeigt, das 2012 vom Bundesministerium für wirtschaftliche

Zusammenarbeit, kurz BMZ, gegründet wurde. Das Programm wurde nach umfassender Kritik Ende 2015 still und heimlich wieder begraben.

Diese »privat-öffentliche« Initiative führt nach eigener Darstellung *»überregionale Projekte in Entwicklungs- und Schwellenländern durch, um die Ernährungssituation der Menschen zu verbessern. Dabei betrachtet die GFP die gesamte Wertschöpfungskette: Konsumenten, Handel, Weiterverarbeitung und bäuerliche Betriebe – die Produzenten.«*

Was erst mal gut klingt, entpuppt sich bei genauerem Hinschauen als trojanisches Pferd für Konzerninteressen. Das verrät schon ein Blick auf die Teilnehmerliste des GFP-Programms. Die liest sich wie das Who's who der Agroindustrie: Da brüsten sich u. a. der Pflanzenzüchter Europlant, die Chemieriesen Syngenta, Bayer und BASF, das börsennotierte Bergbau- und Rohstoffunternehmen K+S (ehemals Kali + Salz AG), der Landmaschinenkonzern CLAAS und der Handelsriese METRO für ihren »Einsatz gegen den Hunger«.

Bio-logisch

Der britische Agrarwissenschaftler Jules Pretty hat vor einigen Jahren 286 ökologisch nachhaltige Agrarprojekte in 57 Ländern untersucht und im Schnitt eine Steigerung der Ernteerträge um 79 Prozent festgestellt.

Aber auch andere Studien zeigen, dass mit ökologischen Wirtschaftsweisen die Erträge gesteigert werden können, während gleichzeitig der finanzielle Aufwand für Dünger, Pestizide und Saatgut sinkt. Aber trotz dieser Erkenntnisse werden agrarökologische Produktionsweisen von den Regierungen in aller Welt nicht ernsthaft gefördert, denn die Lobby der Agroindustrie ist stärker.

Nach Angaben von Oxfam finanzieren die Konzerne das GFP-Programm zur Hälfte. Steuergelder machen mit 20 Millionen ein Viertel aus.

Naiv, wer dahinter Altruismus vermutet. Denn für die Konzerne sind das unauffällige, aber lohnenswerte Investitionen zur Erschließung neuer Märkte und um ihre Produkte anzupreisen. Dieses Programm hilft also ausgerechnet jenen Giganten, die unter dem Einsatz von lizenziertem Saatgut, mit dem Einsatz von Kunstdünger, Pestiziden und schwerer Agrartechnik, Bauern in die Abhängigkeit treiben, die Fruchtbarkeit und Regenerationsfähigkeit der Böden zerstören und auf diese Weise unsere Umwelt schädigen.

So will unser Bundesentwicklungsministerium beispielsweise den Anbau von Hybridreis in Asien und Afrika fördern. Das Problem bei Hybridsaatgut? Es lässt sich nach einer Aussaat nicht weiterverwenden. Bauern müssen Jahr für Jahr neues Saatgut von den Konzernen kaufen.

Ähnlich sieht es bei der durch die G-8-Staaten ins Leben gerufenen sogenannten »Neuen Allianz für Ernährungssicherheit« aus, die ebenfalls von der Bundesregierung unterstützt wird.

Hier sitzen neben Monsanto und Cargill auch Syngenta und Bayer mit am Tisch. Ebenso die Konzerne Nestlé und Unilever. Die Bundesregierung will sich mit 361 Millionen US-Dollar an diesem Projekt beteiligen, von dem man schon vorher befürchten muss, dass es mehr schadet als nützt.

Wer glaubt, dass diese Konzerne Kleinbauern unterstützen werden, ist blauäugig. Diese fragwürdige Allianz könnte laut dem Institut für Welternährung den Strukturwandel – weg von bäuerlich, hin zu industriell – weiter anfachen und zahlreiche Kleinbäuerinnen und Kleinbauern entwurzeln. Die Experten des Instituts für Welternährung schätzen, dass bis zu 400 Millionen Kleinbäuerinnen und Kleinbauern auf dem afrikanischen Kontinent ihre Existenzgrundlage verlieren könnten, wenn Programme wie dieses Konzerninteressen über das Wohl der Kleinbauern stellen. Menschen, die aus völlig verständlichen Gründen aus ihrer Heimat fliehen.

Ich frage mich: Wie passt es zusammen, dass unsere Steuergelder investiert werden in ein Programm, das den globalen Hunger bekämpfen soll, letztendlich aber die Probleme nur noch weiter verschärft? Da schmiedet unsere Regierung Allianzen mit denjenigen Konzernen, die von den heutigen Produktionsmodellen profitieren und somit kaum Interesse an einem wirklichen sozialen und ökologischen Wandel der Landwirtschaft haben dürften. Und schon gar nicht daran, die Kleinbauern mit dem Wissen auszustatten, das sie brauchen, um – wie im Weltagrarbericht mehrfach gefordert – ökologische Standards in ihren Ländern durchzusetzen. Stattdessen sichern sich die Agrargiganten Saatgutmonopole und vernichten mit ihrem Agrarmarktmodell bäuerliche Existenzen. Es kann nicht sein, dass wir ein System unterstützen, das den Hunger in der Welt größer statt kleiner macht.

Das Geschäft mit dem Hunger

Auch die internationalen Finanzmärkte hat das Thema Lebensmittel längst erreicht. An Rohstoffbörsen wie in Chicago wird mit Nahrungsmitteln und Land spekuliert. Dieses Geschäft gilt seit einigen Jahren als außerordentlich lukrativ. Bei manchen Börsenspekulationen versuchen Banken, Hedgefonds, Pensions- und Staatsfonds Gewinne zu machen, indem sie auf steigende oder fallende Nahrungsmittelpreise setzen. Ethik spielt da kaum eine Rolle.

Trotz Nahrungsmittelkatastrophen und Hungerrevolten wird in den Wirtschaftsteilen der Medien offensiv darum geworben, Geld auf Agrarrohstoffmärkten anzulegen. Schon in den Jahren vor der Weltwirtschaftskrise, von 2003 bis 2008, waren die Investitionen in Rohstoffindexfonds von 13 Milliarden auf unglaubliche 317 Milliarden US-Dollar hochgeschnellt.

Doch seit der Finanzkrise 2007 haben Investoren den Nahrungsmittelsektor erst recht als lukrative und – für sie krisensichere – Profitquelle entdeckt. Auch wenn sich der Zusammenhang nicht eindeutig belegen lässt, so gibt es handfeste Indizien dafür, dass Lebensmittelspekulationen und Preissprünge zusammenhängen.

Die Folgen von Preissprüngen für Grundnahrungsmittel auf dem Weltmarkt sind dramatisch. Ein Land ist enorm anfälliger für Hunger, wenn es schon in normalen Zeiten Lebensmittel importieren muss. Wenn dann die Preise steigen, kann sich ein Teil der Bevölkerung diese Lebensmittel nicht mehr leisten. Jede Schwankung der Börsenpreise – und sei sie noch so klein – hat unmittelbare Auswirkung für die Ärmsten der Armen. Für jemanden mit einem Tageseinkommen von weniger als einem Euro macht es einen Unterschied, ob 1 Kilo Mehl ein paar Cent mehr oder weniger kostet.

Das Zocken mit Agrarrohstoffen ist ohne Frage unethisch. Das betrifft auch deutsche Finanzakteure. Die Deutsche Bank beteiligt sich an Lebensmittelspekulationen. Genau wie eine Tochter des Versicherungskonzerns Allianz.

Wir brauchen eine strengere Regulierung der Finanzmärkte, damit Lebensmittelspekulationen eingedämmt werden können. Damit wäre ein wichtiger Schritt getan, um menschengemachte Hungerkrisen zu vermeiden.

Das Saatgut-Monopoly

Es gibt weitere Beispiele für die unkontrollierten Auswüchse der Agroindustrie. Nicht nur im Bereich Fleisch. Ein Thema, das mich als Biologen wütend macht, sind Patente auf Lebensmittel.

Die Saat, aus der das Korn für unser tägliches Brot wächst, ist eines der ältesten kulturellen Güter und – neben guten Böden – das wichtigste Kapital für Bäuerinnen und Bauern. Jahrtausendelang haben sie dieses Menschheitserbe für uns bewahrt, genutzt, getauscht und vermehrt, um uns zu ernähren. Aber mit der Industrialisierung der Landwirtschaft haben die Bauern zunehmend die Kontrolle über diese Quelle ihres Einkommens verloren.

Wer aber heutzutage Saatgut in den Handel bringt, braucht eine offizielle Zulassung. Die kostet Geld. Und Zeit.

Beides haben kleinere Saatzuchtbetriebe nicht, wohl aber die großen Konzerne. Die Oligopolisten, die lange reine Agrarchemieproduzenten waren, kaufen zusätzlich zu ihrem Stammgeschäft im großen Stil Saatgutfirmen auf.

Mit Sortenschutz und Patenten versuchen sie sich ein weitgehendes Monopol über landwirtschaftliche Erzeugnisse und unsere Ernährung zu verschaffen. Mit den Patenten sichern sie sich die exklusiven Rechte über das Saatgut und dessen Ernte bis hin zu den daraus entstehenden Lebensmitteln. Übersetzt heißt das: Sie deklarieren ein natürliches Produkt als geistiges Eigentum. Als Biologe finde ich es vollkommen grotesk, dass ein Konzern daherkommt und behaupten kann, diese Tomate, diese Gurke gehörten jetzt ihm. Aber genau das passiert. In den letzten Jahren sind 120 Patente auf Brokkoli, Tomaten und andere Lebensmittel erteilt worden. Jeder erkennt doch, dass dahinter keine humanistischen Absichten stecken, sondern Profitorientierung. Die Konzerne haben einen wesentlichen Einfluss darauf, wer was zu welchen Bedingungen anbauen kann und darf.

Das heißt unter anderem: Die Bauern dürfen patentiertes Saatgut nicht selbst vermehren. Sie müssen also für jede Ernte neues Saatgut kaufen – natürlich zu für die Konzerne lohnenswerten Preisen.

Für Bäuerinnen und Bauern kann das unangenehme Abhängigkeiten bedeuten. Vandana Shiva zufolge, einer indischen Wissenschaftlerin und Umweltaktivistin, haben sich in Indien zahlreiche Bäuerinnen und Bauern aufgrund der Abhängigkeiten von den Saatgutmultis das Leben genommen. Teures Hybrid- und Gentech-Saatgut habe die Erträge nicht erhöht. Allerdings mussten mehr Pestizide eingesetzt werden, Resistenzen seien gestiegen. Die Rechnung der Bauern ging nicht mehr auf. Die unkalkulierbar steigenden Kosten treiben sie in die Überschuldung, am Ende können sie ihre Familien und sich selbst nicht mehr ernähren.

In einem Interview mit der »taz« sagte die Trägerin des alternativen Nobelpreises, Vandana Shiva, über die Wirtschaftsweise von Monsanto: »*Der Konzern weiß, wenn er das Saatgut kontrolliert, kontrolliert er die Ernährung; das ist seine Strategie.*«

Es kommt aber nicht nur in Schwellenländern wie Brasilien oder Indien, sondern auch hier bei uns darauf an, die Souveränität über die Grundlagen unseres Essens gegen die Agroindustrie zu verteidigen und die Kontrolle zurückzugewinnen. Patente auf Lebensmittel sind und bleiben völliger Quatsch.

Die Vielfalt der Arten, die die Evolution hervorgebracht hat, hat aus Biologensicht viel Sinn. Denn unsere Nahrungspflanzen haben sich in den Jahrhunderten oder Jahrtausenden ihrer Entstehungsgeschichte immer wieder der Umwelt angepasst und so ihre Widerstandskraft entfaltet. Ihr Erbgut umfasst klimarobuste Sorten, die uns in Zukunft noch sehr nützlich sein können. Es wäre fatal, wenn durch die Konzentration auf wenige Nutzpflanzen oder auf die synthetischen Gensorten weniger Großkonzerne diese biologische Vielfalt für immer verschwinden würde. Es darf auch nicht sein, dass die Bäuerinnen und Bauern in ihrer Entscheidungsfreiheit eingeschränkt und ausgebeutet werden. Die Züchtung, die Produktion und der Erhalt von vielfältigem Saatgut gehören zu unseren Lebensgrundlagen, sie dürfen nicht den Profitinteressen großer Konzerne dienen. Denn der Nachbau von Saatgut ist ein überliefertes bäuerliches Recht, das die Unabhängigkeit und die Existenz der Menschen sichert und uns alle ernährt. Deshalb müssen wir die Gesetze, die die Saatgutzulassung, den Saatgutverkehr und den Sortenschutz regeln, dringend dahingehend verändern, dass die Vielfalt der Natur erhalten bleibt.

Globale Spieler – Lokale Verlierer

Die Schuldfrage

Die Fleischfabrik Deutschland schadet den Tieren, der Umwelt, sie schadet dem Klima und der Artenvielfalt. Sie schadet Verbraucherinnen und Verbrauchern und bringt weltweit Menschen in Not. Aber wer trägt dafür eigentlich die Verantwortung? Die Verbraucherinnen und Verbraucher? Die Bäuerinnen und Bauern? Die Märkte? Die Lebensmittelwirtschaft? Der Handel? Die Regierung?

Der Bauernverband, die Lebensmittelindustrie, der Landwirtschaftsminister und andere Akteure wie der in Talkshows präsente vermeintliche Bauer Willi schieben die Verantwortung gerne »den Verbraucherinnen und Verbrauchern« zu. Sie sagen: »Die Leute kaufen ja Fleisch aus Massentierhaltung«, und schelten pauschal jeden, der seine Einkäufe im Supermarkt macht. Die Verbraucherinnen und Verbraucher wollten es Hauptsache billig, hätten wenig Ahnung von Landwirtschaft und würden regionale Herkunft zwar wichtig finden, aber trotzdem Weintrauben aus Übersee kaufen.

Das ist allerdings eine sehr einseitige und vereinfachte Sicht auf die Dinge. Denn mit einer solchen Aussage wird die Schuld für die Missstände denen zugeschoben, die in der Mittagspause in der Kantine nur die Wahl haben zwischen Hühnerfrikassee und Gulasch ungarischer Art. Man schiebt die Verantwortung all jenen zu, die nach der Arbeit schnell in den Supermarkt gehen, um sich etwas zu essen zu besorgen und vielleicht nicht ausreichend Zeit haben, intensiv zu recherchieren, was sich hinter bunten Verpackungen, nichtssagenden Industriesiegeln und schönen Werbeversprechungen verbirgt. Eine einseitige Schuldzuweisung wird der komplexen Frage nach der Verantwortung daher sicher nicht gerecht.

Ja, ich finde auch, dass es im Winter nicht unbedingt Weintrauben aus Chile sein müssen, die unter enormem Energie- und Wasseraufwand über Tausende Kilometer hierher transportiert werden. Und ja, Tatsache ist: Wir geben hier in Deutschland verhältnismäßig wenig Geld für Lebensmittel aus. Im Durchschnitt gerade einmal 10,1 Prozent unserer gesamten Konsumausgaben. Und damit weniger als die meisten anderen europäischen Länder, zum Beispiel Frankreich, Belgien, Schweden und Italien.

Eine Rolle spielt sicher das in Deutschland sehr erfolgreiche Discountermodell. Billig ist auch nicht immer gleich schlecht. Wenn aber »billig« unter Wert und Preisdumping bedeutet, dann hat das Auswirkungen für die Landwirte, die zu den Preisen produzieren müssen – andernfalls würden sie untergehen. Wenn ein »XXL-Hähnchenbrustfilet« von »Deutschlands Geflügelmarke Nummer 1«, die »höchste Qualität und feinsten Genuss« verspricht, zu 5,55 Euro das Kilo angepriesen wird, oder wenn ein Supermarkt für ein Kilo Putenschenkel nur 2,99 Euro verlangt, dann ist klar, dass Umwelt, Tiere, die Arbeiter in den Megaschlachthöfen und die Bauern ausgebeutet werden. Die Wahrheit ist: Höchste Qualität ist für den kleinsten Preis nur selten zu haben. Hier liegt die Verantwortung aber nicht allein bei den Verbrauchern. Wir leben in einer sozialen Marktwirtschaft, in der zum Beispiel Arbeitsschutz, Urlaubsgeld oder Mitbestimmung mehr zählen sollten als reine Profitmaximierung.

Aus vielen Umfragen wissen wir, dass sehr viele Verbraucherinnen und Verbraucher mehr Tierschutz und weniger Quälerei wollen, dass ihnen sauberes Grundwasser wichtig ist und sie Überdüngung ablehnen, dass sie faire Preise für die Bauern wollen und keine Dumpingpreisschlachten ums billigste Schnitzel. Daraus ziehe ich den Handlungsauftrag an die Politik: Sie soll aus diesen Wünschen Regeln machen, an die sich alle halten müssen.

Ich finde es falsch, wenn Discounter und Supermärkte ausgerechnet mit billigem Fleisch und billiger Milch werben. Lebensmittel haben einen Wert, der nicht beliebig nach unten geschraubt werden kann. Lebensmittel müssen ihren Preis wert sein. Vor allem, wenn es um das Wohl der Tiere und den Erhalt der Umwelt geht. Es geht darum, bei Verbraucherinnen und Verbrauchern mehr Bewusstsein dafür zu schaffen. Aber natürlich spielt auch die Überproduktion in der Landwirtschaft eine Rolle. Immer mehr Fleisch, immer mehr Milch, dieses Überangebot drückt die Preise. Und dafür können die Verbraucherinnen und Verbraucher nichts.

Ja, Verbraucherinnen und Verbraucher sind zentrale Akteure für Veränderungen. Nachhaltiger Konsum ist ein zentraler Hebel. Die Agrarwende funktioniert nur, wenn die Verbraucherinnen und Verbraucher sie mitmachen. Aber bevor wir von Verbrauchermacht sprechen, müssen Täuschung und Trickserei beendet werden. Denn die Wahrheiten der Lebensmittelindustrie verstecken sich hinter einer schönen Marketingmaske.

Wenn ich in einen Supermarkt gehe, um mir etwas zu essen zu kaufen, bekomme ich als Kunde von den Marketingabteilungen bestimmte Bilder vorgegaukelt. Hackfleisch vom herrschaftlichen »Gut Ponholz«, Wurst vom fachwerkgeschmückten »Gut Drei Eichen«, Rindfleisch der

Marke »Bauerngut«. Welche Bilder werden wohl damit im Kopf erzeugt? Was in den Auslagen der Discounter und des Lebensmitteleinzelhandels zu finden ist, sieht nach einer heiteren, vom Glück erfüllten ländlichen Idylle aus.

Nur existiert in der Wirklichkeit keines dieser »Güter«, sie sind schlichtweg Erfindungen der Discounter Netto, Aldi und Penny. Das ist Etikettenschwindel, denn die Realität hinter der plastikverpackten, vermeintlich heimatverbundenen Welt ist eine völlig andere. Die Produktionsbedingungen für das Fleisch mit den wohlklingenden Namen sind kaum nachvollziehbar. Vielen ist nicht klar, dass das Fleisch statt aus den abgebildeten bäuerlichen Betrieben aus tierquälerischer Massentierhaltung stammt. Vom Tierleid, den ökologischen Schäden, den gesundheitlichen Gefahren ist auf der Verpackung nichts zu finden.

Marketingstrategen wissen natürlich, wie sie mit dem Gewissen der Menschen spielen können. Sie bedienen die Trends hin zur Landlust, zu Rustikalem, zur Bodenständigkeit. Mit gezielter Werbung wird die Sehnsucht nach intakten bäuerlichen Höfen und heiler Welt durch wohlklingende und hübsch aufgemachte Wort-Bild-Marken angesprochen. Wenn man solchen Produkten das Mäntelchen der Umweltfreundlichkeit und des Verantwortungsbewusstseins umhängt, ist das nichts anderes als Greenwashing. Denn das, was in den Tierfabriken geschieht, hat mit den erzeugten Bildern überhaupt nichts zu tun.

Es gibt große Regelungslücken was Transparenz, Kennzeichnung und Klarheit von Lebensmitteln betrifft. Wussten Sie zum Beispiel, dass bis Anfang 2016 bis zu 85 Prozent Schweinefleisch in einer Kalbswurst enthalten sein konnten? Oder eine Wurst Rindsknacker heißen durfte, obwohl da mehr Schwein als Rind verarbeitet worden ist? Verbraucherinnen und Verbraucher wollen Klarheit. Doch sie sind gezwungen, im Supermarkt Sherlock Holmes zu spielen, um überhaupt an die richtigen Informationen zu kommen.

Mehr Ehrlichkeit, mehr Transparenz wären ein großer Schritt nach vorn. Mir als Kunde werden im Laden wichtige Unterscheidungskriterien vorenthalten: die Qualität, die Art und Weise, wie das Produkt produziert wurde.

Von wenigen Siegeln wie dem Bio- oder dem Neuland-Siegel abgesehen, fehlt jegliche nachvollziehbare Differenzierung bei Fleisch. Vonseiten der Agroindustrie heißt es hierzu, alles Fleisch sei gleich sicher und gleich gut. Den Verbraucherinnen und Verbrauchern wird damit vorgegaukelt, dass Fleisch aus Deutschland immer die gleiche Qualität aufweist, egal, ob es von einem Biohof oder aus industrieller Massentierhaltung kommt. Dem ist aber nicht so.

Autos sind ja auch nicht alle gleich gut, bloß weil sie alle vier Räder haben und fahren können. Ein Diesel ist kein Elektroauto. Es gibt große Unterschiede in der Art und Weise, wie Tiere gehalten werden: zum Beispiel auf der grünen Wiese oder in einem Stall mit 40.000 Tieren. Aber diesen Unterschied können Kunden im Laden nicht erkennen. Wenn im Laden das angeblich gleiche Stück Fleisch einmal 2,99 Euro und ein anderes Mal für 3,99 Euro angeboten wird, wählen natürlich viele das günstigere Angebot. Damit aber Kunden eine bewusstere Wahl treffen können, brauchen sie ehrliche, qualitative und transparente Unterscheidungskriterien. Wir brauchen mehr Wettbewerb durch Qualität statt Quantität.

Doch die Bundesregierung, die Lebensmittelindustrie und der Bauernverband sperren sich seit Jahren gegen mehr Transparenz: Sie blockieren einfache, verständliche Kennzeichnungen, zum Beispiel bei Fleisch und Gentechnik. Damit blockieren sie sinnvolle Verbesserungen. Denn ehrlich gesagt glaube ich nicht, dass viele Menschen noch

Fleisch im Supermarkt kaufen würden, wenn auf einer Verpackung draufstehen würde: »Dieses Fleisch stammt aus Massentierhaltung.«

Die Macht über die Wahrheit dürfen wir nicht den Konzernen und Discounterketten überlassen. Wir Verbraucherinnen und Verbraucher haben eine große Macht – wir können beim Einkauf mitentscheiden, was auf welche Weise produziert wird. Wir können Politik mit dem Einkaufswagen machen. Doch diese Macht können wir nur dann sinnvoll nutzen, wenn wir verbindliche Transparenz und eindeutige Informationen haben. Wenn auch draufsteht, was drin ist. Und wenn nicht getrickst und getäuscht wird.

Getriebene eines falschen Systems

Andere wiederum schieben die Schuld für die Fehler im System gern den Bäuerinnen und Bauern zu. Einige Bäuerinnen und Bauern beschweren sich daher, dass sie pauschal als Verantwortliche der Missstände in Haftung genommen würden. Das durfte ich selbst schon des Öfteren erleben. Letztes Jahr hat der Bauernverband Schleswig-Holstein 50 Landwirtinnen und Landwirte zusammengetrommelt, die in Hamburg gegen mich demonstriert haben, als ich an einem Bürgergespräch in einem veganen Restaurant teilnahm. Der Bauernverband lehnt eine Agrarwende ab und hat das laut kundgetan.

»Wie die Muslime wollen wir Bauern auch nicht unter Generalverdacht gestellt werden«, hieß es lautstark vom Kreisbauernchef aus Dithmarschen.

Der Vergleich ist natürlich schräg. Ich bin weit davon entfernt, irgendwen unter Generalverdacht zu stellen. Das habe ich nie getan, und das werde ich nie tun. Denn erstens gibt es »die Bäuerinnen und Bauern« nicht. Jeder Betrieb ist anders und es gibt viele vorbildlich arbeitende Bäuerinnen und Bauern. Aber man muss natürlich Missstände auch beim Namen nennen.

Zudem sind Bäuerinnen und Bauern gefangen in einem System, das von falschen politischen Zielen bestimmt ist. Hier müssen wir ansetzen, damit eine gute Landwirtschaft in Deutschland zukunftsfähig wird.

72 Prozent der landwirtschaftlichen Betriebe in Deutschland hielten 2010 in irgendeiner Form Tiere. Wie in anderen Wirtschaftszweigen auch hätten jene, die überwiegend und besonders viele Tiere halten, durchaus ein ökonomisches Interesse, für eine weitere Ausdehnung der Fleischproduktion in Deutschland einzustehen. Schließlich propagiert auch der sogenannte Bauernverband – also die vermeintliche Interessenvertretung der deutschen Landwirte –, dass die Bauern auf Masse statt Klasse, auf Export statt Regionalität setzen sollen.

Das stimmt aber nicht, es ist der falsche Ansatz, eine ruinöse Sackgasse. Wenn man auf die Zahlen schaut, profitieren viele Bauern nicht von dieser Strategie – ganz im Gegenteil. Vom Boom der Fleischfabrik Deutschland profitieren lediglich die größten, industriellen Betriebe. Viele kleine und mittlere Betriebe bleiben dagegen auf der Strecke und müssen dichtmachen. Die nicht ökologischen Betriebe, die Tiere halten, befinden sich in einer Krise wie seit Jahren nicht mehr. Viele Bäuerinnen und Bauern bangen um ihre wirtschaftliche Existenz.

In der landwirtschaftlichen Fleischerzeugung herrscht seit Jahren ein immenser und zunehmender Kostendruck. Überproduktion, falsche Anreize und ein mächtiger Lebensmittelhandel drücken die Preise. Viele Bäuerinnen und Bauern können ihre Kosten nicht mehr decken. Fleisch- und auch Milcherzeuger produzieren immer mehr, bekommen aber immer weniger Geld. Zurzeit bleiben die Einkommen der Tierwirte deutlich hinter denen der Ackerbauern zurück – obwohl sie mit Lebewesen arbeiten, die viel zeit- und kostenintensiver sind.

Auf den nächsten Seiten werfe ich einen Blick auf das Bauernopfer, das Politik und Agroindustrie mit ihrem Wachstumsmantra in Kauf nehmen.

Aus dem Alltag eines Bauern

Ein Landwirt, der mich zu sich und seiner Familie eingeladen hat, bewirtschaftet einen Betrieb im hohen Norden. In der Mitte Schleswig-Holsteins liegt der Hof der fünfköpfigen Milchbauernfamilie. Mit 70 Hektar Acker, auf dem ein Teil des Futters für die 150 Kühe des Betriebs wächst, und den 70 Hektar Weideland gehört er zu den mittelgroßen Betrieben in Schleswig-Holstein. Anders als die Schweine- und Geflügelhaltung ist die Milchtierhaltung noch verhältnismäßig wenig industrialisiert. Aber auch hier nimmt der Druck auf die Bäuerinnen und Bauern zu.

Als ich ihn besuchte, waren die Wiesen gerade maigrün und am Blühen. Am Tag meines Besuchs sind die Kühe nach einem langen Winter das erste Mal auf die Weide gekommen aus dem großen, vollautomatisierten Laufstall, in dem Computerbänder die Kraftfutterrationen aus z. B. Gerste, Hafer, Mais, Raps und Sojaschrot steuern.

Nachdem die Stalltür sich öffnete, galoppierten die Tiere nach kurzem Zögern los, vollführten Bocksprünge, als wären sie verspielte Kälber und rieben ihre Köpfe im Gras. Mein Besuch hatte einen ernsten Hintergrund. Nachdem im April 2015 die Milchquote gefallen und binnen weniger

Wochen der Preis von durchschnittlich 39 Cent auf knapp 28 Cent pro Liter gestürzt war, wollte ich mit den Milchbauern über die Situation sprechen.

»Dieser Preis reicht nicht, um anständig wirtschaften zu können. Er reicht noch nicht einmal, um unsere Kosten zu decken«, sagt der Bauer. Vor Kurzem erst hat er 300.000 Euro in eine neue Silage-Anlage investiert. Das Geld dafür hat er bei der Bank geliehen. Diese Kredite muss er nun abzahlen. »Aber wovon, wenn der Milchpreis so im Keller ist.« Die tägliche Sorge um seine Existenz ist ihm an dem übernächtigten Gesicht abzulesen.

Lange, so sagt er, habe er seine Tiere gentechnikfrei gefüttert. Am Ende trieben ihn die Abwärtsspirale bei der Milchpreisentwicklung und der Blick ins eigene Portemonnaie dazu, Soja günstig auf dem Weltmarkt einzukaufen. »Eine schlimme Entwicklung«, sagt er selbstkritisch.

Wir gehen in seinen Kälberstall. Hier steht der jüngste Nachwuchs, gerade mal vier Tage alte Bullenkälber. Neugierig kommen sie an die Boxenabtrennung. Der Milchbauer wird sie in zehn Tagen an einen Viehhändler abgeben, denn mit der Geburt haben sie ihren ökonomischen Zweck erfüllt. Kühe geben nämlich nur dann Milch, wenn sie etwa einmal im Jahr Nachwuchs bekommen. Aber weil Bullen nun mal keine Milch geben, sind sie in diesem System wertlos. Vom Viehhändler bekommt der Bauer gerade mal 75 Euro – wenn's gut läuft. In Krisenzeiten liegt der Preis deutlich darunter. Kälber brächten so wenig Geld, dass die Nachkommen einiger Rassen im Nachbarland Dänemark manchmal gleich nach der Geburt getötet würden, erfahre ich. Doch auch in Deutschland findet das heimliche Töten Berichten zufolge statt. Der Bauer sagt: »Wenn die Milchpreise weiter auf einem so niedrigen Niveau bleiben, würde es mich nicht wundern, wenn das auch bei uns geschieht. Die Kühe sind doch nur noch Produktionsmittel! Billiger als zum Herstellerpreis geht aber nicht – so lautet eine Grundregel der Wirtschaft. Aber bei uns soll das anscheinend irgendwie gehen?«

Dieser schleswig-holsteinische Milchbauer ist einer, der alles richtig machen will, so wie Tausende anderer Bäuerinnen und Bauern auch. Einer, der weiß, dass eine geordnete Fruchtfolge den Boden schont und fruchtbar hält. Einer, der seinen Tieren ein gutes Leben ermöglichen möchte und dafür lieber auf einige tausend Liter Milch im Jahr verzichtet. Weil er weiß, dass die Tiere sein wichtigstes Kapital sind und er als Bauer kurzfristige Gewinnmaximierung eben nicht über alles stellt. Weil er Verantwortung spürt und in Generationen denkt. Aber am Ende droht auch er an einem ungerechten System zu scheitern.

Für viele industrielle Molkereien macht es keinen großen Unterschied, unter welchen Bedingungen die Milch erzeugt wird – wie die Tiere gehalten wurden. Und bei Milch gilt das Gleiche wie bei Fleisch: Auch auf der Milchtüte ist im Supermarkt nicht zu erkennen, was der Bauer und seine Familie zum Wohl der Tiere unternehmen, und dass sich seine Tiere auf der Weide austoben können. Weidemilch ist bisher kein geschützter Begriff – und damit anfällig für Missbrauch.

Bauer sein unter dem Existenzminium
Viele Landwirte, die Tiere halten, bekommen nicht einmal genug Geld, um ihre Produktionskosten zu decken. Sie werden nicht angemessen für ihre Arbeit entlohnt.

Ein Beispiel ist die konventionelle Milch: Aktuell zahlen viele deutsche Molkereien lediglich 28 Cent pro Liter Milch an die Bäuerinnen und Bauern. Doch um kostendeckend arbeiten zu können, wären 40 Cent pro Liter nötig.

Auch Hähnchenmäster befinden sich in der Preiskrise. Nach Abzug aller Kosten verdienten sie im Jahr 2013 jedoch gerade einmal 2 Cent pro Tier. Das sind 9 Cent weniger als noch 2007.

Die Preise für Schweinefleisch lagen 2015 durchschnittlich bei 1,40 Euro pro Kilogramm – 10 Prozent unter dem Niveau des Vorjahres. Damit können sie noch nicht einmal die Erzeugungskosten decken.

Auch Ferkelzüchter können kaum kostendeckend arbeiten. Viele bäuerliche Betriebe, die mit Tieren arbeiten, schreiben rote Zahlen. Das Einkommen konventioneller Tierhalter ging im Jahr 2015 um bis zu 35 Prozent zurück.

Bei anderen Landwirten sieht es nicht besser aus. Im Dezember vergangenen Jahres war der Preis für Schweinefleisch auf einem erneuten Tiefstand und betrug nur noch 1,25 Euro je Kilogramm. Für ein ausgewachsenes Tier bekommt ein Bauer im Durchschnitt also lediglich 123 Euro. Davon kann er seine Kosten aber nicht decken. Denn zuvor hat er das Ferkel gekauft, es gefüttert, getränkt, den Stall gesäubert, Arbeitskraft und Energie in den Stallbetrieb investiert, falls das Tier krank war, den Tierarzt bezahlt. Am Ende bleibt nichts übrig. Weder für Bäuerin und Bauer, noch für den Tierschutz. Besonders für kleine und mittelständische Betriebe ist es eine enorme Last.

Bei meinen Gesprächen haben mir viele Landwirte erzählt, dass ihnen diese Entwicklung und der damit verbundene Preisdruck, große Sorgen bereitet. Schließlich müssen sie auch ihre Familien versorgen. Viele Bäuerinnen und Bauern fühlen sich ausgeliefert.

Wachse oder weiche

Der Deutsche Bauernverband hat seinen Mitgliedern in den vergangenen Jahrzehnten mit Blick auf den wachsenden Weltmarkt eingetrichtert, ihre Betriebe immer weiter zu spezialisieren und die Produktion zu steigern. In größere Ställe zu investieren, in die Massentierhaltung einzusteigen. Mehr produzieren – ist das die Antwort auf Dumpingpreise? Und was, wenn ein Landwirt seine Produktionskosten nicht decken kann? Dann arbeitet er wohl nicht schnell genug. The Economies of Scale im Stall. Als sei unendliches Wachstum die Lösung.

»Wachse oder weiche« – dieses Credo führte zu einem enormen Konzentrationsprozess. Immer mehr Tiere werden in immer größeren Ställen auf immer weniger Raum gehalten. Heute stehen zwischen 70 und 80 Prozent aller Tiere in den größten 20 bis 30 Prozent der Betriebe. In Betrieben, in denen Pfeiler aus Personal, Flächenbedarf, Stallgröße und Tierschutz immer schwieriger zu organisieren sind.

Dieses Wachstum hat aber eine Kehrseite. Manche Regierungspolitiker tun das beschönigend als »Strukturwandel« ab und übersehen damit das Schicksal der Menschen, die diesen Folgen ausgesetzt sind. Denn diese Konzentration bedeutet das Aus für zahlreiche kleine und mittlere Betriebe, die oft in Familienhand sind. Und sie lässt uns ohne Alternativen zur industriellen Massentierhaltung zurück.

In den vergangenen zehn Jahren, seit die CSU das Landwirtschaftsministerium besetzt, musste fast jeder dritte landwirtschaftliche Betrieb aufgeben. Besonders hart trifft es Betriebe, die Schweine halten. Hier mussten seit 2005 rund 70 Prozent der Betriebe aufgeben. Immer mehr Tiere werden in immer weniger Betrieben gehalten.

Auch die Milchbäuerinnen und Milchbauern trifft es. Die Hälfte aller Milchviehhöfe musste seit 1999 den Betrieb einstellen. Sie haben das Preisduell verloren. Damit gehen nicht nur wichtige Arbeitsplätze, sondern oft auch jahrhundertealte Traditionen verloren. Im oberbayrischen Sauerlach, meinem Heimatdorf, gibt es kaum noch einen Hof, der bewirtschaftet wird. Dabei hat Bayern noch verhältnismäßig viele bäuerliche Betriebe. Doch auch hier findet das Höfesterben statt. Die Menschen wandern ab, ganze Landstriche bluten aus.

Das Höfesterben
Der »Wachse- oder weiche«-Kurs hat wenige Gewinner und viele Verlierer. Seit 2005, also seit die CSU den Bundeslandwirtschaftsminister stellt, mussten in Deutschland 30 Prozent der Betriebe ihre Tore schließen. Bei den Schweinehaltern waren es sogar 70 Prozent. Auch Milchbäuerinnen und -bauern befinden sich in der Krise. Hier mussten seit 1999 fast die Hälfte der Betriebe aufgeben.

Die Folge ist, dass immer mehr Tiere in immer größeren Ställen auf immer weniger Höfen gehalten werden. Heute werden zwischen 70 und 80 Prozent aller Tiere von den größten 20 bis 30 Prozent der Betriebe gehalten.

Wenn sich diese Entwicklung fortsetzt und den Agrarfabriken das Feld überlassen wird, gibt es bald gar keine bäuerlichen Betriebe mehr. Tierschutz und die Pflege unserer Kulturlandschaft sind geknüpft an eine Landwirtschaft mit menschlichem Maß. Wir brauchen eine Agrarwende, damit die Arbeitsplätze erhalten bleiben und das Höfesterben gestoppt wird.

Die meisten Landwirte wollen ihre Tiere anständig behandeln. Viele könnten auf bio umstellen. Oder auf regionale Herkunft und Vermarktung setzen. Denn dann sieht die wirtschaftliche Situation für Bauern langfristig besser aus. So mancher Bauer verharrt hier leider in ideologischen Gräben. Aber zur Wahrheit gehört auch, dass die Bundesregierung die Umstellung bisher nur unzureichend unterstützt. Und dass eine Umstellung von heute auf morgen nicht immer so einfach möglich ist. Wenn man sich zum Beispiel vor ein paar Jahren dafür entschieden hat, einen Stall zu bauen, der sich aber nicht mit Biorichtlinien vereinbaren lässt, steht das einer Umstellung im Wege.

Deshalb entscheiden sich viele Landwirte dafür, zu wachsen. Auf Masse zu setzen. Aber auch das rechnet sich letztendlich nicht. In Deutschland wird schließlich immer weniger Fleisch gegessen. Und die Exportmärkte bringen nicht den erhofften Erfolg. Die Ausweitung der Produktion führt zu einem weiteren Absinken der Preise und setzt damit eine klassische Preisspirale in Gang. Ein hausgemachtes Problem. Gewinner sind dabei nur die großen, durchindustrialisierten Betriebe, die den harten Preiskampf durchstehen können.

Die meisten Bauern sind Getriebene eines Systems, das die falschen politischen Ziele hat und durch die falschen Anreize geprägt ist. Eines Systems, in dem es zudem starke Machtstrukturen gibt von Akteuren, die ihre Marktmacht gegenüber den Landwirten ausspielen können.

Die Profiteure sitzen woanders

Wer ist nun eigentlich schuld? Die Verbraucher oder die Bauern? Beide Seiten tragen Verantwortung. Gegenseitige Schuldzuweisungen führen aber zu keiner Lösung, im Gegenteil. Es lenkt ab von einem System, in dem es Akteure gibt, die deutlich mächtiger sind. Es gibt im Agrar- und Lebensmittelsektor ein riesiges Konvolut an marktmächtigen Spielern.

Man muss die Landwirtschaft eingebettet sehen in ein Netz nationaler und internationaler Akteure, die mit unserem Essen eine Menge Geld verdienen wollen. Die Agrar- und Ernährungswirtschaft ist global organisiert: Handelsketten, industrielle Schlachtfabriken, Saatgutmonopolisten, Gentech-Konzerne, Pestizidhersteller, Nestlé und Co. Mittlerweile mischen sogar außerlandwirtschaftliche Investoren mit, die das Land – unseren Boden – als profitable Anlageform entdeckt haben. Die großen Profiteure sitzen längst woanders. Und sie üben weltweit Druck auf die kleinen Erzeuger aus. Die Erzeugung von und der Handel mit Nahrungsmitteln, die wir zum Überleben brauchen, ist hoch organisiert und stark vermachtet.

Essen müssen wir alle. Und der Appetit wächst logischerweise mit dem Anstieg der Bevölkerung. Für Agrobusiness und Lebensmittelkonzerne ist das ein krisensicheres und ziemlich einträgliches Geschäft.

Im sogenannten vorgelagerten Bereich der Landwirtschaft tummeln sich die Produzenten von Saatgut, Düngemitteln, Pestiziden und landwirtschaftlichen Maschinen. Der nachgelagerte Bereich umfasst die verarbeitenden Betriebe und Konzerne. Da sind zunächst einmal die Händler, die Getreide, Milch und Tiere weiterverkaufen, dazu kommen Getreidemühlen, Molkereien, Schlachthöfe und so weiter. Und last but not least der Lebensmittelhandel: Aldi, Lidl, Rewe und Co. Jeder dieser Bereiche verdient mit an dem, was unsere Bäuerinnen und Bauern erzeugen. Und zwar zusammen genommen den weitaus größeren Teil.

Für Lebensmittel, die Verbraucher im Supermarkt kaufen, bekommen Landwirte im Durchschnitt nur noch jeden vierten Euro. Die restlichen 3 Euro? Gehen an die Schlachthofbetreiber, Lebensmittelkonzerne, Verarbeiter, Händler, in die Marketingabteilung.

Der Preistrend geht weiter abwärts: Seit den 70er-Jahren hat sich der Erlös, den Landwirte anteilig pro Produkt bekommen, halbiert, so das Thünen-Institut.

Während viele Bauern unter Dumpingpreisen leiden, werben Discounter mit Dumpingfleisch und anderen Lebensmitteln zu Kampfpreisen.

Wird zu Spitzenzeiten zu viel produziert, dann ist die Zeit der Discounter gekomen, die Marktpreise noch weiter nach unten zu drücken. Sie senken dann ihre Lockangebote mit Begründungen wie: »Aufgrund gesunkener Rohwarenpreise ist es uns gelungen, unsere gewohnt hervorragenden Produkte günstiger einzukaufen. Einen Preisvorteil, den wir an Sie als unsere Kunden gerne weitergeben möchten.«

Das ist ein Preiskampf, der auf dem Rücken der Bauern ausgetragen wird – und bei dem die Tiere und die Beschäftigten die Verlierer sind. Wie bitte sollen von 2 Cent Erlös Investitionen in mehr Tierschutz oder faire Arbeitsbedingungen bezahlt werden?

Es gibt sie, die großen Profiteure im Agrar- und Lebensmittelsektor. Aber das sind nicht die normalen Bäuerinnen und Bauern. Schon ein Blick auf die Liste der reichsten Deutschen gibt einen Einblick in das dicke Geschäft mit den Lebensmitteln. Unter den Top Ten finden sich laut den Zeitungen »Die Welt« und »Bild« allein drei aus dem Lebensmittelbusiness:

- Drittreichster Deutscher mit einem Vermögen von schlappen 20 Milliarden Euro ist Dieter Schwarz, Ei-

gentümer der Schwarz-Gruppe, zu der unter anderem Lidl und Kaufland gehören.
- Direkt dahinter mit 19 Milliarden Euro: Die Familien Albrecht und Heister, denen Aldi Süd gehört.
- Auf Platz 6: Die Familie von Theo Albrecht, der Aldi Nord gehört – mit 16 Milliarden Euro.
- Platz 13: Familie Oetker – die ihr Geschäft ebenfalls mit Lebensmitteln macht. Vermögen: 7,8 Milliarden Euro.
- Auch auf der Liste: Theo Müller von »Müller Milch«. Mit 4 Milliarden Euro auf Platz 29.
- Auf Platz 38: Die Besitzer von Tengelmann, Familie Haub. 3,3 Milliarden Euro.

Diese Megareichen verdienen ihr Geld mit Lebensmitteln, die Bäuerinnen und Bauern teils zu Dumpingpreisen gezwungen waren, zu verkaufen. Die Liste zeigt: es gibt große und einflussreiche Profiteure im Lebensmittelbusiness, von denen die meisten nicht nur das Rampenlicht scheuen, sondern auch ihre Verantwortung meiden. Fast im gesamten Lebensmittelsektor herrschen starke Vermachtungsstrukturen bis hin zu Oligopolen. Einer aktuellen Studie von Misereor, Forum Fairer Handel e. V. und anderen NGOs zufolge kontrollieren gerade einmal fünf Handelsketten die Hälfte des Europäischen Lebensmittelmarktes.

In Deutschland ist der Markt noch konzentrierter. Gerade einmal vier Konzerne – Aldi, Rewe, Edeka und die Schwarz-Gruppe, zu denen Lidl und Kaufland zählen – beherrschen fast 85 Prozent des Lebensmittelmarktes in Deutschland. Das kritisiert sogar das Bundeskartellamt. Gegen die Empfehlung des Bundeskartellamts und anderen Experten hat nun auch noch Wirtschaftsminister Sigmar Gabriel eine Ministererlaubnis für die Fusion von Edeka und Kaiser's Tengelmann erteilt. Unter der Entscheidung von Minister Gabriel werden die Bäuerinnen und Bauern leiden, weil der Preisdruck auf sie steigt. Und auch die Verbraucherinnen und Verbraucher müssen den faulen Deal ausbaden, da die Wahlmöglichkeiten und die Angebotsvielfalt weiter schwinden. Damit sendet Minister Gabriel ein völlig falsches Signal an die Branche. Er stärkt damit die Machtkonzentration bei den Supermärkten. Der Einzelhandel braucht mehr fairen Wettbewerb und nicht weniger.

Fakt ist: Der Handel ist enorm mächtig. Zu mächtig. Und die Konzerne können diese Marktmacht ausnutzen, indem sie den Erzeugern de facto die Preise diktieren. Schon einzelne Marken wie Nestlé, Unilever, Kraft (jetzt Mondelez International), Danone und Co. haben einen viel zu großen Markteinfluss. Gerade einmal zehn internationale Konzerne teilen sich 15 Prozent des weltweiten Einzelhandelsumsatzes. Oxfam zufolge nehmen diese Konzerne zusammen mit Coca-Cola, Associated British Foods, Kellogg's, PepsiCo, Mars und General Mills mehr als 1,1 Milliarden Dollar ein – jeden Tag.

Die Nichtregierungsorganisation kritisiert, dass diese Konzerne in der Praxis weit von akzeptablen sozialen und ökologischen Standards entfernt seien und nicht genug Verantwortung für ihre Lieferketten übernehmen würden. Nestlé ist vielleicht das bekannteste Beispiel, da der Konzern wegen seiner Geschäfte mit Wasser in vielen wasserarmen Regionen wie zum Beispiel Pakistan oder Äthiopien in der Kritik steht. Und auch Nestlés Schokoriegel Kitkat stand wegen der Verwendung von Palmöl, für das indonesischer Regenwald gerodet worden sein sollte, in der Kritik. Doch auch andere Konzerne können und müssen mehr tun. Da viele Unternehmen Soja, Zucker und Palmöl verarbeiten, tragen sie hier eine Mitverantwortung für angemessene

Standards. Oxfam kritisiert, dass die Konzerne in den Anbauregionen jedoch nicht ausreichend gegen negative Auswirkungen wie Landraub vorgehen. Außerdem bezahlten sie ihren Zulieferern, den Bäuerinnen und Bauern, keine fairen Preise. Und das, obwohl sie Milliardenumsätze verbuchen.

Handel und Markenkonzerne haben also eine enorme Marktmacht. Aber sie sind nicht die einzigen wichtigen Player. Was ist mit den Saatgutoligopolisten, was mit den großen Schlachtkonzernen und den Molkereien?

Schauen wir uns zunächst die Saatguthersteller an: Hier kontrollieren lediglich drei Firmen 53 Prozent des weltweiten Saatgutmarkts: Monsanto, DuPont Pioneer und Syngenta. Nimmt man die zehn größten Firmen dieser Branche, verfügen diese bereits über eine Marktmacht von 75 Prozent.

Diese Marktmacht kam in den letzten 20 Jahren durch eine Reihe von Fusionen, Beteiligungen oder anderen Verbindungen zustande. Zu welchen Abhängigkeiten, zu welchem enormen ökologischen und politischen Schaden dieses industrielle Modell führen kann, habe ich in meinem Bericht aus Brasilien geschrieben (ab Seite 105).

Wie brutal einzelne Konzerne involviert sein können, zeigt ein aktuelles Gerichtsurteil aus Brasilien: 2007 erschossen Sicherheitskräfte dort Zeitungsberichten zufolge einen Gentechnik-Gegner. Nun hat ein brasilianisches Gericht nach sieben Jahren den Saatgutkonzern Syngenta für die Ermordung eines Landaktivisten verurteilt. Das zeigt umso klarer: Wir dürfen die Kontrolle über die Grundlagen unserer Ernährung nicht ein paar mächtigen Konzernen wie Syngenta und Monsanto überlassen.

Auch bei Schlachthöfen gibt es eine bedenkliche Marktkonzentration. Während immer mehr kleinere Schlachthöfe und Metzgereien aufgeben müssen, werden die Schlachtkonzerne immer größer. In Deutschland schlachten die vier größten Schlachtkonzerne – Tönnies, der Konzern Vion, Westfleisch und Danish Crown – zwei Drittel der Schweine. Sie verfügen zusammen über einen Marktanteil von 60 Prozent. Unter welchen teils menschenunwürdigen Bedingungen die Arbeiterinnen und Arbeiter schuften, habe ich im Kapitel »Das Schweinesystem« beschrieben.

Es ist ein Problem für die ganze Branche, wenn aus Marktwirtschaft Machtwirtschaft wird. Die Studie von Misereor und Co. kommt zu dem Ergebnis, dass die etablierten Machtstrukturen in landwirtschaftlichen Produktionsketten ein strukturelles Problem sind. Und oft missbrauchen Konzerne ihre Macht – meist zulasten der Erzeuger, der Bauern. Sie sind die Schwächsten in der Kette – ob sie nun Bananen in Ecuador anbauen, Kakao in der Elfenbeinküste oder einen Hof im Allgäu mit ein paar Tieren haben.

Die konzentrierten Machtstrukturen im Agrar- und Lebensmittelsektor sind nicht nur ein Problem für die Bäuerinnen und Bauern. Sie sind auch ein Problem für die Regionen – für unsere Dörfer und Städte. Denn nicht nur der Landwirt am Dorfplatz verschwindet und der Tante-Emma-Laden macht dicht, auch immer mehr handwerkliche Bäckereien und Metzger verschwinden aus den Ortsbildern. In den vergangenen Jahren mussten im Durchschnitt jeden Tag eine Bäckerei und eine Metzgerei schließen. Übrig bleiben Brotfabriken und Industrieschlachthöfe. Doch regional verankerte Wertschöpfungsketten sind wichtig. Das Lebensmittelhandwerk vor Ort trägt ebenso wie die Landwirtschaft dazu bei, dass wichtige Arbeitsplätze auf dem Land erhalten bleiben. Sie sind das Herz ländlicher Räume und in strukturschwachen Regionen umso wichtiger.

Vermachtungsstrukturen im Agrar- und Lebensmittelsektor sind auch für Verbraucherinnen und Verbraucher ein Problem. Zwar mag es auf den ersten Blick gut erscheinen, wenn Preise am Markt gedrückt werden. Aber das erweist sich auch für Kunden schnell als Problem. Bei Minimargen von 2 Cent wird wohl jedem klar, dass das Wohl der Tiere zwangsläufig auf der Strecke bleibt. Darunter leidet nicht nur der Tierschutz, sondern auch die Qualität.

Dumpingfleisch und Massenmilch lassen sich nur bei Niedrigststandards und mit enorm hohen externen Kosten wie exzessiver Gülle-Ausbringung oder enormem Pestizideinsatz in der Futtermittelproduktion produzieren. Ich glaube nicht, dass sich die Verbraucher eine Abwärtsspirale bei der Lebensmittelqualität wünschen.

Wenn es um die Verantwortung für eine verantwortliche Herstellung unserer Lebensmittel geht, reicht es also nicht, nur über Verbraucherinnen und Verbraucher und Bäuerinnen und Bauern zu sprechen. Wir müssen auch über die Machtstrukturen in der Agrar- und Lebensmittelindustrie und dem Handel sprechen. Und natürlich über Politik.

Die Bundesregierung schaut zu

Weder Bauern und Verbraucher noch der Handel können die Probleme, die wir haben, allein lösen. Die Lebensmittelproduktion ist ein hochkomplexes, globalisiertes System. Dazu kommt, dass die industrielle Produktion von Lebensmitteln zu deutlichen negativen externen Effekten führt wie Grundwasserbelastung, Klimaschäden, Artensterben. Ein einzelner Akteur, eine Gruppe allein kann die systemischen Probleme nicht lösen. Das können wir nur zusammen tun. Als Gesellschaft. Durch politische Weichenstellungen.

In mittlerweile sieben Bundesländern machen bereits grüne Agrarminister den Unterschied. Sie sind die treibende Kraft im Bundesrat und setzen wichtige Meilensteine für die Agrarwende um. Doch entscheidende Weichenstellungen können nur auf Bundesebene gefällt werden. Und auf EU-Ebene, wo die Bundesregierung massiven Einfluss hat. Aber was tun die Verantwortlichen in der Bundesregierung? Sie schauen zu, statt zu handeln.

Als würde die Bundesregierung das ganze Thema nicht wirklich betreffen, wird die Frage unserer Lebensmittelproduktion stiefmütterlich behandelt. Tierqual, Höfesterben, Grundwasserbelastung, Klimaschutz, Artensterben, resistente Keime, Preiskrise der Erzeuger, Verbrauchertäuschung – es gäbe viel zu tun. Doch was tut Landwirtschaftsminister Schmidt?

Jedenfalls nicht das, was man als Minister normalerweise so tut – nämlich Veränderungen vorantreiben und Gesetze auf den Weg bringen. Vielleicht dreht er lieber Däumchen.

Dabei sind die bestehenden Gesetze so durchlässig wie ein Sieb. Eine progressive, vorausschauende Politik könnte die Landwirtschaft in ganz Deutschland positiv verändern. Wege nach vorn aufzeigen. Verbesserungen einleiten, die vielen nützen – wenn man sich denn mit den Mächtigen des Agrobusiness anlegen will. Doch durch Untätigkeit zementiert Minister Schmidt die Missstände und verhindert Verbesserungen in der Landwirtschaft. Das hat Tradition: Seit Horst Seehofer Landwirtschaftsminister war, blockieren die CSU-Minister progressive Politik, durch die es den Schweinen und Rindern, dem Geflügel, den Landwirten und der Umwelt heute deutlich besser gehen würde.

Ein Blick auf die Gesetzeslage zeigt die Lücken.

Löchrige Gesetze

Der Agrarminister und die Nebelkerzen

Gehen wir exemplarisch ein paar Punkte durch: beim Tierschutz, beim Thema Antibiotika und Schutz unseres Wassers.

Obwohl Tierschutz sogar als Staatsziel im Grundgesetz verankert ist – etwas, wofür Renate Künast als Landwirtschaftsministerin sehr hart gekämpft hat –, versagt das seit zehn Jahren von der CSU geführte Landwirtschaftsministerium hier völlig.

Tierschutz als Staatsziel

Mit dem Gesetz zur Änderung des Grundgesetzes vom 26. Juli 2002 wurde der Tierschutz als Staatsziel im Grundgesetz der Bundesrepublik Deutschland verankert. Artikel 20a GG hat nunmehr folgende Fassung:

»*Der Staat schützt auch in Verantwortung für die künftigen Generationen die natürlichen Lebensgrundlagen und die Tiere im Rahmen der verfassungsmäßigen Ordnung durch die Gesetzgebung und nach Maßgabe von Gesetz und Recht durch die vollziehende Gewalt und die Rechtsprechung.*«

§ 11b des Tierschutzgesetzes
(1) »Es ist verboten, Wirbeltiere zu züchten oder durch biotechnische Maßnahmen so zu verändern,
1. dass bei der Nachzucht erblich bedingt Organe oder Körperteile fehlen oder für den normalen Gebrauch untauglich oder umgestaltet sind,
2. dass bei Nachkommen erblich bedingt mit Leiden verbundene Verhaltensstörungen auftreten, artgemäßer Kontakt zu Artgenossen nicht möglich ist oder bei diesen oder ihnen selbst zu Schmerzen oder vermeidbaren Leiden oder Schäden führt,
3. dass die Haltung nur unter Schmerzen oder vermeidbaren Leiden möglich ist oder zu Schäden führt.«

In der Praxis jedoch sind wir weit von hohen Tierschutzstandards entfernt. Wie es in der Realität aussieht, habe ich mit eigenen Augen gesehen und beschrieben. Auch die Agrarexperten des Wissenschaftlichen Beirats für Agrarpolitik sehen »erhebliche Defizite vor allem im Bereich Tierschutz.« Auch viele Landwirte, mit denen ich gesprochen habe, sind mit der gängigen Praxis nicht glücklich. Bestehende Gesetze sind entweder viel zu lasch oder werden missachtet, ohne dass es dafür ernsthafte rechtliche Konsequenzen gäbe. Und auch das scharfe Schwert Strafrecht ist beim Tierschutz eher stumpf. Selten wird jemand wegen Tierschutzvergehen verurteilt. Und auch die Klagemöglichkeiten sind begrenzt, da es bislang kein Verbandsklagerecht gibt.

Die Agrarexperten sehen erheblichen Handlungsbedarf und schlagen eine Reihe von Punkten vor, damit es den Tieren besser geht und die Landwirtschaft zukunftsfähig wird. Unter anderem empfehlen sie den Verzicht auf Amputationen, weniger Antibiotikaeinsatz, Auslauf nach draußen für alle Tiere und ausreichend Platz für die gehaltenen Tiere sowie weniger Überzüchtung.

Aber Landwirtschaftsminister Schmidt tut nichts, um davon irgendetwas umzusetzen, geschweige denn in Gesetzesform zu gießen. Ich bezweifle stark, dass er in seiner Amtszeit irgendetwas verbessern wird. Es werden vier verlorene Jahre sein für eine zukunftsfähige Landwirtschaft.

Das Kükenschreddern und andere Missstände

Am größten sind die Missstände in der Schweine- und Geflügelhaltung. Die Sektoren sind stark durchrationalisiert, für Ethik und Tierschutz bleibt da nicht viel Platz. Ein Beispiel ist das Kükenschreddern. Kein Landwirt, mit dem ich gesprochen habe, möchte, dass Eintagsküken sinnlos getötet und als Tierfutter verwendet werden. Doch die Hühnerhaltung ist so stark industrialisiert, dass das nicht mehr von den Landwirten entschieden wird.

Aus guten Gründen ging Nordrhein-Westfalen 2013 als erstes Bundesland mit meinem Parteikollegen Johannes Remmel per Erlass voran, um die Massentötung von jährlich 45 Millionen Küken zu verbieten. Doch nach Einschätzung des Verwaltungsgerichts in Minden fehlt dafür die juristische Grundlage auf Bundesebene.

Das Gericht befand, dass das Bundestierschutzgesetz keine ausreichende Rechtsgrundlage darstelle für ein Tötungsverbot. Das Gesetz müsste folglich auf Bundesebene geändert werden. Doch was tut Minister Schmidt? Erst sagt er, die Gesetze seien ausreichend. Er müsse da nichts tun. Ich zitiere: »Das Tierschutzgesetz bestimmt bereits jetzt, dass Tiere nur getötet werden dürfen, wenn es dafür einen vernünftigen Grund gibt.« Aber genau das geschieht doch.

Küken aus ökonomischen Gründen zu töten ist doch kein vernünftiger – und vor allem kein ethischer – Grund. Trotzdem ist es Realität. Schmidt redet mittlerweile zwar davon, dass er das Kükenschreddern stoppen wolle. Aber seine einzige Tätigkeit: Er lässt weiter an einer frühzeitigen Geschlechtsbestimmung im Ei forschen – was richtig und wichtig ist, aber bei Weitem nicht ausreichend. Dadurch alleine wird das Kükenschreddern nicht gestoppt.

Man braucht klare gesetzliche Regeln und dazu eine Zucht, die nicht so einseitig ist, dass die Hälfte der Tiere aus ökonomischen Gründen als Abfallprodukte gelten. Allerdings ist klar, dass das Zögern des Ministers natürlich einen Hintergrund hat. Herr Schmidt will sich nicht mit der Geflügelwirtschaft anlegen, für die das Kükenschreddern bequem und billig ist.

Um das millionenfache Kükentöten zu beenden, laufen seit einiger Zeit Forschungsvorhaben wie beispielsweise die »in ovo – Geschlechtsbestimmung«. Dabei wird in den Eiern vier bis acht Tage vor dem Schlüpfen der Östrogenspiegel von männlichen und weiblichen Embryonen gemessen. Ein anderes Verfahren der Universität Leipzig macht sich die unterschiedliche Größe der Geschlechtschromosomen von männlichen und weiblichen Hühnern zunutze. Bereits nach dreitägiger Bebrütung entwickeln sich kleine Blutgefäße, die sich für eine Geschlechtsdiagnose nutzen lassen. Mit dieser »spektroskopischen Geschlechtsbestimmung« ließe sich also in einem sehr frühen Stadium feststellen, ob es sich um ein Männchen oder ein Weibchen handeln wird. Dann kämen die Eier und nicht die bereits geschlüpften Küken in den Schredder.

Über diese Fragen müsste man allerdings nicht nachdenken, wenn es wieder sogenannte Zweinutzungshühner gäbe, Hühner die beides können: Eier legen und Fleisch ansetzen – so wie die Natur es einmal vorgesehen hat. Dann müsste kein einziges männliches Küken mehr eines vorzeitigen Todes sterben.

Amputationen

Ein weiteres Beispiel für unzureichende Gesetze ist das Amputieren der Körperteile vieler Tiere, zum Beispiel bei Schweinen. Das Kürzen der Ringelschwänze ist laut EU-Richtlinie eigentlich »nur im einzeln zu begründenden Ausnahmefall« erlaubt. Manche Länder haben die Richtlinie bereits umgesetzt – zum Beispiel Norwegen. In Deutschland sind wir von Ausnahmefällen bei der Schwanzamputation jedoch weit entfernt. Amputationen sind, genau wie das Schnäbelkürzen bei Hühnern, vielmehr die Regel.

Minister Schmidt schert das wenig. Zwar simuliert er durch Worthülsen gern den Tierschützer. Aber wirklich was tun? Lieber nicht. Er zieht sich aus der gesetzgeberischen Verantwortung mit einem Konzept, das er »freiwillige Verbindlichkeit« der Industrie nennt.

Können Sie sich vorstellen, was er mit einem solchen Wortkonstrukt meint? Stellen Sie sich vor, Abgaswerte für Autos wären freiwillig verbindlich. Würden Sie drauf vertrauen, dass sich auch nur ein einziger Autobauer daran hält? Die tricksen ja sogar bei den gesetzlichen Vorschriften. Mit der sogenannten »freiwilligen Verbindlichkeit« simuliert Minister Schmidt lediglich Tierschutz.

Schon ein Blick nach Niedersachsen würde Christian Schmidt guttun. Der grüne Landwirtschaftsminister Minister Christian Meyer hat dort ein kluges Instrument etabliert: die Ringelschwanzprämie. Der Schwanz bleibt dran, und der Landwirt bekommt auch noch Geld dafür – für jedes Tier immerhin 16,50 Euro.

Was auf Landesebene geht, ginge natürlich auch auf Bundesebene. Doch passiert ist bisher nichts. Natürlich hat auch hier das Nichtstun des Agrarministers einen Hintergrund: denn wer sich gegen solche Amputationen stellt, legt sich damit mit bestimmten Haltungsformen an, die ohne Amputationen gar nicht funktionieren würden. Die Tiere müssten so gehalten werden, dass es ihnen besser geht und es nicht mehr zu Kannibalismus kommt. Triste Megaställe, adé. Damit wäre schon viel gewonnen im Kampf gegen die industrielle Massentierhaltung. Doch dafür müsste sich Herr Schmidt mit der Agroindustrie anlegen. Und davon ist nicht auszugehen.

Der Fall der Puten

Ein weiteres Beispiel für löchrige Gesetze ist die Zucht und Haltung von Puten. Von allen Tieren, die in Megaställen Deutschlands gehalten werden, geht es Puten wahrscheinlich mit am schlechtesten. Es werden völlig überzüchtete Tiere eingesetzt, sogenannte Big-6-Puten. Die Tiere haben ein so enormes Muskelwachstum, dass sie im letzten Drittel der Mast ihr eigenes Gewicht nicht mehr tragen können. Qualzucht ist laut Tierschutzgesetz verboten, wird allerdings von der Bundesregierung geduldet. Dazu kommt, dass es für Puten nicht mal einen rechtlichen Mindeststandard gibt, wie sie gehalten werden müssen. Das bleibt bisher einfach der Industrie überlassen. Die hat seit 1999 eine freiwillige Selbstverpflichtung erlassen.

Hält sich da irgendein Unternehmen dran? Nein. Eine gesetzliche Haltungsverordnung ist überfällig. Der Fall der

Puten zeigt exemplarisch, dass freiwillige Selbstverpflichtungen reine Ablenkung sind, gesetzliches Handeln nicht ersetzen können und dürfen. Man kann das vielleicht freiwillig-verbindlich nennen, wenn ich mich entscheide, eine Diät zu machen. Wenn ich dann trotzdem Schokolade esse, ist das heimlich freiwillig-unverbindlich. Aber beim Tierschutz? Ganz im Ernst. Klare Regeln sind unverzichtbar.

Kastration von Ferkeln

Auch zur betäubungslosen Ferkelkastration existiert seit 2010 eine weitgehend nutzlose freiwillige Selbstverpflichtung zwischen Vertretern von Landwirten, Fleischindustrie, Einzelhandel, Forschung, Tierärzten und nicht staatlichen Organisationen. Aber in der Praxis hält sich kaum jemand daran. Minister Schmidt will die Ferkelkastration jetzt zwar verbieten – aber erst ab 2019 –, also nach seiner Amtszeit. Ich möchte wetten, dass bis dahin nichts Handfestes von ihm kommt.

Antibiotikamissbrauch

Löchrige Gesetze gibt es aber nicht nur beim Tierschutz – sondern auch beim Einsatz von Antibiotika in der Tierhaltung.

Zwar geht der Einsatz von normalen Antibiotika etwas zurück. Aber der von für Menschen besonders wichtigen Reserveantibiotika steigt steil an. Reserveantibiotika sind oft die letzten Mittel im Kampf gegen Infektionen. Sie haben im Stall nichts verloren, da sie für Menschen überlebenswichtig sind.

Hier müsste der Minister ansetzen und den Einsatz streng regulieren. Reserveantibiotika im Stall müssen verboten werden. Tut er aber nicht.

Und er muss das Dispensierrecht reformieren. Tierärzte erhalten nach geltendem Recht Mengenrabatte für Antibiotika. Das heißt, die Politik schafft einen Anreiz, möglichst viele Antibiotika zu verkaufen.

Schutz unseres Wassers

Die Regierung versagt auch beim Schutz unseres Grundwassers. Schon heute zahlt jeder Trinkwasserkunde für die enormen Kosten der Wasseraufbereitung. Experten zufolge kostet uns die Wasseraufbereitung wegen Überdüngung jährlich bis zu 24 Milliarden Euro. Die Novellierung wird verschleppt und weitere Überdüngung wird zugelassen. Weil die Bundesregierung nicht genug tut, um unser Wasser vor Nitrat zu schützen, droht die EU bereits seit 2013 mit einem Vertragsverletzungsverfahren. Für den Steuerzahler würde das weitere Kosten verursachen.

Trotzdem unternimmt Minister Schmidt nichts und schiebt die dringend notwendige Reform der Düngeverordnung auf die lange Bank. Den Preis dafür zahlen am Ende die Steuerzahler – und jeder Mensch, der Wasser trinkt.

Es ließen sich zahlreiche weitere Beispiele aufzählen für Regelungslücken und löchrige Gesetze. Zum mangelnden Klimaschutz in der Landwirtschaft. Zum Umgang mit Kälbern. Zu den Einfallstoren für Gentechnik. Zum überbordenden Pestizideinsatz. Zu den internationalen Verwerfungen, die unsere Landwirtschaft verursacht. Ich glaube, der Fall ist klar: statt bloßer Lippenbekenntnisse und Politiksimulation muss Minister Schmidt endlich Fakten schaffen.

Auf bloße Selbstkontrolle der Branche zu setzen ist zynisch. Doch der Minister stellt sich leider blind und taub.

Häufig heißt es, die Landwirtschaft könne mehr Tierschutz, mehr Umweltschutz doch gar nicht bezahlen. Das ist Quatsch. Kein Wirtschaftszweig – mit Ausnahme des Bankensektors vielleicht – erhält in Europa mehr Steuergelder als die Landwirtschaft. Doch bisher ist dieses Geld Teil des Problems und nicht Teil der Lösung. Es herrscht eine beispiellose Fehlsteuerung durch Fehlsubventionierung in der Landwirtschaft. Mit unseren Steuergeldern subventionieren wir Großgrundbesitzer und Massentierhalter, statt kleine und mittlere (Bio-)Betriebe stärker zu unterstützen und öffentliche Leistungen wie Landschaftspflege oder Lebensraumerhaltung angemessen zu honorieren.

Falsches Geld

Die Landwirtschaft ist mit 58 Milliarden Euro jährlich der größte Ausgabeposten der Europäischen Union. In Deutschland fließen jedes Jahr 6,3 Milliarden Euro an europäischen Steuergeldern in die Landwirtschaft. Mit diesem Geld könnte man viel Gutes tun – auch angesichts der Preiskrise für Landwirte. Doch das Geld wird ungerecht verteilt, und das auch noch nach unsinnigen Kriterien.

Ein Blick zurück

Die Agrarsubventionen haben eine lange Geschichte und sind fest verankert in der Europäischen Union. Nicht nur während des Zweiten Weltkriegs hatten die Menschen Hunger, auch in den Jahren danach gab es noch Mangelwirtschaft. Lebensmittel mussten teilweise importiert werden. Diese Erfahrungen brachten Belgien, Frankreich, Italien, Luxemburg, die Niederlande und Deutschland 1957/58 dazu, eine Gemeinsame Agrarpolitik (GAP) zu beschließen. Die Landwirtschaft sollte unabhängig vom Weltmarkt werden, damit Europa seine Ernährung bei kommenden Krisen selbst sicherstellen kann. Das hieß auch, dass höhere Erträge hermussten – durch Rationalisierung, Technisierung und mehr Effizienz. Dafür waren enorme Investitionen in die Landwirtschaft nötig, Mittel, die die Bauern nicht hatten. Also ersann die gerade erst entstandene Europäische Gemeinschaft staatliche Beihilfen, die Agrarsubventionen. Je mehr ein Bauer produzierte, desto reicher wurde er nun von Brüssel entlohnt. Das Geld schien gut angelegt, schließlich arbeitete jeder Vierte in der Landwirtschaft.

Die Produktivität schnellte in die Höhe, das ursprünglich gesetzte Ziel war bald erreicht. Während ein landwirtschaftlicher Betrieb 1950 etwa zehn Menschen ernährte, produziert er heute Lebensmittel für 133. Allerdings wurde der Wachstums- und Effizienzgedanke zu weit getrieben. Die Landwirtschaft wurde abhängig von Pestiziden und Kunstdünger, externe Kosten der Allgemeinheit aufgebürdet, Tiere überzüchtet. Die Subventionsmaschinerie setzte Fehlanreize und führte zu Überproduktion. Schon Ende der 1960er- und 1970er-Jahre entstanden Butterberge und Milchseen, Überschüsse an Obst und Gemüse, die einfach vernichtet wurden.

Ein halbes Jahrhundert später sieht die Inventur so aus: Nur noch knapp 2 Prozent aller Beschäftigten arbeiten in der Landwirtschaft. Die Milliardensubventionen werden immer noch mit der Gießkanne verteilt. Der Wachstumswahn geht weiter. Die Erzeugerpreise sind im Keller. Milch und Fleisch gibt es immer noch im Überfluss. Wir produzieren einen enormen Überschuss an Nahrungsmitteln, den wir exportieren oder der auf dem Müll landet, statt weniger und dafür wertvollere Produkte nachhaltiger anzubauen. Es ist allerhöchste Zeit, darüber zu reden, wie wir die Steuergelder besser einsetzen können.

Die Subventionen der Gemeinsamen Agrarpolitik (GAP)

Die Subventionen für die EU-weite Landwirtschaft machen rein zahlenmäßig 40 Prozent des gesamten EU-Haushaltsetats aus: ganze 58 Milliarden Euro. Und zwar Jahr für Jahr bis 2020. Hinter dem sperrigen Begriff GAP verstecken sich zwei kaum weniger sperrige Säulen:

Die erste Säule – der Europäische Garantiefonds für die Landwirtschaft (EGFL) – umfasst Direktzahlungen, die unabhängig von der tatsächlichen landwirtschaftlichen Produktion fließen. Landwirten soll dadurch ermöglicht werden, ihre Produktion flexibel an den Markt anzupassen. Auf diese Weise will die EU etwaige Standortnachteile ausgleichen und die Risiken durch sinkende Stützpreise beseitigen. Für Deutschland stehen rund 5 Milliarden Euro zur Verfügung. Die Zahlung von Flächenprämien wird nur in sehr geringem Maße an Umweltmaßnahmen, wie z.B. dem *Greening*, gekoppelt.

Die zweite Säule ist der Europäische Landwirtschaftsfonds für die ländliche Entwicklung (ELER). Aus diesem Topf will die EU die Entwicklung ländlicher Räume und deren nachhaltige, umweltschonende Bewirtschaftung fördern. Dazu zählen unter anderem Agrarumweltprogramme und die Förderung des ökologischen Landbaus; für diese Bereiche sind 30 Prozent der EU-Fördermittel vorgesehen. Insgesamt stehen Deutschland rund 1,3 Milliarden Euro zur Verfügung. Die Gelder fließen aber nur, wenn sie mit weiteren Mitteln der jeweiligen Mitgliedsstaaten wie Bund, Ländern und Kommunen kofinanziert werden. Diese Kofinanzierung hat den schönen Namen »Gemeinschaftsaufgabe zur Verbesserung der Agrarstruktur und des Küstenschutzes« oder kurz: GAK.

Wer hat, dem wird gegeben

Heute steht bei der Verteilung der Agrarsubventionen ein Kriterium zentral im Vordergrund: die Fläche. Wer hat, dem wird gegeben. Im Bundesdurchschnitt werden 344 Euro je Hektar gezahlt. Je mehr Hektar, also Land, ein Bauer hat, desto mehr Geld kriegt er. Warum Großgrundbesitzer Unmengen von Steuergeldern erhalten sollten, ist mir völlig unverständlich. Der größte Agrarkonzern Europas, KTG Agrar, der von Siegfried Hofreiter (nicht verwandt, nicht verschwägert) geleitet wird, besitzt 45.000 Hektar Land. Ein riesiger Konzern also. Trotzdem streicht KTG Agrar jährlich mehr als 10 Millionen Euro Steuergelder als Subventionen ein. Mit unserem Steuergeld kann der Konzern noch mehr Land anhäufen. Ich glaube nicht, dass ein solcher Großkonzern auf unserer Tasche liegen sollte.

Unterm Strich geht fast ein Viertel der Gelder an nur 1 Prozent der Betriebe, an die größten. Von den Agrarhilfen in Milliardenhöhe profitieren aber nicht nur landwirtschaftliche Betriebe. So bekam in der Vergangenheit etwa der Rüstungskonzern Rheinmetall über 10.000 Euro für einen Schießplatz, der 55 Quadratmeter groß ist; der Energiekonzern RWE erhielt 424.000 Euro und E.ON 102.000 Euro an Direktzahlungen, weil sie auf früheren Braunkohlegebieten Raps, Getreide oder Rüben anbauen.

Unter den Empfängern von Steuergeldern im sechsstelligen Bereich waren in den letzten Jahren auch Dumpingfleisch-Magnaten wie Tönnies und Vion. Warum Fleischmillionäre und Schweinebarone Steuergelder erhalten sollten, ist mir ein Rätsel.

Die Legitimität der Milliardensubventionen schwindet

Die Geldverteilung folgt altem Denken. Mehr ist nicht immer besser, diese simple wie richtige Erkenntnis hat sich nicht bis Brüssel verbreitet. Ich habe nichts gegen Subventionen, wenn sie den gesellschaftlich erwünschten und wirtschaftlich sinnvollen Zielen dienen. Aber weder industrielle Massentierhaltung noch Höfesterben sind solche Ziele. Deswegen liegt es in den Händen der Bundesregierung, das Geld der Steuerzahlerinnen und Steuerzahler sinnvoll, nachhaltig und rücksichtsvoll auszugeben. Tierschutz, Umweltschutz und Landschaftsschutz stärker zu honorieren und kleine und mittlere Betriebe zu stärken. Also genau das Gegenteil der bisherigen Praxis zu machen.

Es gibt auf Bundesebene die Möglichkeit, das zu ändern. Deutschland könnte die Subventionen bei einer Höchstsumme von 150.000 Euro kappen. Gerade einmal 1,5 Prozent der Betriebe wären davon betroffen – die größten. Die meisten Betriebe würden von einer gerechteren Umverteilung der Gelder profitieren – vor allem die kleinen und mittleren Betriebe. Das macht die Bundesregierung aber nicht, weil sie auf Seiten der Großgrundbesitzer, der Schweinebarone und der Geflügelfürsten steht. Das Gerede der CDU/CSU-Granden vom Wohle der bäuerlichen Landwirtschaft, dem man verpflichtet sei, steht im krassen Kontrast zum Höfesterben, zur Massentierhaltung und zur Umweltverschmutzung. Das ist so verlogen wie die Wiesenhof-Werbung. Da sieht man auch nur schöne Bilder von Bilderbuchbauernhöfen, aber es steckt Fleisch von gequälten Tieren drinnen.

Deutschland könnte zudem deutlich mehr Geld in die zweite Säule umschichten und den Ökolandbau, den Umwelt- und Tierschutz stärker fördern. Das passiert aber nicht. Der Großteil der Gelder wird weiter nach dem Gießkannenprinzip über die Fläche geschüttet, obgleich die derzeitige Gesetzgebung andere Möglichkeiten bieten würde. Agrarindustrielle Großbetriebe bekommen das meiste. Damit vertut die Bundesregierung eine entscheidende Chance, eine gerechtere und grünere Landwirtschaft zu unterstützen. Wir müssen das Geld von der ersten in die zweite Säule umverteilen, um den Tierschutz und den Umweltschutz zu stärken. Aber auch, um die kleinen und mittleren Betriebe, die oft von Familien bewirtschaftet werden, zu schützen. Und das können wir auch locker machen, indem wir die Förderung gerechter und sinnvoller gestalten. Doch leider blockiert das die Bundesregierung und die zuständigen Lobbyisten vom Bauernverband sehen dem Untergang Tausender kleiner Höfe tatenlos zu, weil sie letztlich nur für die Agroindustrie eintreten.

Bei den schlechten Ergebnissen der Landwirtschaftspolitik droht die Legitimität der enormen Mengen Steuergelder zu schwinden, die wir in die Landwirtschaft pumpen. Jeder Bürger bezahlt ja dafür. Schon jetzt sind die Agrarsubventionen sowohl in der Politik als auch bei Expertinnen und Experten ein riesiges Reizthema.

Der Sachverständigenrat für Umweltfragen zum Beispiel hält die Subventionen bereits seit Jahren für nicht mehr zeitgemäß und fordert eine Grundsatzdebatte. Und so mancher fragt sich heute, warum die Agroindustrie in Zeiten unterfinanzierter Bildungspolitik, Altersarmut und der hohen Jugendarbeitslosigkeit beispielsweise in Spanien oder Griechenland überhaupt so viel Steuergeld kassiert, während bäuerliche Betriebe aufgeben müssen.

Es gibt durchaus Möglichkeiten, dieses verkrustete System zu einem für jeden nachvollziehbaren und klugen Instrument umzubauen, von dem unsere ganze Gesellschaft profitiert – unsere Umwelt, die Tiere und die Bauern. Alle sieben Jahre wird schließlich auf EU-Ebene neu darüber verhandelt, wie das EU-Budget verteilt wird. Die jetzige Förderperiode läuft 2020 aus.

Doch der Kampf um eine gerechtere und sinnvollere Verwendung der Gelder wird nicht einfach. Nicht ohne Grund nennt die Zeitung »Die Welt« die Agroindustrie »Europas mächtigste Lobby«. Es ist offensichtlich: wer um so viel öffentliches Geld in einem so geregelten Markt streitet, der hat einen hohen Anreiz, aggressives Lobbying zu betreiben.

Europas mächtigste Lobby

Kaum eine Lobby in Deutschland und in Europa ist so einflussreich wie die Agrar- und Lebensmittellobby. Regelmäßig bremsen und verhindern die Lobbyverbände wichtige Verbesserungen für unsere Landwirtschaft und unsere Lebensmittel. Sie haben enormen Einfluss auf Entscheidungsträger in der Politik und damit auf die Gesetzgebung.

Die Expertinnen und Experten des wissenschaftlichen Beirats für Agrarpolitik, die Agrarminister Schmidt beraten, haben den Einfluss der Agrarlobby auf den Politikprozess in einem Gutachten entlarvt. Darin heißt es:

»*Das hohe Entrüstungspotenzial des Themas Tierschutz in den Medien trägt zu einem Politikmuster bei, bei dem politische Entscheidungsträger auf den Druck der Öffentlichkeit mit gesetzlichen Standards reagieren, diese dann aber unter dem Druck gut organisierter Interessen der Tierhalter mit weitreichenden Ausnahmegenehmigungen wieder abschwächen bzw. deren Umsetzung nicht ausreichend unterstützen.*«

Wer sonst außer Bundesminister Schmidt und seine Unionskollegen können mit »den politischen Entscheidungsträgern« gemeint sein? Die Kritik, dass die Agrarminister der Union der Agroindustrie schon immer näherstanden als den Verbraucherinnen und Verbrauchern und den Bäuerinnen und Bauern, gibt es schon lange. Doch besonders brisant ist, dass nun ausgerechnet jene Wissenschaftlerinnen und Wissenschaftler, die Minister Schmidt und sein Ministerium beraten, ihm vorwerfen, vor der Lobby bei Tierschutzfragen einzuknicken. Und zwar systematisch.

Ein Beispiel für erfolgreiches Lobbying ist die letzte gescheiterte Reform für eine gerechtere und ökologischere Verteilung der europäischen Milliardensubventionen. Der damalige EU-Agrarkommissar Dacian Cioloș warb 2010 für eine Reform, die die europäische Agrarpolitik »umweltfreundlicher, gerechter, effizienter und wirkungsvoller« gestalten sollte. Unter anderem plante er eine Umverteilung der Subventionen zugunsten kleinerer Betriebe und die Förderung von Umwelt- und Naturschutzmaßnahmen.

Doch er hatte nicht damit gerechnet, wie einflussreich die Agrolobby u. a. um den Deutschen Bauernverband ist. Der Verband klagte, man könne den deutschen Bauern nicht zumuten, weitere Auflagen zu erfüllen. Auffallend ähnlich argumentierte auch die damalige Landwirtschaftsministerin Ilse Aigner. Sie kritisierte, die Reform würde unnötig mehr Bürokratie bedeuten. Mehr Bürokratie – das ist ein Klassiker im Lobbyistensprech. Am Ende sprach Aigner sogar davon, die Reform würde mit der Existenz der Bäuerinnen und Bauern spielen. Dabei ging es wohlgemerkt um eine Umverteilung der Gelder, von der vor allem kleinere Betriebe profitiert hätten.

Laut einer Umfrage der Naturschutzorganisation WWF im Jahr 2013 wollen knapp 80 Prozent der Europäer, dass die Subventionszahlungen an eine nachhaltige Landwirtschaft und ländliche Entwicklung gekoppelt werden. 90 Prozent ist es wichtig bis sehr wichtig, dass sich Landwirte im Gegenzug für die staatlichen Hilfen um die Sicherheit und den Gesundheitswert landwirtschaftlicher Produkte kümmern, Verbesserungen im Umweltschutz erreicht werden und Dorfgemeinden belebt werden.

Am Ende konnte die Agrolobby erfolgreich ihre Interessen gegen das Wohl der Allgemeinheit durchsetzen. Die Reformpläne von Kommissar Cioloș wurden bis zur Unkenntlichkeit eingedampft. Die Interessen der agroindustriellen Lobbyklientel blieben weitgehend unberührt. Die Verlierer sind zahlreich: die Beschäftigten in den kleinen und mittleren Betrieben, die Umwelt, die Tiere und letztlich die Steuerzahler und Verbraucher.

Ein weiteres Beispiel für die Macht der Agro- und Lebensmittellobby ist die Abwehrschlacht gegen mehr Transparenz. Als nach etlichen Lebensmittel- und Fleischskandalen vor zwei Jahren der Ruf nach klaren Kennzeichnungen und vernünftigen Lebensmittelinformationen immer lauter wurde, taten die milliardenschweren Lobbygruppen um Nestlé, Südzucker und Co. alles, um dies zu verhindern.

Rund 1 Milliarde Euro investierte die Lebensmittellobby nach Schätzungen von Experten der in Brüssel ansässigen Organisation *Corporate Europe Observatory* in den Kampf gegen Lebensmittelklarheit. Mit Erfolg. Eine einfache und klare Kennzeichnung wie beispielsweise die Lebensmittelampel, eine einfache dreistufige Nährstoffangabe, gibt es bis heute nicht.

Ein ungleicher Kampf

Wer begreifen will, warum politische Entscheidungen, die den Menschen und dem Planeten nützen, oft nur sehr schwer durchzusetzen sind und manchmal scheitern, muss einen Blick in die Hinterzimmer der Macht werfen.

Nehmen wir Brüssel, der Hauptsitz der europäischen Institutionen. Lobbykontrollorganisationen schätzen, dass etwa 20.000 Lobbyisten versuchen, hier Einfluss auf die Politik zu nehmen. Auch in Berlin sind mindestens 5000 Lobbyisten unterwegs. Die genaue Zahl ist unklar, da es immer noch kein verbindliches Transparenzregister gibt, in das sich die Lobbyisten eintragen müssen.

Ich halte Interessenvertretung nicht per se für etwas Schlechtes. Es gehört zum Grundverständnis einer pluralen Demokratie, dass sich Menschen zusammenschließen können, um ihre Interessen zu artikulieren. Doch ein Problem wird daraus, wenn es völlig intransparent zugeht und bestimmte Interessen deutlich überrepräsentiert sind.

Und das ist in Brüssel wie in Berlin der Fall. In Brüssel arbeiten Schätzungen zufolge rund 70 Prozent der Lobbyisten im Auftrag der Industrie. Nur 8 bis 10 Prozent arbeiten für NGOs wie den BUND, Amnesty International, Oxfam oder Brot für die Welt – der Rest für Mitgliedstaaten und Bundesländer.

Dazu kommt, dass NGOs und Verbraucherschützer bei Weitem nicht die gleichen personellen und finanziellen Ressourcen haben wie Industrieverbände und Konzerne. Ein ungleicher Kampf.

Wie Lobbyorganisationen arbeiten

Wie arbeiten die Lobbyisten in Brüssel und Berlin? Es gibt die eher klassische Form der Einflussnahme durch Hintergrundgespräche, parlamentarische Frühstücke, Lunch Debates und das Zusenden von Stellungnahmen und Bewertungen zu aktuellen politischen Fragestellungen. Das meiste davon ist zwar nicht unbedingt trivial, aber eher unspektakulär. Stellungnahmen gehören zum politischen Prozess dazu. Als Abgeordneter kann ich mich immer noch entscheiden, was ich durchlese und was in den

Papierkorb wandert. Aber das ist auch nicht das eigentlich Kritische.

Lobbyorganisationen geben vor, bürgernah zu sein

Manche Interessensvertreter sind weitaus kreativer. Sie bilden Scheinorganisationen und geben vor, bürgernah zu sein. Ein Beispiel ist nach Informationen der lobbykritischen NGO Corporate Europe Observatory (CEO) die »Alliance for Food Transparency«. Bei dem Namen würde man annehmen, sie stehen für Transparenz, für Verbraucherschutz. Im Gegenteil. Hinter dem Namen versteckt sich die Lebensmittellobby – gekämpft wird gegen Lebensmittelklarheit. Einem Report der NGO CEO zufolge hat die Lebensmittellobby insgesamt rund 1 Milliarde Euro ausgegeben, um gegen verbraucherfreundliche Regeln wie zum Beispiel die Lebensmittelampel zu kämpfen.

Als weiteres Beispiel ist das »Farmers Biotech Network«, dessen Name eine Organisation von Bäuerinnen und Bauern suggeriert. Auch hier trügt der Schein. Dahinter steckt die Gentechnik-Industrie, die Stimmung für Genfood machen will.

Die Gentech-Lobby wiederum nennt sich in Brüssel »EuropaBio« – was eher nach einem Ökoverband als dem Dachverband für Biotechnologie-Gentech-Konzerne klingt. Der Bauernverband fährt eine ähnliche Vernebelungsstrategie. Anders als der Name suggeriert, steht der Verband längst nicht mehr für die Interessen der einfachen Bauern, sondern die der Großagrarindustrie.

Entscheidungen und Gesetze werden beeinflusst

Die Grenze zwischen Beratung und Beeinflussung ist schmal bei Lobbyisten. Ein Beispiel: Das Bundesinstitut für Risikobewertung, das unter anderem für die Risikobewertung von Pestiziden wie Glyphosat zuständig ist, hat sich in seiner Bewertung des Ackergifts stärker auf Industriestudien verlassen als auf unabhängige Wissenschaftler. Trotz der Warnung durch die Weltgesundheitsorganisation, dass Glyphosat wahrscheinlich krebserregend sei, hat das Bundesamt nicht alle relevanten Studien in die Bewertung des Ackergifts einbezogen. Recherchen der Süddeutschen Zeitung zufolge flossen stattdessen Leserbriefe von Monsanto-Mitarbeitern an eine Fachzeitschrift in die Risikobewertung ein. Monsanto ist der weltweit größte Glyphosat-Hersteller. Natürlich bewerben sie ihre eigenen Ackergifte als ungefährlich. Das sollte die Behörden doch mindestens misstrauisch machen. Schließlich geht es bei einer Risikoprüfung nicht um die Profite von Konzernen, sondern den Schutz der Bevölkerung.

Es war deshalb ein Fehler der Europäischen Lebensmittelsicherheitsbehörde EFSA, die auf EU-Ebene unter anderem für die Risikobewertung von Lebensmitteln und Pestiziden zuständig ist, der industrienahen Vorarbeit des Bundesinstituts zu folgen. Kritik daran gibt es nicht nur von uns Grünen und zahlreichen Umweltverbänden, auch rund 100 internationale Wissenschaftlerinnen und Wissenschaftler kritisierten das Vorgehen in einem offenen Brief.

Die EFSA steht nicht zum ersten Mal in der Kritik wegen ihrer Nähe zur Lebensmittelindustrie. Die lobbykritische NGO Corporate Europe Observatory zeigte bereits vor einigen Jahren in einem Report die auffällige Nähe von Mitarbeitern der Behörde zur Lebensmittelindustrie auf. Im Jahr

2012 kam es dann zum Eklat, als die EU-Kommission die ehemalige Monsanto-Mitarbeiterin Mella Frewen als neue Chefin der eigentlich unabhängigen Behörde vorgeschlagen hat. Ein Manöver, das nach lautem Protest von Grünen und Umwelt-NGOs am Ende gestoppt werden konnte.

Die Beispiele zeigen: Konzerne und Wirtschaftsverbände haben großen Einfluss auf die Politik und damit wichtige Entscheidungen, die uns alle betreffen.

Der Arm mancher Lobbyisten reicht bis auf den Schreibtisch der Gesetzesschreiber. Auch im Fall der Lebensmittelindustrie gibt es Hinweise darauf, dass einzelne Passagen bis hin zu ganzen Gesetzestexten aus der Feder von Lobbyisten stammen. Ich finde es akzeptabel und in einigen Fällen durchaus sinnvoll, wenn man Gesetzesentwürfe mit Stakeholdern berät, die berechtigte Interessen am Ergebnis eines vernünftigen Prozesses haben, um unbeabsichtigte Verwerfungen zu vermeiden. Aber dass Konzerne zur Legislative werden – das geht zu weit.

Der lange Arm der Agroindustrie in die Politik

Überschneidungen zwischen Politik und Agroindustrie treten erschreckend häufig auf. Gewisse Interessenkonflikte sind dabei nicht auszuschließen. Die Agrarlobbyisten sind stark – auch im Deutschen Bundestag.

Zum Beispiel Johannes Röring, CDU-Abgeordneter und Mitglied im Agrarausschuss. Er ist nicht nur der Parlamentarier mit dem dritthöchsten Brutto-Nebeneinkommen, das Abgeordnetenwatch auf mindestens 862.000 Euro beziffert. Er ist auch Funktionär in diversen Agrarunternehmen wie Agravis Raiffeisen, das zu den größten Agrarhandelsunternehmen Norddeutschlands zählt.

Das CDU-Mitglied Johannes Röring ist außerdem Vorsitzender des Aufsichtsrates beim Bundesmarktverband für Vieh und Fleisch und für das gleiche Thema auch beim Deutschen Bauernverband zuständig. Und zwar als Vorsitzender des Fachausschusses Schweinefleisch. Der Bauernverband sitzt also für eine Regierungsfraktion mit im Agrarausschuss.

Die Agroindustrie und speziell der Bauernverband hatten stets einen guten Draht zur Politik – vor allem zu Politikern der Union. Die Union ist übrigens auch die einzige Fraktion, die sich lange gegen ein transparentes Lobbyregister gesperrt hat – wohl auch, weil sie mit Abstand die meisten Lobbyistenkontakte hat.

Einige Unionsabgeordnete sind gleich in mehreren Funktionen unterwegs, zum Beispiel der Unionsabgeordnete Franz-Josef Holzenkamp. Der agrarpolitische Sprecher der Unionsfraktion sitzt nicht nur im Agrarausschuss, er ist außerdem Aufsichtsratsvorsitzender des Agrarhandelsunternehmens AGRAVIS Raiffeisen und Aufsichtsratsmitglied beim Landwirtschaftlichen Versicherungsverein LVM. AGRAVIS handelt unter anderem mit Dünger, Pestiziden und Futtermitteln. Bis 2013 war Franz-Josef Holzenkamp außerdem Vizepräsident vom niedersächsischen Landvolk (Landesbauernverband e.V.).

Ein weiterer Politiker mit Verbindungen zur Agroindustrie ist der CDU-Abgeordnete Norbert Schindler. Er ist Vorsitzender des Bundesverbandes der Bioethanolwirtschaft und war bis letztes Jahr Vizepräsident des Bauernverbandes. Zudem sitzt er in mehreren Aufsichtsräten, unter anderem von CropEnergies und Süddeutsche Zuckerverwertungsgenossenschaft SZVG, Mannheim. Lobbycontrol kritisiert, dass er im Bundestag die Vorzüge von Bioethanol vollkommen unkritisch gepriesen hat.

Auch der Landtagsabgeordnete Udo Folgart macht einen Spagat zwischen den Stühlen von Politik und Wirtschaft. Als Frank-Walter Steinmeier Kanzler werden wollte, holte er Folgart in sein Kompetenzteam als Berater für Landwirtschaft. Heute sitzt er für die SPD im Brandenburgischen Landtag und – er ist Vizepräsident des Bauernverbandes.

Wen der Bauernverband eigentlich vertritt

Der Deutsche Bauernverband (DBV) vertritt nach eigenen Angaben die Interessen seiner fast 300.000 Mitglieder und nennt sich selbst »Anwalt und Sprachrohr der deutschen Bauernfamilien«. Doch steht der Bauernverband eigentlich noch für diese Bäuerinnen und Bauern? Setzt er sich tatsächlich für die Ziele der vielen kleinen und mittelständischen Betriebe ein? Wer ein bisschen genauer hinschaut, bekommt durchaus Zweifel.

Mitglieder des Bauernverbandes sind nicht nur Bauernfamilien. Zu den 43 assoziierten Mitgliedern gehören auch diverse Verbände, die zur Agroindustrie zählen, darunter auch Teile der Fleisch- und Milchindustrie. So sind unter anderem der Zentralverband der Deutschen Geflügelwirtschaft, der Bundesverband Deutscher Saatguterzeuger, der Bundesverband der Kälbermäster und der Milchindustrie-Verband und 39 weitere Verbände und Organisationen assoziierte Mitglieder des Bauernverbandes. »Sie wirken an der inhaltlichen Arbeit des DBV mit«, heißt es ganz offiziell auf der Homepage des Bauernverbandes. Und auch zahlreiche Diskussionen mit vielen Bäuerinnen und Bauern haben mich überzeugt, dass der Bauernverband nicht ihre Interessen vertritt. Der Verband hat eine gewisse Service-

und Dienstleistungsfunktion. Man könnte ihn als so etwas wie den ADAC der Landwirte bezeichnen. Deswegen sind auch so viele Bäuerinnen und Bauern Mitglieder. Es ist einfach sehr praktisch dort Mitglied zu sein. Aber politisch steht der Verband an der Seite der Großagroindustrie.

Ein Beispiel: Der Bauernverband sperrt sich gegen eine Deckelung und gerechtere Umverteilung der Direktzahlungen. Eine Deckelung bei 150.000 Euro würde lediglich 1,5 Prozent der Betriebe treffen, nämlich die größten.

Alle anderen würden profitieren, vor allem die kleinen und mittleren Betriebe – der Großteil der Mitglieder des DBV. Aber dagegen sperrt sich der Bauernverband.

Trotz der schon länger anhaltenden Preiskrise und der sehr ernsten wirtschaftlichen Lage, in die die Bäuerinnen und Bauern hineinmanövriert wurden, ändert der Bauernverband seine Strategie nicht. Der DBV setzt weiter alles auf die Karte Export und Wachstum und treibt die Bäuerinnen und Bauern damit in eine ruinöse Sackgasse. Den Wettbewerb am Weltmarkt zu Weltmarktpreisen können die bäuerlichen Betriebe einfach nicht gewinnen, die Weltmarktpreise sind ruinös. Die Märkte in Russland, der Ukraine und Asien halten nicht, was sie versprechen. Die einseitige Exportorientierung ist gescheitert. Ein kluges Umsteuern, eine neue Strategie ist nötig. Eine Strategie, die auf Konsolidierung, auf Regionalität, auf Qualität und Ökologisierung setzt.

Mehr Export, das nützt nur der Agroindustrie und schadet der Umwelt und viel zu häufig auch den lokalen Märkten in den Importländern.

Wie sich der Bauernverband die Zukunft der Landwirtschaft vorstellt, wird unter anderem im »Forum Moderne Landwirtschaft« diskutiert, in dem der Bauernpräsident Joachim Rukwied Vorstandsmitglied ist. Aber mit wem diskutiert der sogenannte Bauernverband dort über die Zukunft der noch größtenteils familienbetriebenen Landwirtschaft? Unter anderem mit Vertretern von Monsanto, Raiffeisen, Bayer CropScience, BASF, Syngenta, dem Industrieverband Agrar, dem Zentralverband der Deutschen Geflügelwirtschaft, dem Zentralverband der Deutschen Schweineproduktion und dem Lobbyverband der Tierarzneimittel, dem Bundesverband für Tiergesundheit. Die Zukunft der vielen kleinen und mittleren Familienbetriebe ist klar: Sie haben keine. Der Bauernverband hat ihre Interessen längst aus den Augen verloren.

Der Bauernverband steht nicht nur für eine industrielle Landwirtschaft und das Prinzip »Wachse oder weiche« – er blockiert auch wichtige Innovationen für eine wirklich zukunftsfähige Landwirtschaft.

Obwohl die wirtschaftliche Situation auf dem Ökomarkt deutlich besser ist und die Landwirte hier mehr verdienen, rät der Bauernverband seinen Mitgliedern nicht zum Umstellen.

Der Bauernverband hat sich gegen die 2004 unter der grünen Verbraucherministerin Renate Künast eingeführte Eierkennzeichung gestellt. Erst durch die Kennzeichnung haben Verbraucherinnen und Verbraucher die Wahl, ob sie Eier aus tierquälerischer Käfighaltung kaufen wollen oder lieber solche, bei denen die Legehennen bessere Haltungsbedingungen haben. Nun sperrt sich der Bauernverband gegen eine einfache und klare Fleischkennzeichnung, die jenen Betrieben nützt, die mit mehr Tierschutz arbeiten.

Dass der Bauernverband schon lange nicht mehr die Interessen der vielen kleinen und mittleren Betriebe vertritt, haben auch zahlreiche Bäuerinnen und Bauern gemerkt. In den letzten 20 Jahren ging die Mitgliederzahl um 100.000 auf 300.000 zurück. Daran ist nicht nur das Höfesterben schuld, sondern auch der wachsende Unmut derer, die sich nicht gut vertreten fühlen.

Das fing mit der 1980 gegründeten *Arbeitsgemeinschaft bäuerliche Landwirtschaft* (AbL) an. Vielen kleinen und mittleren Betriebe, die sich vom Wachstumswahn abwandten, war klar, dass es kein Weiter-so geben kann. Ihre Anliegen sahen sie vom Bauernverband nicht mehr vertreten. Das gilt auch für den 1998 gegründeten *Bundesverband deutscher Milchviehhalter*, in dem sich viele Milchbetriebe zusammengeschlossen haben, um für eine fairere Milchpolitik zu streiten.

Es ist schon verwunderlich. Man sollte meinen, ein Interessensverband steht dafür, die Wirtschaftsgrundlage seiner Mitglieder zu erhalten und zu verbessern. Doch dazu wäre ein Umdenken beim Bauernverband nötig. Und die Bereitschaft, die Landwirtschaft und vor allem die Tierhaltung zukunftsfähig umzugestalten. Der Bauernverband distanziert sich jedoch noch lange nicht ausreichend von schwarzen Schafen wie Adriaan Straathof, einem wegen Tierschutzvergehen verurteilten Schweinebaron. Damit riskiert der Bauernverband den Ruf einer ganzen Branche.

Er verkauft und verrät die bäuerlichen Familien an die Interessen der Agroindustrie. Er verrät das, was den Bauernstand seit Jahrhunderten auszeichnet: in Generationen denken und weniger an kurzfristigen Profit. Stattdessen hat der Bauernverband mit seinen engen Kontakten in die Politik die Bäuerinnen und Bauern mit einer völlig verfehlten Agrarpolitik in eine prekäre Lage manövriert.

Der enorme Einfluss der Agro- und Lebensmittellobby auf die Politik, insbesondere die Politiker der Union, ist unverhältnismäßig und für die Art und Weise, wie wir Lebensmittel erzeugen, ein großes Problem. Auch weil derzeit über sehr weitreichende Abkommen verhandelt wird, die unmittelbaren Einfluss haben auf die Qualität unserer Lebensmittel, unseren Verbraucherschutz und die Zukunft unserer Landwirtschaft: die geplanten Freihandelsabkommen TTIP und CETA. Und auch hier ist die Agro- und Lebensmittellobby aktiv wie keine zweite.

TTIP und CETA

Es geht um die Wurst

Zurzeit verhandelt die EU-Kommission das Handelsabkommen TTIP mit den USA, kürzlich abgeschlossen wurde CETA, ein ähnliches Abkommen mit Kanada, das aber ebenfalls noch nicht in Kraft ist. TTIP, CETA – beide Abkommen werden unseren Alltag verändern, denn es geht bei ihnen um viel mehr als nur um freien Handel. Dumping bei Umweltschutz- und Verbraucherstandards, Streitschlichtung zwischen Staaten und Investoren in Hinterzimmern und vieles mehr drohen unsere Lebensqualität anzugreifen – im Tausch für ein vages Wachstumsversprechen.

Mit dem Transatlantic Trade and Investment Partnership (auf deutsch: Transatlantische Handels- und Investitionspartnerschaft) wollen die EU und die Vereinigten Staaten von Amerika einen einheitlichen Wirtschaftsraum für rund 800 Millionen Verbraucherinnen und Verbraucher schaffen. Schon heute verbindet beide Partner ein intensiver Warenaustausch in Höhe von jährlich 500 Milliarden Euro, gemeinsam stehen sie für ein Drittel des weltweiten Handels.

Ich halte diese Abkommen für falsch. Warum? Weil sie drohen, unseren Verbraucherschutz, unseren Umweltschutz und unseren demokratischen Rechtsstaat zu beschneiden. Und: Die Abkommen würden unsere Landwirtschaft in eine

Richtung treiben, die wir weder als Verbraucher noch als Bauern gutheißen können.

Ich will keine Landwirtschaft, die immer weiter globalisiert und industrialisiert wird. Sollen wir unseren Markt öffnen für eine Agrarindustrie, die nach ganz anderen Regeln funktioniert? Wo Genfood längst fester Bestandteil ist und noch nicht einmal gelabelt wird? Sollen wir unsere heimischen Bäuerinnen und Bauern in den Wettbewerb schicken gegen amerikanische Landwirte, deren Höfe im Schnitt drei Mal so groß sind wie in Deutschland? Die Tierhaltung in den USA ist noch stärker industrialisiert als in Detuschland. In den USA werden 60 Prozent der Schweine von Unternehmen mit mehr als 50.000 Tieren gehalten.

TTIP und CETA würden die bäuerliche Landwirtschaft massiv unter Druck setzen. Welche Strukturen setzen sich am Ende durch, wenn man diesen Wettbewerb entfesselt und an den Standards schraubt? Dafür muss man kein Hellseher sein.

Und nicht nur ich habe meine Zweifel bei TTIP und CETA. Im vergangenen Herbst waren mehr als 250.000 Menschen in Berlin auf der Straße, um gegen TTIP und CETA und für einen fairen Handel zu demonstrieren. Es war eine der größten Demonstrationen, die es seit Jahren in Deutschland gegeben hat. Selten habe ich eine Demo erlebt, die von einem so breiten Bündnis getragen wurde. Grüne und Linke, Gewerkschaften, Umwelt- und Sozialverbände, Entwicklungsorganisationen und viele andere mehr hatten dazu aufgerufen, weil sie sich Sorgen machen um die Demokratie und um eine lebenswerte Zukunft. Wir sind gemeinsam für eine faire Globalisierung, für einen fairen Welthandel, der den Menschen nützt, auf die Straße gegangen. Und für eine Zukunft, die nicht dem Primat der entfesselten Märkte freien Lauf lässt.

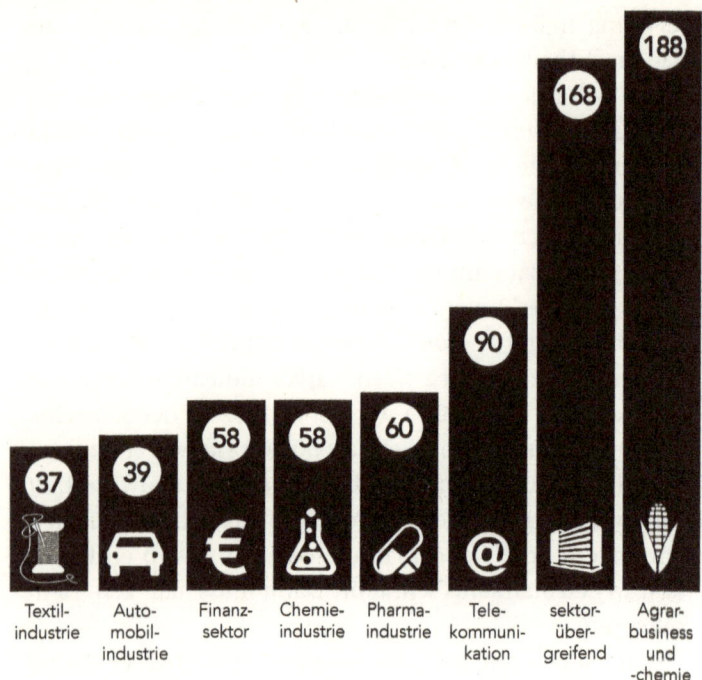

Wirtschaftssektoren, die am meisten für TIPP lobbyieren

Und die Menschen demonstrieren nicht nur auf der Straße. Eine europaweite Petition gegen TTIP und CETA haben mehr als 3 Millionen Menschen unterschrieben. Ein starkes Signal!

Grund zur Sorge bereitet, dass bei den Verhandlungen um die Freihandelsabkommen die Lobby der Agro- und Lebensmittelindustrie ein Dauerfeuerwerk abbrennt, um für ihre Interessen zu streiten. Mit Millionensummen im Rücken ist sie den Umwelt- und Verbraucherschutz-NGOs haushoch überlegen. Die lobbykritische Organisation Corporate Europe Observatory hat Daten veröffentlicht, die zeigen, welche Lobbyisten massiv versuchen, Einfluss zu nehmen.

Die Agrar- und Lebensmittellobby betreibt, mit Abstand das meiste Lobbying – noch weit vor Automobil- und Pharmaindustrie. Eine offene Demokratie lebt vom Interessenausgleich. Das klappt aber nur, wenn auch alle Interessen gehört werden. Und da hält die EU-Kommission die Tür für die Industrielobbyisten ganz weit auf, den anderen bleibt nicht mehr als ein schmaler Spalt, um Zugang zu den Entscheidern zu bekommen. Fair Play sieht anders aus.

Industrieinteressen sind stark überrepräsentiert. Von 597 Hinterzimmertreffen fanden ganze 88 Prozent mit Konzernlobbygruppen statt. Nur 9 Prozent der Treffen fanden mit gemeinnützigen Organisationen und Verbraucherschützern statt.

Dazu kommt, dass wir Parlamentarier des Bundestags – als gewählte Volksvertreter die Legislative der Bundesrepublik Deutschland – bis Anfang dieses Jahres keinen Einblick in die Verhandlungsdokumente hatten. Zwar gibt es nun einen Hochsicherheitsraum im Bundeswirtschaftsministerium, in dem Abgeordnete die Verhandlungstexte lesen können. Doch was Minister Gabriel als Transparenz verkauft ist nichts als eine Farce. Ich war dort und habe mir einen Teil der Texte angeschaut. Vieles was dort drinsteht ist brisant. Doch ich darf Ihnen – den Wählerinnen und Wählern – darüber nichts sagen. Sonst drohen mir bis zu drei Jahre Gefängnis und die Schließung des Leseraums. So kann keine öffentliche Debatte über die Abkommen entstehen.

Landwirtschaft und Verbraucherschutz dürfen keine Verhandlungsmasse sein

Und die brauchen wir dringend. Denn was wir bisher aus den Verhandlungen hören und aus geleakten Texten wissen, lässt einem die Haare zu Berge stehen. Ich will hier nur die wichtigsten Punkte nennen:

Stichwort Verbraucherschutz

Im Western wird erst geschossen, dann gefragt. Ein ähnliches Prinzip gilt bei der Zulassung von Lebensmittelinhaltsstoffen in den Vereinigten Staaten: erst mal alles rein und dann sehen, ob's schädlich ist. In Europa verfolgen wir zum Schutz der Verbraucherinnen und Verbraucher genau das umgekehrte Prinzip: Ein Produkt muss sicher sein, bevor es überhaupt verkauft werden darf. Wie soll da ein Kompromiss gefunden werden, ohne dass beide Seiten von ihren Standards abrücken? Das bedeutet aber für die EU-Bürgerinnen und -Bürger weniger Verbraucherschutz als bisher.

Stichwort Kennzeichnung

In den USA müssen gentechnisch veränderte Lebensmittel nicht deklariert werden, in der EU schon – obgleich es auch in der EU noch Kennzeichnungslücken gibt, die geschlossen werden müssen. Anders als die USA verlangt die EU aus guten Gründen auch, dass Babynahrung absolut frei von Pestizidrückständen sein muss. Lautet ein Kompromiss: okay, ein bisschen Pestizide im Babybrei sind in Ordnung? Das kann doch nicht sein!

Stichwort Tierschutz

Sowohl in den USA als auch in Kanada werden Tiere geklont. Der allergrößte Teil von ihnen stirbt aufgrund von Organschäden oder Beeinträchtigung ihres Immunsystems schon im Mutterleib oder kurz nach der Geburt. Beim Klonen von Tieren geht es natürlich auch um Patente auf konstruierte Geschöpfe – ein weiterer Auswuchs eines rein profitorientierten Konzernsystems, dem das Elend und die Qual der Tiere egal ist. Anders als drei Viertel der europäischen Bürgerinnen und Bürger, die laut einer Umfrage der EU-Kommission gegen Klonfleisch sind. Wer garantiert, dass nicht irgendwann das Fleisch von Klonnachkommen auf unseren Tellern landet – und dass wir vor allem darüber gar nicht mehr entscheiden können? Ähnlich ist es mit Hormonfleisch. Wachstumsbeschleuniger sind in den USA bei Schweinen und Rindern zugelassen. Weder Klon- noch Hormonfleisch haben was auf unserem Teller zu suchen.

Stichwort Demokratie

Noch etwas anderes lässt die Konzerne jubeln: die sogenannte *regulatorische Kooperation*. Dabei werden Gesetzesvorhaben dem transatlantischen Rat zur regulatorischen Kooperation, kurz RCC, vorgelegt, bevor sie überhaupt in die nationalen Parlamente gelangen. Dieser Rat aus Regierungsvertretern und Lobbyisten kann auf die Gesetzgebung des Partnerlandes einwirken. Der Rat könnte beispielsweise Verbesserungen beim Tierschutz schon im Vorfeld als neues »Handelshemmnis« stoppen – und damit die notwendige und von der Mehrheit der Deutschen gewollte Veränderung torpedieren. Jede Verbesserung, die wir hier anstreben, würde dann erst mal auf dem Prüfstand der Konzerne stehen – adé Verbraucherschutz, adieu Tierschutz, goodbye Umweltschutz.

TTIP und CETA enthalten noch mehr krude Ideen, die nicht nur verbraucherpolitisch brisant sind, sondern auch unsere Demokratie untergraben.

Ein solches Instrument ist der Investorenschutz mit seinen Investor-Staat-Klagen. Das heißt: Wenn einem Unternehmen bestimmte Regeln und Vorschriften im Partnerland nicht passen, weil sie erwartete Profite schmälern würden, kann er dagegen klagen. Nicht etwa vor dem Bundesverwaltungsgericht oder dem Europäischen Gerichtshof, sondern vor internationalen Schiedsgerichten, die ihren Namen nicht verdienen, weil sie normalerweise aus drei von den Streitparteien ernannten Privatpersonen bestehen, die dazu auch noch geheim tagen. Mit anderen Worten: Bei dieser Praxis wird im Hinterzimmer darüber gerichtet, ob demokratisch verfasste Gesetze den Gewinninteressen der Unternehmen entgegenstehen. Dann kann es durchaus passieren, dass Bürgerinnen und Bürger mit ihren Steuergeldern Millionen und Milliarden als Schadensersatz zahlen müssen.

Solche Fälle gibt es bei anderen Handelsabkommen bereits: Der US-Tabakkonzern Philip Morris verklagte Uruguay wegen Gesundheitsschutzmaßnahmen im Bereich der Zigarettenindustrie auf Schadensersatz in Millionenhöhe. Oder Vattenfall: Der schwedische Stromerzeuger hat Hamburg und die Bundesrepublik Deutschland auf Milliardensummen verklagt – wegen des Atomausstiegs.

Genauso könnte in Zukunft etwa Monsanto unsere europäischen Regeln zur Gentechnik als ebensolches Hemmnis beklagen. Es drohen uns Steuerzahlerinnen und Steuerzahlern Milliardenrisiken. Wenn ich ein Risiko eingehe, muss auf der anderen Seite auch eine Chance stehen. Die sehe ich hier nicht, denn die Chancen liegen bei den internationalen Konzernen, die von noch mehr Freihandel profitieren würden, und ihren Aktionärinnen und Aktionären. Die Risiken lägen aber bei uns allen. Ein schlechtes Geschäft, finden Sie nicht?

Die deutsche Bundesregierung hat das ökonomische und politische Gewicht, bei diesen entscheidenden Verhandlungen über unsere Zukunft ein gewichtiges Wort mitzureden. Aber was macht sie? Sie nimmt diese Klagemöglichkeit der Konzerne einfach so hin und signalisiert in Debatten maximal verbale Aufgeschlossenheit bei weitgehender Verhaltensstarre.

Schon jetzt scheint die Bundesregierung im vorauseilenden Gehorsam Verbesserungen beim Verbraucherschutz zu kassieren. Obwohl die absolute Mehrheit der Verbraucherinnen und Verbraucher sowie der Bäuerinnen und Bauern Gentechnik nicht auf ihrem Teller und Acker haben will, hat Bundeslandwirtschaftsminister Christian Schmidt (CSU) die Kennzeichnungspflicht für Produkte von Tieren, die mit Gentechnik gefüttert wurden, vom Tisch gewischt. Und die EU-Kommission hat erst im April 2015 die Einfuhr von 19 gentechnisch veränderten Pflanzen erlaubt. Mittlerweile dürfen somit an die 70 Gentech-Pflanzen beispielsweise als Futtermittel eingeführt werden.

Mal abgesehen davon, ob es wirklich sinnvoll ist, wenn zwei Hightech-Standorte mit Hühnchen handeln (wo genau ist da der komparative Vorteil?) bleiben doch unterm Strich deutlich mehr Nachteile als Vorteile.

Technische Handelshemmnisse können ebenso wie die restlichen Zölle schon jetzt wunderbar und mit bewährten Verfahren abgebaut werden. Vor allem TTIP ist zu einem

Symbol geworden für die transatlantische Partnerschaft. Ja, die können wir von mir aus stärken, aber warum dann nicht mit einem Abkommen gegen Steuertricksereien, für mehr Klimaschutz oder für faire Löhne und Arbeitsbedingungen? Internationale Abkommen sollen reale Probleme lösen. Das mangelnde Handelsvolumen zwischen der EU und den USA ist sicher kein solches Problem.

Fairer Handel statt Hinterzimmerdeals

Für mich kann all das nur eine Konsequenz haben: Wir brauchen faire Handelsabkommen, die den Menschen nützen und nicht den Konzernen. Das Einfachste und Sinnvollste wäre, den Bereich Landwirtschaft und Ernährung komplett aus den Verhandlungen herauszunehmen. Ich will, dass unsere Lebensmittel besser werden. Ich will, dass unsere Landwirtschaft besser wird. Das wird mit TTIP und CETA nicht passieren. Unser Verbraucherschutz, unsere Landwirtschaft dürfen keine Verhandlungsmasse sein.

Ich halte es weder für sinnvoll noch richtig, dass unsere Landwirtschaft sich immer mehr den Regeln des Weltmarktes beugt. Landwirtschaft ist etwas stark Regionales. Etwas Hier-Bezogenes, etwas Bodenständiges. Etwas, wo regionale Kreisläufe einen Sinn machen und wichtig sind. Wir brauchen keinen weiteren Anschub der Dumpingproduktion.

Ich glaube, die Analyse ist klar: Eine verfehlte Agrarpolitik hat die Landwirtschaft in Deutschland in die Sackgasse manövriert. Es gibt nicht nur massive Defizite beim Tierschutz, beim Umweltschutz und internationale Verwerfungen. Auch viele Bäuerinnen und Bauern stehen mit dem Rücken zur Wand wie das Höfesterben und die Preiskrise zeigen. Die massiven Systemfehler können weder Verbraucherinnen und Verbraucher noch Bäuerinnen und Bauern alleine lösen – gegenseitige Schuldzuweisungen sind wenig hilfreich. Zumal es in der gesamten Branche enorm starke Machtstrukturen gibt. Mit Ausnahme der Agroindustrie und wenigen mächtigen Akteuren im Lebensmittelsektor verlieren alle durch die Fleischfabrik Deutschland. Auf den Bauernverband können die Bäuerinnen und Bauern nicht setzen. Er vertritt nicht ihre Interessen, sondern die der Agroindustrie. Genauso wenig können sie auf Agrarminister Schmidt setzen. Er bleibt untätig und unternimmt nichts gegen die grundlegenden Fehler im System. Was wir brauchen, ist ein kluges Umsteuern. Einen klugen Politikwechsel. Wir brauchen eine Agrarwende. Eine Agrarwende hin zu einer zukunftsfähigen, einer grünen Landwirtschaft.

Aufbruch in die Agrarwende – hin zu einer grünen Landwirtschaft

Mut zur Veränderung

Gequälte Tiere, zerstörte Böden, abgeholzte Regenwälder, vertriebene Kleinbauern, Artensterben und Klimakrise – das sind die Beiprodukte der globalen Agroindustrie. Und das alles geschieht nicht wegen der Boshaftigkeit oder Dummheit Einzelner, nein es handelt sich um systemisches Versagen.

Mein Ziel ist der Ausstieg aus der Massentierhaltung und der Einstieg in eine grüne Landwirtschaft. Eine Landwirtschaft, die gutes Essen, Artenvielfalt, Klimaschutz und den Tierschutz zum Leitbild hat und die das Höfesterben beendet. Eine Landwirtschaft, die nicht ausschließlich auf Masse um jeden Preis fixiert ist und die den Hunger in der Welt bekämpft statt befeuert. Wir brauchen einen grundlegenden Systemwechsel. Das sehe ich als klaren Auftrag für meine politische Arbeit.

Mein Ziel ist es, in Deutschland in 20 Jahren eine zu 100 Prozent faire Tierhaltung zu schaffen. Eine Tierhaltung, die ohne systematische Tierquälerei, Megaställe, Umweltschäden und Gensojaimporte und Dumpingexporte auskommt, und die den Bäuerinnen und Bauern wieder eine auskömmliche Perspektive bietet. Schrittweise will ich aus der Massentierhaltung in Deutschland aussteigen und den Bauernhöfen wieder bessere Alternativen bieten.

Ich bin fest davon überzeugt: Das ist machbar. Aber es liegt ein langer Weg vor uns. Und erhebliche Widerstände.

Das wissen wir vom Kampf gegen die Atomkraft und für die Energiewende. Am Anfang waren wir ein paar Natur- und Umweltschützer, Visionäre und Bastler, die zum Teil zu Hause in Heimarbeit an erneuerbaren Energien getüftelt und geforscht haben. Wir Grünen waren noch eine junge und relativ kleine Partei. Und trotzdem haben wir uns damals mit mächtigen Konzernen wie EON und RWE angelegt. Auch die übrigen Parteien waren gegen uns. Die öffentliche Debatte war damals noch wesentlich kritischer, was einen Atomausstieg anging. Die Energiewende wurde noch belächelt. Heute ist das anders. Die anderen Parteien haben erkannt, dass die Atomkraft keine Zukunft hat. Wir befinden uns mitten in der Energiewende. Sie ist ein zentraler Schlüssel zur Rettung unseres Klimas. Und aus den Bastlern sind Weltfirmen wie Enercon geworden, die heute Milliardenumsätze machen.

Auch die Agrarwende ist möglich und nötig. Auch wenn das heute noch einige anders sehen.

Der Widerstand wächst

Bauernverbandspräsident Joachim Rukwied hat kürzlich in einem »Spiegel«-Interview selbstbewusst behauptet: »Die Agrarwende wird nicht kommen«. Auch Minister Schmidt verschließt die Augen vor dem Wunsch vieler Menschen und behauptet: »Wir brauchen keine Agrarwende.« Das klingt sehr nach derselben Mentalität, mit der jahrzehntelang die Energiewende von den Konzernen und Konservativen bekämpft wurde.

Doch Wegschauen hilft nicht: Die aktuell vorherrschende Landwirtschaft ist nicht zukunftsfähig, ein Weiter-so ist keine Option. Das zeigen die Fakten, das bescheinigt der

Wissenschaftliche Beirat für Agrarpolitik, das sagt auch der Weltagrarbericht. Deswegen brauchen wir Alternativen und eine andere Landwirtschaftspolitik. Ich will eine Landwirtschaft, die auch in 50 Jahren noch funktioniert.

Die Agrarwende muss kommen, und sie wird kommen, davon bin ich überzeugt. Und ich sehe dafür immer mehr Rückenwind. Weil so viele Menschen für sie auf die Straße gehen. Weil ein Bewusstseinswandel stattfindet. Weil sich die Einstellung vieler Menschen ändert. Und weil immer mehr Bäuerinnen und Bauern vorangehen und grüner wirtschaften. Von den großen Demos und erfolgreichen Bürgerinitiativen wie dem Volksbegehren gegen Massentierhaltung in Brandenburg, das von mehr als 100.000 Menschen unterschrieben wurde, über das Sprießen grüner Innovationen bis zum Ort des Privaten, der Familie: Überall findet man Zeichen des Wandels.

»Wir haben es satt«, sagen Zehntausende Menschen, die seit 2011 alljährlich während der Grünen Woche in Berlin demonstrieren. Junge Familien, Studenten und Schüler, Rentner, Gourmets und Fastfood-Liebhaber marschieren gemeinsam mit Bäuerinnen und Bauern und einer breiten Allianz aus Entwicklungsorganisationen, Umwelt-, Natur-, Tier- und Verbraucherschützern aus Protest gegen den täglichen Wahnsinn in deutschen Ställen und die Auswirkungen der verfehlten Agrarpolitik in Deutschland.

Ihre Motive sind vielfältig: Sie lehnen millionenfaches Tierleid ab. Sie wenden sich gegen den wachsenden Einfluss von Agrarkonzernen wie Monsanto, Wiesenhof oder Tönnies und gegen Gift und Gentechnik in ihrem Essen. Sie streiten gegen eine Politik, die das Überleben kleiner und mittelständischer bäuerlicher Betriebe den Interessen von Agrarkonzernen opfert. Sie wollen fairen Handel und lehnen TTIP und CETA ab. Sie kämpfen gegen die Verödung

Auf der »Wir haben es satt!«-Demo in Berlin

ländlicher Räume. Sie finden sich nicht ab mit der globalen Ungerechtigkeit, die einerseits Überfluss produziert und doch jeden neunten Menschen auf diesem Planeten hungrig zurücklässt. Sie wollen keine Landwirtschaft, die am Tropf der Sojaimporte hängt und die Lebensgrundlage von Menschen in Westafrika zerstört. Sie haben ein Problem damit, dass unsere Weise zu produzieren und zu konsumieren dem Klima und der Artenvielfalt schadet. Sie gehen auf die Straße für eine Landwirtschaft, die mit der Natur arbeitet und nicht gegen sie. Essen geht jeden etwas an. Deswegen ist die Bewegung so vielfältig – und so stark.

Auch viele Bäuerinnen und Bauern haben es satt. Jedes Jahr wird die Demo angeführt von einem langen Zug aus Traktoren aus dem ganzen Bundesgebiet. Darunter sind viele Biobauern, aber auch konventionell arbeitende Landwirte, die erkannt haben, dass die bäuerliche Landwirtschaft nur mit einer Agrarwende gerettet werden kann.

Wer sich bei »Wir haben es satt« umhört, der erfährt: wo die Leute herkommen, das mag sehr unterschiedlich sein. Aber sie eint der klare Wunsch: Wir wollen keinen Mist auf unseren Tellern haben, sondern gutes, gesundes und fair produziertes Essen. Dieser Wunsch ist mein politischer Auftrag, ist der Auftrag der Grünen in Land, Bund und Europa. Wir nehmen diesen Auftrag an – als Einzige in Parlamenten und Regierungen.

Eine Bewegung für gutes Essen

Sucht man nach kreativen Ideen, die sich gesellschaftliche Veränderungen zum Vorsatz machen, sind es vor allem zahlreiche kleine Graswurzelinitiativen aus der Bevölkerung, die zeigen, dass es anders geht. In den Städten gibt es immer mehr Restaurants und Imbisse, die darauf achten, gute Lebensmittel zu verwenden und diese handwerklich zu verarbeiten. In vielen Städten boomt die Foodie-Szene – eine Bewegung von Menschen, für die Esskultur und die Herstellung und Herkunft ihrer Lebensmittel einen hohen Stellenwert haben. Viele Menschen wollen Lebensmittel aus alternativer Vermarktung beziehen. Überall sprießen Food Markets aus dem Boden, es bilden sich Sammelstellen für Direktvermarktung, Wochenmärkte mit regionalen Produkten gibt es in fast jedem Stadtteil, das Konzept Essbare Stadt wie im rheinland-pfälzischen Andernach und Stadtgärten wie die Prinzessinnengärten in Berlin, das Gartendeck in Hamburg oder die Münchner Krautgärten bringen den Menschen die Lebensmittelerzeugung und auch die

Landwirtschaft wieder ein gutes Stück näher. Sicherlich bin ich in Berlin etwas verwöhnt. Aber die neue Landlust ist definitiv kein reines Berliner Phänomen, sondern täglicher Protest überall in Deutschland gegen die herrschenden Verhältnisse auf den Tellern, Äckern und in den Ställen.

Es ist eine Bewegung, die stetig nach innovativen neuen Lösungen sucht – auch, indem der Schulterschluss zwischen Verbrauchern und Erzeugern gesucht wird. So entstehen seit Jahren überall im ganzen Land neue Initiativen wie urbane Landwirtschaft, FoodCoops, Essensretter, Bildungsprogramme für Kinder wie die GemüseAckerdemie und Konzepte der solidarischen Landwirtschaft. Es geht um gutes, faires und leckeres Essen, das unsere Ressourcen, das Klima und unsere Umwelt schont. Es geht um gutes Lebensmittelhandwerk, um Respekt vor der Natur und einen neuen Bezug zum Essen.

Gutes Essen von Anfang an

Auch in diesem Bereich haben sich in den letzten Jahren großartige Initiativen gebildet, die das verloren gegangene Wissen bewahren und den Kindern wieder nahebringen, wo Lebensmittel herkommen, wie diese angebaut werden und was für ein tolles Essen man daraus machen kann. Eine davon ist die GemüseAckerdemie, die mit Projekten mittlerweile in Schulen in fünf Bundesländern aktiv ist. Die GemüseAckerdemie hat ein Schulbildungsprogramm entwickelt, in dem die Kinder lernen, wie man Gemüse selbst anbaut, erntet und dann auch vermarktet.

Einmal im Jahr trifft sich die Szene bei der Schnippeldisko in Berlin, wo die Protestsuppe für die große Wir-haben-es-satt-Demo gekocht wird. Hunderte Menschen kommen zusammen, schnippeln Gemüse, das sonst weggeworfen würde, und schmieren Brote für die Demo-Teilnehmer am nächsten Tag. Seit zwei Jahren mache ich dabei mit. Ein Termin, auf den ich mich jedes Jahr freue.

Es grünt

Zwei gegenläufige Trends zeigen sehr eindrücklich, wie weit sich die Agrarpolitik der Bundesregierung von den Wünschen der Bevölkerung entfernt. Es ist doch bezeichnend, dass die exportorientierte Massentierhaltung in Deutschland wächst und wächst, obwohl seit Jahren immer mehr Menschen in Deutschland immer weniger Fleisch essen. Obwohl der Fleischkonsum seit Jahren sinkt, ist Deutschland mittlerweile Europameister im Schweineschlachten und sogar der drittgrößte Fleischexporteur der Welt. Jede neue Tierfabrik, jeder Megastall, der heute geplant und gebaut wird, ist im Grunde für den Export von Dumpingfleisch vorgesehen. Die zunehmenden Dumpingexporte schaden der Wirtschaft von Ländern des globalen Südens, zum Beispiel in Westafrika, wo Exporthähnchen die lokalen Märkte zerstören. Und viele negative Auswirkungen der wachsenden Fleischfabrik wie Antibiotikaresistenzen, verschmutztes Grundwasser und Artensterben bleiben hier vor Ort.

Müssen wir in Zukunft weniger Fleisch essen?
Klar ist: Die Ernährungsgewohnheiten, die wir uns als Gesellschaft angeeignet haben, sind nicht nachhaltig. Unser hoher Fleischkonsum ist ein Problem, das schon heute und erst recht auf lange Sicht unseren Planeten aus dem Gleichgewicht bringt. Wenn alle so viel Fleisch essen würden wie wir Deutschen, bräuchten wir einen zweiten Planeten.

Nur 55 Prozent der weltweit angebauten Feldfrüchte ernähren die steigende Zahl der Menschen direkt. 36 Prozent der Ernte landen im Futtertrog. In der EU landen sogar 60 Prozent des angebauten Getreides als Tierfutter in den Trögen. Da die Bevölkerung auf diesem Planeten bald auf 10 Milliarden Menschen anwächst, müssen die Kalorien gerechter aufgeteilt werden. Futtermittel für die Massentierhaltung stehen zunehmend in direkter Konkurrenz zu Grundnahrungsmitteln für die Ärmsten dieser Welt. Wir schaffen es nur, den Hunger in der Welt zu bekämpfen, wenn wir über Verteilungsfragen reden und wenn wir die Produktion und den Verzehr von Fleisch senken. Denn der Boden, die Umwelt, trinkbares Wasser – all das sind begrenzte Ressourcen.

Was heißt das für uns? Langfristig werden wir als Gesellschaft unsere Ernährungsgewohnheiten anpassen müssen. Wir werden insgesamt weniger und ökologisch nachhaltiger erzeugtes Fleisch essen. Ob jetzt jemand eher der Slow-Food-Typ ist oder gerne Fastfood-Burger isst, ist mir ziemlich egal. Es kommt auf nachhaltige Herstellung und auch die Menge an. Das Gute ist: Wir haben in Deutschland schon jetzt den Trend, dass immer mehr Menschen immer weniger Fleisch essen. Esskultur ist veränderbar, auch ohne dass man irgendjemandem etwas vorschreibt.

Der Trend ist klar: Heute essen die Menschen in Deutschland ganze 10 Prozent weniger Fleisch als noch 1985. Lang-

Der Fleischkonsum sinkt:
Heute essen die Deutschen 10 Prozent weniger Fleisch als noch 1985.

sam aber sicher geht der Fleischtrend nach unten. Gleichzeitig steigt die Zahl der sogenannten Flexitarier, Vegetarier und Veganer stetig. Für manche gilt: Weniger ist mehr. Für andere: Soja statt Schnitzel. Laut Vegetarierbund leben mittlerweile mehr als 8,5 Millionen Menschen in Deutschland, die sich weitgehend vegetarisch oder vegan ernähren. Nach Schätzungen des VeBu hat sich die Zahl in den letzten 20 Jahren mehr als verzehnfacht.

Auch jenseits der Veganer und Vegetarier gibt es die Bereitschaft zu Veränderungen. Die große Mehrheit der Menschen in Deutschland ist für deutliche Verbesserungen in der Landwirtschaft. Das zeigen aktuelle Umfrageergebnisse: 88-96 Prozent der Verbraucherinnen und Verbraucher wollen mehr Tierschutz und eine artgerechtere Tierhaltung (je nach Umfrage). 86 Prozent der Befragten wollen eine fairere Bezahlung für Bäuerinnen und Bauern. 70 Prozent der Befragten wünschen sich eine Landwirtschaft, die unsere Umwelt besser schützt.

Die Menschen sind dabei bei Weitem nicht so geizig, wie der Bauernverband und Politiker der Union das gerne

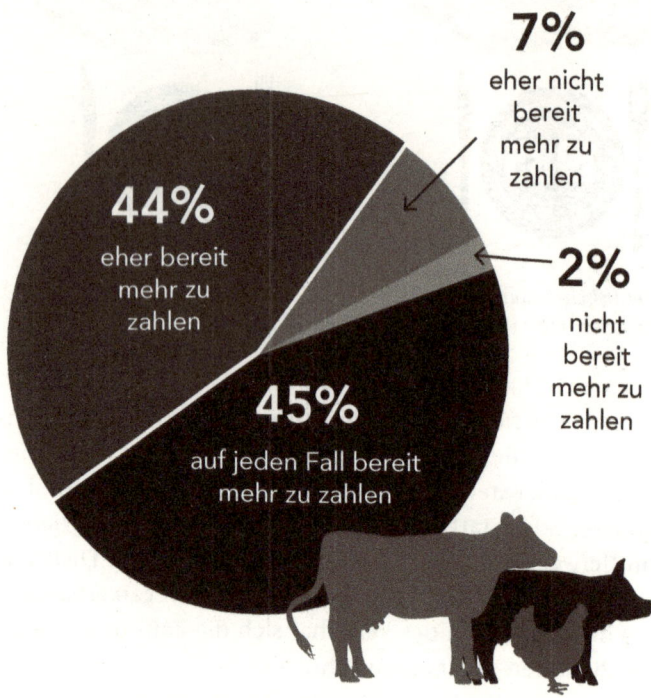

Rund 90 % der Menschen in Deutschland wären bereit, mehr für Fleisch zu zahlen, wenn die Haltungsbedingungen dafür besser wären.

behaupten – und damit die Dumpingfleischproduktion verteidigen. Alle aktuellen Umfragen zeigen, dass die große Mehrheit der Verbraucherinnen und Verbraucher bereit ist, für gutes Fleisch etwas mehr auszugeben, wenn es aus anständiger und tiergerechter Haltung kommt.

Die große Mehrheit der Verbraucherinnen und Verbraucher wünscht sich mehr Tierschutz. Aktuelle Umfragen zeigen, dass die meisten auch bereit wären, das zu honorieren. Rund 90 Prozent der Menschen in Deutschland wären bereit, mehr für Fleisch zu zahlen, wenn die Haltungsbedingungen dafür besser wären.

Es fehlt zunehmend die gesellschaftliche Legitimation für weitere Tierfabriken. Wir Grünen wollen gute und gesunde Lebensmittel für alle. Ich kämpfe dafür, dass die massenhafte Tierquälerei abgeschafft wird.

Die grüne Landwirtschaft sprießt bundesweit

Nicht nur bei Verbraucherinnen und Verbrauchern, auch in den Bauernhöfen sind die Dinge in Bewegung. Zahlreiche Bäuerinnen und Bauern nehmen die Agrarwende selbst in die Hand, zum Beispiel indem sie ökologisch wirtschaften.

Bei meinen Besuchen auf verschiedenen Höfen zwischen Kiel und Konstanz bin ich vielen Bäuerinnen und Bauern begegnet, die den Wachstumswahn nicht oder nicht mehr mitmachen wollen. Die versuchen, Tierschutz, Umweltschutz und Wirtschaftlichkeit unter einen Hut zu bekommen. Und das dem Bauernverband zum Trotz, dessen Vertreter ihnen gerne einreden, sie würden über Nacht ihre Lebensgrundlage verlieren, wenn sich die Grünen mit der Agrarwende eines Tages durchsetzen. Das ist natürlich

Trister Alltag im konventionellen Schweinestall, wo mehr als 3000 Mastschweine auf engem Raum und Vollspaltenböden gehalten werden.

völliger Unsinn. Während konventionelle Landwirte 2015 Einkommensverluste von bis zu 35 Prozent hinnehmen mussten, war das vergangene Jahr für Biobäuerinnen und Biobauern sehr erfolgreich. Während ein konventioneller Schweinebauer 2015 teils weniger als 1,40 Euro pro Kilo Schweinefleisch bekam, waren es bei Biobauern fast 4 Euro. Und während konventionelle Milch mit weniger als 28 Cent weiter unter Produktionskosten verkauft werden musste, lag Biomilch fast konstant 20 Cent darüber. Das ist einer der Gründe, warum es im letzten Jahr nach Jahren der Stagnation wieder mehr Betriebsumstellungen gab. Die Zahlen zeigen klar: Bio lohnt sich für die Bäuerinnen und Bauern, auch ökonomisch. 2015 haben fast 1000 neue Betriebe auf bio umgestellt. Ein großer Erfolg. Damit das grüne Wachstum weiter zunimmt und wir das Etappenziel von 20 Prozent Ökolandbau erreichen, muss die Planungssi-

Deutlich mehr Platz, Stroh und Auslauf im Biostall. Die ökologische Haltung zahlt sich im Gegensatz zur konventionellen auch finanziell aus.

cherheit für die Ökobauern gestärkt und die Förderung erhöht werden.

Auf der Ökologiestation des Kreises Unna, einem ehemaligen Gutshof mit vom Ruß der Kohlekraftwerke geschwärzten Lehmziegelfassaden, liegt der Stall, mit dem ein Biobauer beweist, dass es Tieren sehr wohl gut ergehen kann. Und dass ein tierfreundlich ausgestatteter Stall durchaus ökonomisch zu bewirtschaften ist. Ein Stall, der den Bedürfnissen der Tiere angepasst ist und nicht umgekehrt. Das ist sinnvoll – ökologisch und ökonomisch. Denn zurzeit (2015) zahlt sich die ökologische Haltung für die Schweinebauern aus; im Gegensatz zu den konventionellen Erzeugern machen sie Gewinn.

In einem niedrigeren Seitengebäude werden gut 100 Schweine gehalten. Sie haben einen überdachten Auslauf. In zehn kleinen Gruppen von etwa einem Dutzend

Tieren wühlen sie durch das goldgelbe Stroh und schauen mich wach und neugierig an. Mit ihrem Rüssel erkunden sie schnuppernd meinen hingehaltenen Arm. Spielzeug brauchen diese Tiere nicht, ihre Schwänze durften sie auch behalten. Kommt es aus Spieltrieb oder Rivalitätsverhalten doch mal zum Schwanzbeißen, nimmt man die Tiere einfach in getrennte Ställe. Laut diesem Bauern ist das aber so gut wie nie notwendig.

Wachsende Nachfrage

Bioprodukte werden in Deutschland immer beliebter – bei Verbrauchern und Produzenten. Im Jahr 2015 wurde ein Umsatz von 8,62 Milliarden Euro erzielt. Zum ersten Mal seit 2008 weist der Markt wieder eine zweistellige Wachstumsrate von 11 Prozent auf. Damit hat sich der Bioanteil am gesamten Lebensmittelmarkt auf insgesamt rund 4,4 Prozent erhöht. Es könnte weit mehr ökologisch erzeugtes Gemüse, Getreide und Fleisch auf den Markt kommen.

Zwar war 2015 ein erfolgreiches Jahr für die Ökolandwirtschaft, doch langfristiges Wachstum ist ohne mehr Förderung nicht gesichert. Dazu kommt, dass die Bundesregierung es versäumt hat, verlässliche und attraktive Rahmenbedingungen für Biobauern zu schaffen. Damit wird eine Riesenchance für die heimische bäuerliche und umweltfreundliche Landwirtschaft vertan.

In der Konsequenz führt das zu weniger heimischer Ökolandwirtschaft, als die hohe Nachfrage hergeben würde. Zwar war 2015 ein erfolgreiches Jahr für die Biolandwirte. Doch es steigen weiterhin die Bioimporte von Produkten, die wir hier sehr gut selber regional erzeugen könnten. Wir importieren hohe Bioqualität und exportieren billiges Fleisch aus Massentierhaltung – und das, obwohl die Menschen hier im Land immer weniger Fleisch essen. Das ist eine vergebene Chance für die Bäuerinnen und

Bauern, denen ein zukunftsträchtiger Markt versperrt wird, der mehr Arbeitsplätze bietet als die großindustrialisierte und hochsubventionierte konventionelle Agrarwirtschaft. Wir zerstören damit eine lebenswerte, kleinstrukturierte Landschaft mit handwerklichen Verarbeitungs- und Vermarktungsstrukturen vor Ort. Denn statt Soja aus Übersee zu importieren, können diese Betriebe ihre Futtermittel in der Region kaufen – und so zusätzlich die Wertschöpfung vor Ort stärken.

Es gibt nicht nur Ökobetriebe, sondern auch zahlreiche Bäuerinnen und Bauern, die konventionell wirtschaften und trotzdem tiergerechter und umweltfreundlicher arbeiten wollen. Bei der Initiative Tierwohl, einem Zusammenschluss aus Handel und Fleischindustrie, bei der es darum geht, dass Landwirte etwas mehr Geld erhalten, wenn sie in Tierschutz investieren, haben sich mehr als 4500 Landwirte angemeldet, um die Schweinehaltung zu verbessern. Doppelt so viele wie erwartet. Da die Initiative nicht mit genug Geld ausgestattet ist, ging fast die Hälfte der Bewerber leer aus. Trotzdem zeigt das Beispiel eines klar: Der Status quo ist nicht in Stein gemeißelt. Eine Vielzahl von Tierhaltern ist bereit, etwas zu verändern – wenn sich das für sie ökonomisch auszahlt.

Einige konventionelle Betriebe, die verantwortungsvoll wirtschaften, habe ich im letzten Jahr besucht, darunter einen Bauern in Oberfranken. Der Bauer hält Schweine auf Stroh. Allein dadurch, dass die Tiere mehr Platz haben und ihr Stall mit Stroh ausgestreut ist, geht es ihnen deutlich besser. Sie haben deutlich weniger Entzündungen ihrer Gliedmaßen, weil sie nicht auf kalten und harten Betonspaltenböden gehalten werden. Natürlich gibt es auch hier noch weiteren Verbesserungsbedarf, zum Beispiel werden auch in diesem Stall den Ferkeln ihre Ringelschwänze amputiert. Aber die Vorteile gegenüber einem Megastall sind mehr als deutlich. Auch der Milchbauer, den ich in Schleswig-Holstein besucht habe, hält seine Tiere anständig und achtet auf die Umwelt. Sein Stall bietet viel Platz, Luft und Licht. Jeden Sommer kommen seine Tiere auf die Weide. Um seine Tiere kümmert er sich gemeinsam mit seiner Frau, seinen erwachsenen Kindern und einigen Angestellten.

Mein Leitbild für eine nachhaltige Landwirtschaft ist die Biolandwirtschaft, da diese am umweltfreundlichsten und fairsten arbeitet. Aber eine Umstellung auf 100 Prozent bio geht nicht von heute auf morgen. Deshalb ist mein Ziel, dass auch die konventionelle Landwirtschaft Schritt für Schritt ökologisch und tiergerecht wird. Und zahlreiche Bäuerinnen und Bauern, mit denen ich gesprochen habe, zeigen schon heute, wie es geht.

Ob Familienbetriebe, Genossenschaften, Betriebs- und Hofgemeinschaften oder solidarische Erzeuger-Verbraucher-Gemeinschaften – eine vielfältige bäuerliche Landwirtschaft ist keine romantische Idealisierung, sondern die Antwort auf die globalen Herausforderungen dieser Tage.

Wir müssen die zahlreichen Betriebe unterstützen, die ökologisch und tiergerecht wirtschaften wollen. Wir brauchen mehr Initiativen zum Schutz der bäuerlichen Landwirtschaft, damit wir die Betriebe erhalten, die wir noch haben. Ich engagiere mich dafür, die zahlreichen guten Jobs in der Landwirtschaft und im ländlichen Raum zu erhalten und das Sterben bäuerlicher Betriebe zu stoppen. Ich kämpfe gegen eine weitere Industrialisierung der Landwirtschaft. Und ich stehe dafür ein, dass die Bäuerinnen und Bauern faire Preise und die anständige Bezahlung bekommen, die sie verdienen.

Die Agrarwende dient dazu, die Landwirtschaft zukunftsfähig und langfristig erfolgreich zu gestalten, damit auch die bäuerlichen Erzeuger profitieren. Schließlich haben Verbraucherinnen und Verbraucher und Bäuerinnen und Bauern keine gegensätzlichen, sondern sich ergänzende Ziele: Die einen wollen gute Produkte anbauen, die anderen gute Produkte essen.

Manche Bäuerinnen und Bauern sorgen sich, dass eine Agrarwende das Ende für ihren Hof bedeuten könnte. Zum Beispiel weil sie konventionelle Schweinehalter sind und gerade in einen neuen Stall investiert haben. Dabei hat die Agrarwende einen wichtigen Leitsatz, der schon Renate Künast wichtig war: Veränderungen brauchen Zeit. Wir wollen die bäuerliche Landwirtschaft in Deutschland und in Europa erhalten und stärken. Die Agrarwende hin zu einer grünen Landwirtschaft ist eine Politik der machbaren Schritte, die ein klares Ziel im Blick hat. Veränderungen finden nicht mit der Brechstange statt, wie manche befürchten. Sondern in Schritten, die für die Landwirtschaft Planungssicherheit bieten. Wir machen die Agrarwende nicht gegen die Bäuerinnen und Bauern, sondern versuchen, so viele wie möglich von ihnen von einer grünen Landwirtschaft zu überzeugen. Klar ist aber auch: ohne Konflikte wird es nicht gehen. Es wird Verteilungskämpfe um Subventionen geben, die bisherigen Großprofiteure, nämlich die Großbetriebe, werden mit weniger auskommen müssen, die bäuerliche Landwirtschaft, die kleinen und mittleren Betriebe, werden mehr Subventionen bekommen – und einen klaren Auftrag mit dazu. Der lautet: öffentliches Geld gegen verantwortungsvolle Produktion. Das ist eine Abmachung, von dem im Endeffekt alle profitieren, die mitmachen.

Rückenwind aus der Wissenschaft

Dass die Politik der Massentierhaltung und Tierfabriken zum Scheitern verurteilt ist, ist seit Kurzem quasi amtlich. Der mit Agrarökonomen, Sozial- und Naturwissenschaftlern besetzte Wissenschaftliche Beirat für Agrarpolitik (WBA), der das Bundeslandwirtschaftsministerium als Expertengremium berät, stufte im März 2015 in seinem »Gutachten zur Nutztierhaltung« die derzeitige Situation in der Tierhaltung als »nicht zukunftsfähig« ein, weil »erhebliche Defizite vor allem im Bereich Tierschutz, aber auch im Umweltschutz« festgestellt und sehr detailliert benannt werden konnten. Die Tierhaltung habe sich von der Gesellschaft entfernt und müsse grundlegend umgebaut werden. Das gibt unserer Forderung nach einer Agrarwende Rückenwind.

Die wichtigsten Aussagen des Gutachtens des wissenschaftlichen Beirats für Agrarpolitik zur Tierhaltung
- »Deutschland nimmt beim Tierschutz innerhalb Europas im Gegensatz zur allgemeinen Annahme keine Vorreiterposition ein [...].«
- »In vielen der gängigen Tierhaltungssysteme besteht ein hohes Risiko für das Auftreten von Schmerzen, Leiden und Schäden für die Tiere [...].«
- Probleme werden auch in Zusammenhang mit der Klimakrise, dem Artensterben, der Wasserqualität und der Wirksamkeit von Antibiotika gesehen.
- Die Experten empfehlen unter anderem bessere Gesetze, ein mehrstufiges staatliches Tierschutzlabel sowie mehr Auslauf für Tiere, mehr Platz, einen Amputationsstopp und weniger Antibiotika in der Tierhaltung.

Das Gutachten der Expertenkommission liest sich in weiten Teilen wie eine Zusammenfassung grüner Forderungen. Die Expertinnen und Experten empfehlen eine Tierhaltung, die auf artgerechtere Haltung, Freilauf und genügend Platz setzt, als zukunftsfähiges Modell. Das kommt einer schallenden Ohrfeige für die Landwirtschaftspolitik der vergangenen Jahre gleich.

Und was macht derjenige, der das alles mit zu verantworten hat? Bundeslandwirtschaftsminister Christian Schmidt (CSU) tauchte nicht mal zur Pressekonferenz auf. Eine halbe Stunde vorher schickte er seinen Staatssekretär vor, damit er selbst sich diese peinliche Klatsche nicht abholen musste. Das Gutachten wurde wohlgemerkt von seinem eigenen Ministerium in Auftrag gegeben. Umso ernster sollte Schmidt dieses deutliche Warnsignal nehmen. Und es als Chance für einen Aufbruch betrachten. Ein Aufbruch in eine neue, in eine grüne Landwirtschaft.

Doch leider ignoriert der Minister die zahlreichen Empfehlungen, die der Wissenschaftliche Beirat für Agrarpolitik im Gutachten zur Tierhaltung in der Landwirtschaft formuliert hat.

Warum? Weil er sich sonst mit der Politik seiner Vorgänger seiner eigenen Partei, der CDU/CSU und der Agrarlobby anlegen müsste. Das wäre anstrengend, das könnte Ärger geben, das würde Mut erfordern.

Schmidt müsste dafür von seiner eigenen Ideologie abrücken. Er müsste von der politischen Vorstellung seiner Partei abrücken, die nach dem Motto verfährt: Was wir in der Vergangenheit gesagt haben, war richtig, wird richtig bleiben und Tatsachen stören uns dabei nur. Einfach weiterwursteln ist leichter.

Niemand behauptet, man könnte von heute auf morgen alle Probleme abstellen. Aber die CSU und der Bauernverband schießen sich mit ihrer Blockadehaltung bei so essenziellen Veränderungen vollkommen ins Aus. Sie tun so, als sei der Status quo in Zement gegossen. Damit disqualifizieren sie sich als Agrarpolitiker, die im langfristigen Interesse der Verbraucher und Bauern handeln. Wer immer nur durch die Brille der Mengensteigerung und wirtschaftlichen Gewinnmaximierung schaut, verliert Maß und Mitte, zerstört Gesundheit und Umwelt. Und es muss niemanden wundern, wenn immer mehr Menschen dagegen auf die Straße gehen.

Zwischenruf: Nachhaltiger Konsum statt Politik?

Jede Form des nachhaltigen Konsums ist wichtig und trägt zu Verbesserungen bei. Jeder Mensch kann Politik mit dem Einkaufswagen machen. Faire Kleidung, Bahn statt Flugzeug, bio statt Massentierhaltung. Ich gehe noch weiter und sage, dass die notwendigen großen ökologischen Modernisierungen, sei es bei Energie, bei Mobilität oder bei Lebensmitteln nicht ohne den Druck der Bürgerinnen und Bürger funktionieren. Um unsere Wirtschaft ökologisch, fair und sozial zu gestalten, braucht es Verbraucher, Unternehmer, Bauern, die vorangehen. Die den Wandel selbst in die Hand nehmen. Denen bewusst ist, dass unser Verhalten einen ökologischen Fußabdruck hinterlässt. Es macht einen großen Unterschied, ob ich ein faires T-Shirt trage oder ein T-Shirt aus Bangladeschs Sweat Shops. Es macht einen Unterschied, ob ich faire Produkte im Bioladen einkaufe oder Dumpingfleisch im Discounter. Nachhaltiger Konsum ist ein entscheidender Baustein der ökologischen Transformation.

Aber was wir nicht machen dürfen – und das versuchen Bundesregierung und vor allem der Landwirtschaftsminister nur zu gerne –, ist, politische und gesamtgesellschaftliche Verantwortung unter dem Vorwand von Konsumentscheidungen aufzuschieben. Nachhaltiger Konsum kann politische Entscheidungen zwar unterstützen, aber nicht ersetzen. Die Politik darf sich keinen schlanken Fuß machen. Gesellschaftliche Verantwortung darf nicht individualisiert werden. Denn das würde zur Entpolitisierung der Politik führen.

Schaffen wir den Arbeitsschutz ab, weil sich da jeder selbst drum kümmern kann? Nein. Sollten wir Tierschutz ignorieren, weil sich doch jeder auch für Biofleisch entscheiden kann? Nein. Sollten wir Menschenrechtsverletzungen in Lieferketten ignorieren, weil sich jeder ja selbst informieren kann? Nein. Hier muss Politik, hier müssen Politikerinnen und Politiker handeln. Es ist die Aufgabe der Politik dafür zu sorgen, dass zum Beispiel keine Produkte verkauft werden können, bei deren Herstellungsprozess klare Menschenrechtsverletzungen begangen wurden.

Es gehört zum Grundverständnis einer Demokratie, gemeinsam gesamtgesellschaftliche Entscheidungen zu treffen. Gerade in einer globalisierten Welt braucht es politische Alternativen. Und nicht nur Wahlmöglichkeiten beim Konsum. Und diese politischen Alternativen gibt es. Es gibt politische Angebote für eine Welt mit fairem Handel, mit einer gesunden Umwelt, mit einer grünen Landwirtschaft. Und damit Alternativen zur Massentierhaltung, zur Klimakrise, zur Schaffung von Fluchtursachen, zu Regenwaldrodungen, zur Tierqual, zum Höfesterben, zu TTIP und CETA.

Die Krisen, auf die wir zurasen, sind nicht unausweichlich. Aber kein einzelner Mensch kann diese Missstände allein beseitigen und die Krisen allein umschiffen. Das können wir nur gemeinsam als Gesellschaft. Dafür brauchen wir einen Politikwechsel. Eine andere Politik, die das System ändert und es gerechter und ökologischer macht.

Wir Grünen konnten auch den Atomausstieg und die Energiewende politisch nur durchbringen, weil es breite gesellschaftliche und wissenschaftliche Zustimmung und Unterstützung gab. Dieselbe Rückendeckung sehe ich auch beim Thema Landwirtschaft. Mit dieser breiten Bewegung lassen sich auch politische Mehrheiten für eine Agrarwende hin zu einer grünen Landwirtschaft schmieden.

Die Grundsteine für eine grüne Agrarwende

Wie viel grüne Politik in der Landwirtschaft erreichen kann, hat Renate Künast als erste grüne Landwirtschaftsministerin von 2001 bis 2005 gezeigt. Das Landwirtschaftsministerium wurde mit ihr erstmals auch zum Ministerium für Verbraucherschutz, was gegen massive Widerstände zu einer völlig neuen Ausrichtung der Agrarpolitik geführt hat. Diese Veränderung war angesichts der BSE-Krise dringend notwendig.

Aber Renate Künast managte nicht nur die BSE-Krise. Sie legte auch die Grundsteine für eine grüne Agrarwende. So hat sie die Ökolandwirtschaft mit einem umfangreichen Förderprogramm aus der Nische geholt und bio in die Breite der Gesellschaft getragen. Sie hat dafür gekämpft, dass der Tierschutz als Staatsziel ins Grundgesetz aufgenommen wurde. Gegen massive Widerstände der Hühnerbarone und der Union hat sie die europäische Kennzeichnungspflicht für Eier durchgesetzt und einen wichtigen Etappensieg gegen die Käfighaltung erzielt. Sie hat Klasse statt Masse zum Leitbild der regierungsamtlichen Agrarpolitik gemacht und verhindert, dass sich Gentechnik in Deutschland ausbreitet. Das alles zeigt: Wenn eine Ministerin will, dann kann sie einen Unterschied im Sinne der Menschen und der Natur machen. Minister Schmidt macht den Unterschied im Sinne der Agroindustrie – und ihm wird von seiner Chefin, der Bundeskanzlerin, freie Hand gegeben.

Mittlerweile gibt es bundesweit sechs grüne Landwirtschaftsminister in den Ländern. Zählt man Bremen dazu, sind es sogar sieben. Sie alle machen erfolgreich menschen-, tier- und umweltgerechtere Agrarpolitik, vor allem in den Fleischhochburgen Niedersachsen und Nordrhein-Westfalen. Sei es bei der Förderung des Ökolandbaus, beim Kampf gegen Massentierhaltung oder beim Tierschutz. Die grünen Landwirtschaftsminister in den Ländern setzen entscheidende Impulse und treiben den Bundeslandwirtschaftsminister vor sich her. Allerdings sind ihnen rechtlich immer wieder die Hände gebunden, weil der Bund zuständig ist. NRW-Landwirtschaftsminister Johannes Remmel musste das bei seinem Schredderverbot für männliche Küken erleben. Sein Gesetz hat das Verwaltungsgericht in Minden verworfen – unter anderem weil die Grundlage auf Bundesebene für ein bundesweites Verbot der Kükentötung fehlt. Das zeigt: Die wirklich großen Räder lassen sich nur in Berlin und in Brüssel drehen – bisher leider ohne Beteiligung der Grünen. Die Agrarwende muss also ein bundespolitisches Projekt werden – und genau dazu wollen wir es machen.

An Renate Künasts Erfolge wollen wir anknüpfen. Nach zehn Jahren unionsgeführter Agrarpolitik ist der Wiedereinstieg in die Agrarwende wichtiger und überfälliger als je zuvor. Wir brauchen einen großen Schritt nach vorn.

Sechs Schritte
für eine grüne Agrarwende

Gerade in einer Welt, die immer mehr globalisiert ist, sind Länder, die mit gutem Beispiel vorangehen, wichtiger denn je. Die Energiewende wäre nie ein globales Erfolgsrezept geworden, wenn wir in Deutschland nicht damit angefangen hätten. Allen Skeptikern zum Trotz sind wir innerhalb weniger Jahre Weltmarktführer im Bereich erneuerbare Energien geworden – bis Schwarz-Gelb und Schwarz-Rot an die Regierung kamen und den Ausbau abwürgten.

Was wir bei der Energiewende geschafft haben, nämlich einen breiten gesellschaftlichen Konsens zu erreichen und damit pragmatische, schrittweise Veränderungen zu erwirken, von denen die meisten Menschen und das Klima profitieren, ist auch in der Landwirtschaft möglich. Viele Bürgerinnen und Bürger, viele bäuerliche Betriebe haben wir auf unserer Seite.

Es bleibt aber eine gesellschaftliche Mammutaufgabe, gegen die sich die lobbystarke Agroindustrie und vor allem die Union sperren werden, genauso wie sich Union und Atomindustrie gegen die Energiewende gesperrt haben. RWE und EON zahlen derzeit die Quittung dafür und bewegen sich am Rand einer Pleite.

Eine Agrarwende hin zu einer grünen Landwirtschaft ist möglich. Und sie ist dringend nötig.

Ja, auf manche Herausforderungen gibt es noch nicht die perfekte Antwort. Manche Instrumente müssen noch entwickelt werden. Ich stelle mich gerne jeder intensiven Debatte, damit wir für das wichtige Ziel einer grünen Landwirtschaft einen gesellschaftlichen Konsens erreichen können. Ich würde mir jedoch mehr Bereitschaft der Landwirtschaftsverbände wünschen anzuerkennen, dass eben nicht alles Zucker ist, sondern Missstände herrschen, unter denen der eigene Berufszweig ebenso leidet. Mit mehr Bereitschaft zu Veränderungen können wir Schritt für Schritt Verbesserungen erreichen.

Aber ich bin auch bereit zum Konflikt. Wer glaubt, die Agrarwende durch Aussitzen vermeiden zu können, irrt sich. Wenn die Landwirtschaftsverbände nicht mitziehen, dann wird der Wandel ohne sie stattfinden. Die Angst vor dem Konflikt ist bei Union und SPD zu Hause – nicht bei uns Grünen.

Um die politische und gesellschaftliche Debatte voranzutreiben, habe ich sechs Schritte entwickelt, um die Agrarwende umzusetzen. Wir brauchen:

1. einen Ausstieg aus der Massentierhaltung und einen Einstieg in eine grüne Landwirtschaft;
2. weniger Agroindustrie und eine sichere Zukunftsperspektive für unsere Bäuerinnen und Bauern;
3. eine Landwirtschaft, die vom Umweltzerstörer zum Umweltschützer, vom Artenkiller zum Artenbewahrer, vom Klimakiller zum Klimaschützer wird;
4. Transparenz und Verbraucherschutz statt Verbrauchertäuschung;
5. fairen Handel statt TTIP und CETA;
6. eine global und sozial gerechte Agrarpolitik, die Krisen und Flucht verhindert statt zu schüren.

Diese sechs Maßnahmen bilden zusammen eine Politik der machbaren Schritte, die ein klares Ziel im Blick hat: eine grüne Landwirtschaft für mehr Lebensqualität, für Menschen, Tiere, Umwelt.

Ausstieg aus der Massentierhaltung und Einstieg in eine faire Tierhaltung

Industrielle Massentierhaltung und Tierschutz sind ein unauflösbarer Widerspruch. Die exportorientierte Massentierhaltung führt zu Umweltschäden und schadet bäuerlichen Strukturen im globalen Süden. Alle Umfragen unter Verbraucherinnen und Verbrauchern zeigen deutlich, dass sich die Mehrheit mehr Tierschutz wünscht. Es ist Aufgabe der Bundesebene, diese Veränderung endlich anzustoßen.

Wir brauchen einen Ausstieg aus der industriellen Massentierhaltung und einen Einstieg in eine faire und flächengebundene Tierhaltung. Das Gutachten des wissenschaftlichen Beirats für Agrarpolitik zeigt, dass flächendeckender Tierschutz nötig und möglich ist.

Erreicht werden kann der Ausstieg aus der Massentierhaltung durch einen Vierklang aus strengen Gesetzen, massiver Förderung von Tier- und Umweltschutz zur Schaffung von Planungssicherheit für unsere Bäuerinnen und Bauern und einer Transparenzoffensive, an deren Spitze eine klare und einfache Fleischkennzeichnung steht.

Ich will tierquälerische Praktiken beenden und gesetzliche Lücken schließen. Um Tierschutz durchzusetzen, brauchen wir entsprechende Regeln – sonst läuft der im Grundgesetz festgeschriebene Tierwohlauftrag weiter ins Leere. Wir brauchen ein Tierschutzgesetz, das diesen Namen auch verdient. Ich will Qualzucht, Kükenschreddern und die

Amputation von Körperteilen unterbinden. Tiertransporte müssen verkürzt, stärker kontrolliert und Verstöße geahndet werden. Ich will, dass es den Tieren besser geht und sie nicht mit Antibiotika vollgepumpt werden müssen, damit sie ihr kurzes tristes Leben überhaupt überstehen. Wie sie behandelt werden, ist maßgeblich für ihre Gesundheit. Werden die Tiere gut gehalten, werden sie viel seltener krank. Und gesunde Tiere brauchen keine Antibiotika. Reserveantibiotika müssen wir aus dem Stall verbannen und dafür sorgen, dass der Antibiotikaeinsatz deutlich sinkt. Ein postantibiotisches Zeitalter können wir uns nicht erlauben.

Ich finde es falsch, dass man in Deutschland gewerbliche Tierhaltung betreiben kann, ohne dass man das notwendige Land dafür hat, auf dem zum Beispiel Futtermittel angebaut werden können. Die Tierhaltung muss wieder an die Fläche gebunden werden.

Statt weitere industrielle Tierfabriken mit Steuergeldern zu subventionieren, will ich tiergerechtere Haltungsformen fördern. Ställe, die den Tieren angepasst sind und nicht umgekehrt. Wie Tiere untergebracht sind, ist entscheidend dafür, ob sie ein gutes Leben haben. Die Tiere müssen raus ins Licht, an die Luft, im Boden wühlen. Wenn Kühe auf die Weide dürfen, Hühner die Sonne sehen und Schweine im Stroh wühlen und sich bewegen können, ist es für sie das Beste. Deshalb will ich eine artgerechtere Tierhaltung stärker fördern.

Die gute Nachricht ist: Ein Großteil des Geldes für den Umstieg zu einer fairen Tierhaltung ist schon längst da. Die EU subventioniert den Agrarsektor jedes Jahr mit 58 Milliarden Euro Allein in Deutschland stehen so jedes Jahr mehr als 6 Milliarden Euro für die Landwirtschaft zur Verfügung. Viel Geld, mit dem sich ein großer Teil der Agrarwende und vor allem der Umbau der Tierhaltung finanzieren ließe, sodass er sich für viele Bäuerinnen und Bauern lohnt. Bei der nächsten Reform der gemeinsamen Agrarpolitik will ich mich deshalb dafür auf EU-Ebene starkmachen, dass dieses Geld endlich sinnvoll und gerecht eingesetzt wird. Das Säulenmodell ist antiquiert, es ist schon lange nicht mehr zeitgemäß. Wenn wir schon Milliarden Steuergelder für die Landwirtschaft einsetzen, dann aber auch sinnvoll. Steuergeld für Großgrundbesitzer und Fleischbarone: nein. Unterstützung unserer Bäuerinnen und Bauern, die in Tierschutz, in Umweltschutz und in Landschaftsschutz investieren: ja.

Doch wir müssen nicht bis 2020 warten. Ein großer Teil der Agrarsubventionen könnte bereits ab sofort für mehr Tier- und Umweltschutz verwendet werden. Durch eine Umschichtung von der ersten in die zweite Säule könnte man satte 750 Millionen Euro jährlich für Tier- und Umweltschutz aufwenden, die sonst vor allem an Großagrarier fließen würden. Viel Geld, mit dem man jene Betriebe unterstützen kann, die tier- und umweltfreundlicher wirtschaften. Weitere 400 Millionen Euro, die bisher als Direktzahlungen vor allem an die größten Landbesitzer gehen, könnten an sinnvolle ökologische und tierfreundliche Kriterien wie zum Bespiel der Weidehaltung geknüpft werden. Jedes Jahr stünde also weit mehr als 1 Milliarde Euro zur Verfügung, um mit unseren Bäuerinnen und Bauern die Agrarwende umzusetzen.

Eine bessere Tierhaltung ist auch im Interesse der Bäuerinnen und Bauern. Die Teilnahmebereitschaft von mehr als 4500 Bäuerinnen und Bauern an der »Initiative Tierwohl« zeigt, wie groß die Bereitschaft für Veränderung ist. Der Handel muss stärker und verbindlicher in Verbesserungen beim Tierschutz eingebunden werden. Noch ist das Programm deutlich unterfinanziert. Würde der Handel mehr investieren, ließe sich die Wirkung des Tierschutzhebels deutlich vergrößern. Ich will mich außerdem dafür einsetzen, die Tierschutzkriterien zu verbessern, unabhängige Kontrollen einzuführen und die Transparenz für Verbraucherinnen und Verbraucher bei der Initiative zu erhöhen.

Der dritte Punkt des Dreiklangs ist mehr Transparenz durch eine klare und einfache Fleischkennzeichnung. Eine solche Kennzeichnung, wie ich sie unter Schritt 4 (siehe Seite 233) beschreibe, würde dazu führen, dass sich deutlich mehr Verbraucherinnen und Verbraucher für faires Fleisch entscheiden. Denn wer würde schon Massentierhaltung kaufen, wenn Massentierhaltung draufsteht?

Die Preisfrage

Höhere Standards in der Tierhaltung wird es nur geben, wenn diese auch bezahlt werden – von Bäuerinnen und Bauern, Schlachtunternehmen, vom Handel – und ja, letztendlich auch von den Verbraucherinnen und Verbrauchern an der Supermarktkasse.

Die Grünen wollen das Fleisch teurer machen. Das ist der zentrale Vorwurf von Agroindustrie und Massentierhaltern, von Union und Bauernverband gegen eine grüne Agrarwende. Von jener Gruppe, die einzig in den Kategorien Profitmaximierung und Exportwachstum denkt. Klar ist: Es stimmt etwas nicht, wenn Milch billiger ist als Mineralwasser. Wenn Fleischpreise immer weiter in den Keller gehen. Wir reden hier schließlich über den Umgang mit lebendigen Tieren und nicht über Handytarife. Rationalisierungswahn und Massenproduktion haben hier ganz einfach ethische Grenzen, und die aktuelle Produktionsweise kommt uns auf Dauer teuer zu stehen.

Das wird ein harter Kampf um die Deutungshoheit. Es wird Kampagnen geben. Krude Vergleiche. Die Ärmsten der Gesellschaft werden vorgeschickt werden, und es wird heißen: Schaut, die können sich bald wegen der Grünen kein Fleisch mehr leisten.

Die Wahrheit ist: Ja, Fleisch wird etwas mehr wert sein, wenn uns allen daran gelegen ist, dass die Tiere, von denen wir uns ernähren, ein annähernd artgerechtes Leben führen. Das heißt: frische Luft und Sonne, mehr Platz und die Möglichkeit, sich zu beschäftigen, der Verzicht auf gestutzte Schwänze und Schnäbel und gesunde Haltung statt überflüssiger Antibiotika.

Doch anders als die Agroindustrie und Union verlautbaren, zeigen alle aktuellen Umfragen, dass die allermeisten Verbraucherinnen und Verbraucher faire Lebensmittel wollen und auch bereit sind, etwas mehr zu bezahlen, wenn Fleisch anständig hergestellt wurde.

Mal nüchtern betrachtet: Von wie viel Geld reden wir eigentlich? Die Experten des Wissenschaftlichen Beirats für Agrarpolitik haben ausgerechnet, dass deutliche Verbesserungen beim Tierschutz gerade einmal eine Veränderung von 3 bis 6 Prozent der Verbraucherpreise bedeuten würden. Bio ist teurer, weil es die deutlich besseren Haltungsbedingungen garantiert, keine externen Kosten verursacht und kein Gensoja aus Südamerika importiert.

Wir müssen den Wert unserer Lebensmittel mehr schätzen. Unsere Lebensmittel müssen ihren Preis wert sein. Und die Bäuerinnen und Bauern müssen von ihrer harten Arbeit auch anständig leben können. Viele arbeiten oft von früh bis spät, ohne auf einen grünen Zweig zu kommen. Kaum Urlaub, rund um die Uhr für die Tiere da sein und wenig Lohn. Die Bäuerinnen und Bauern verdienen mehr Anerkennung für diese harte Arbeit. Sie sollen faire Preise verdienen. Das unterstützen auch die meisten Bürgerinnen und Bürger: Umfragen zeigen, dass 86 Prozent der Befragten eine fairere Bezahlung für Bäuerinnen und Bauern wollen.

Nun gehöre ich sicher nicht zu denen, die jeden einzelnen Cent umdrehen müssen. Ich habe den finanziellen Spielraum, in den Biomarkt zu gehen und mir das in den Korb zu legen, wonach mir gerade ist. Es gibt viele Menschen, die weniger Geld haben als ich. Über 4 Millionen Menschen in Deutschland leben von Hartz IV, täglich bleiben ihnen lediglich rund 4,50 Euro für Lebensmittel. Das ist schlicht viel zu wenig. Für die Ärmsten der Gesellschaft muss es genauso möglich sein, sich gut und gesund zu ernähren. Deshalb müssen die Hartz-IV-Sätze den steigenden Lebensmittelpreisen entsprechend angehoben werden. Klar ist aber auch: Die Agrarpolitik kann keine verfehlte Sozialpolitik oder die grundlegenden Ungerechtigkeiten des Kapitalismus ausgleichen. Dass zum Beispiel 62 Superreiche mehr Geld haben als die Hälfte der Weltbevölkerung zusammen, liegt ja nicht etwa an den Details der Agrar- oder Energiepolitik, sondern an miserabler Steuerpolitik, unfairem Handel, katastrophalen Aufstiegschancen und zu mächtigen Großkonzernen. In Deutschland gilt das Gleiche: Dass viele Menschen in Deutschland zu wenig zum Leben haben, liegt auch hier nicht an der Agrarpolitik oder den Lebensmittelpreisen, sondern der massiv ungerechten Verteilung von Chancen, Vermögen und Einkommen. Und am Ende gilt eins ganz klar: Wenn wir fair und nachhaltig wirtschaften, profitieren davon am Ende alle – die Tiere, die Erzeuger, der Handel, die Umwelt und die Verbraucher.

Den Bauern die Zukunft

Zurzeit erleben wir in Deutschland einen unvorstellbaren Verlust landwirtschaftlicher Vielfalt. Immer mehr kleine und mittlere Betriebe müssen aufgeben. Die verfehlte Agrarpolitik zwingt sie dazu. Die Preiskrise trifft vor allem Milchbauern und Schweinehalter. Viele müssen seit Monaten unterhalb der Produktionskosten verkaufen. Gleichzeitig bremst die Bundesregierung Alternativen wie die Ökolandwirtschaft aus, obwohl sich die nach einer Übergangszeit für die Bauern lohnen würde. Aber Planungsunsicherheit und unklare Förderbedingungen hindern noch immer viele am Umsteigen. Unsere Bäuerinnen und Bauern brauchen wieder eine wirtschaftliche Perspektive.

Die gegenwärtige Förderpolitik belohnt vor allem Großagrarier und benachteiligt solche, die tiergerechter und ökologischer arbeiten wollen. Kleine und mittlere landwirtschaftliche Betriebe bekommen nur einen Bruchteil der Subventionen, die Großgrundbesitzer bekommen. Das ist in höchstem Maße ungerecht. Die größten Landbesitzer bekommen das meiste Steuergeld, ohne dafür etwas für die Gesellschaft tun zu müssen. Die politische Legitimation für diese Subventionen leuchtet vielleicht noch irgendwelchen Bauernfunktionären und ihren Unions-Helfern in den Parlamenten ein, aber sonst niemandem mehr. Statt also Geldgeschenke an Großgrundbesitzer und die Agroindustrie zu verteilen, müssen kleine und mittlere Betriebe gestärkt werden, die verantwortlich mit dem ihnen anvertrauten Gut umgehen – mit dem Boden, der Umwelt und den Tieren. Wir brauchen einen fairen Gesellschaftsvertrag mit den Bauern. Die Subventionen müssen gerechter und zielgerichtet verteilt werden. Ich will die Agrarsubventionen bei 150.000 Euro pro Jahr pro Betrieb kappen und das

Geld gerechter verteilen. Von einer solchen Kappung, die sich sofort umsetzen ließe, wäre lediglich 1,5 Prozent der Betriebe betroffen – die größten. Das Geld, das eingespart wird, will ich sinnvoller und gerechter verteilen. Das Prinzip der »öffentlichen Gelder für öffentliche Güter« muss auch für die Landwirtschaft gelten. Für die nächste Agrarreform auf EU-Ebene will ich mich für eine zeitgemäße Förderpolitik starkmachen.

Klar ist auch: Es darf nicht zu weiteren Strukturbrüchen in der Landwirtschaft kommen. Nötig ist eine Übergangsphase bei der gerechteren und sinnvolleren Verteilung der Gelder. Mit den Subventionen wurde über Jahrzehnte ein System der Abhängigkeit geschaffen. Für viele Betriebe macht die Flächenprämie, also eine Förderung, die primär abhängig ist von der Größe des Landbesitzes, mittlerweile rund 40 Prozent des Einkommens aus. Würden diese Fördergelder von heute auf morgen abgeschafft, wären viele Betriebe wirtschaftlich kaum überlebensfähig. Deshalb will ich beim Umbau der Fördergelder darauf achten, dass keine Strukturbrüche entstehen.

Deshalb will ich auch gegen Landraub vorgehen – auch in Deutschland. 70 Prozent des Landes befindet sich nicht mehr in der Hand der Bäuerinnen und Bauern, die es bewirtschaften. Die Bodenpreise sind in den letzten Jahren stark gestiegen. Boden darf nicht zum Spekulationsobjekt von außerlandwirtschaftlichen Investoren werden. Bauern brauchen guten Boden und bezahlbare Pachtverträge. Kleinen und mittleren Bäuerinnen und Bauern muss beim Bodenkauf ein Vorkaufsrecht eingeräumt werden. Zudem will ich genossenschaftliche Initiativen für Bodenbesitz stärker unterstützen. Außerdem will ich eine Harmonisierung des Bodenrechtes und auf Bundesebene ein Agrarstrukturgesetz erreichen, um eine ausgewogene und gesunde Agrarstruktur durchzusetzen. Wir brauchen keine neuen Landjunker, sondern eine gerechte und breit gestreute Verteilung von Bodenbesitz in den Händen vieler und vor allem Bäuerinnen und Bauern. Die Landverkäufe der staatlichen BVVG, die große ehemalige DDR-Flächen veräußert, müssen an sinnvolle und faire Kriterien gekoppelt werden. Ein kleiner Bauer kann mit einer Aktiengesellschaft kaum mithalten, solange der Höchstpreis das einzige Verkaufskriterium bleibt.

Ich will, dass die Zukunft den bäuerlichen, ökologisch und tiergerecht arbeitenden Betrieben gehört. Wir brauchen ein starkes Förderprogramm, das die ökologische Landwirtschaft endlich aus der Nische holt. Ich will regionale Vermarktungsstrukturen stärken, damit wir mehr regionale Lebensmittel bekommen. Ich will das Lebensmittelhandwerk stärken und wieder mehr Vielfalt im Handel. Das stärkt die Wertschöpfung in den ländlichen Regionen und gibt Bäuerinnen und Bauern die Möglichkeit, landwirtschaftlich zu arbeiten und davon zu leben. Regionales Lebensmittelhandwerk schafft und erhält Arbeitsplätze – zusammen mit anderen Zukunftsbranchen im ländlichen Raum.

Vom Umweltzerstörer zum Umweltschützer

Ich will keine Tierhaltung, die nur deshalb funktioniert, weil sie am Tropf der Sojaimporte hängt und mehr Gülle produziert, als der Boden aufnehmen kann. Die Fleischfabrik Deutschland ist ein wesentlicher Verursacher ökologischer Krisen. Die Tierhaltung setzt große Mengen Treibhausgase frei, Monokulturen, Gülleüberschüsse und Pestizide befeuern das Artensterben und zerstören unsere Böden. Antibiotika, Gülle und Pestizide belasten unser Grundwasser.

Doch die Landwirtschaft kann vom Umweltzerstörer zum Umweltschützer, vom Klimakiller zum Klimaschützer werden. Wenn wir klug umsteuern.

Ich will die Bäuerinnen und Bauern zu Partnern des Klimaschutzes machen. Das erreichen wir, indem wir eine ökologisch nachhaltige und standortangepasste Landwirtschaft fördern, die mehr Treibhausgase bindet als freisetzt. Die Landwirtschaft wird dann zum Klimaschützer, wenn sie auf Qualität, regional und ökologisch setzt statt auf Masse, industriell und exportorientiert. Der Import gigantischer Mengen Gensojas, für das zum Teil Regenwald in Südamerika gerodet wurde, muss beendet werden. Wir brauchen eine Zertifizierung von Soja, um sicherzustellen, dass beim Anbau die Rechte der örtlichen Bevölkerung eingehalten wurden und kein Regenwald zerstört wurde. Wir müssen den Anbau einheimischer Futtermittel stärker fördern. Nicht nur von Soja, sondern auch von Ackerbohnen, Erbsen, Lupinen und Kleegras. Zudem müssen die enormen Potenziale des humusreichen Bodens als CO_2-Senke erhalten und weiter erschlossen und die nachhaltige Weidehaltung gefördert werden. Es ist wichtig, die Landwirtschaft wieder stärker an ihre eigentliche Grundlage – die Fläche – zu binden und den Ökolandbau deutlich stärker zu fördern.

5 kulinarische Tipps zum Schutz des Planeten

1. **Weniger, ökologischeres oder kein Fleisch** – spart enorme Mengen CO_2 und sorgt dafür, dass es auf der Welt gerechter zugeht.
2. **Biolebensmittel** – ihr Anbau verursacht weniger Treibhausgase, durch den Verzicht auf Stickstoffdünger und chemische Pestizide wird der Boden weniger belastet.

3. **Saisonales Obst und Gemüse** – Freilandanbau verursacht noch die geringsten Emissionen, Gemüse aus dem Treibhaus verbraucht viel Energie.
4. **Lebensmittel aus der Region** – spart lange Transportwege. Es ist Quatsch, wenn Nahrungsmittel um den halben Globus gekarrt werden, die genauso gut hier angebaut werden könnten.
5. **Lebensmittel wertschätzen** – was übrig bleibt, nicht wegwerfen, sondern verschenken oder Reste wiederverwerten. Es gibt viele spannende Initiativen gegen Lebensmittelverschwendung, zum Beispiel die Plattform foodsharing.de.

Ich will auch erreichen, dass die Landwirtschaft vom Artenkiller zum Artenschützer wird. Und zwar, indem sie ökologischer wird, weniger Pestizide einsetzt und die Überdüngung zurückfährt. Wir brauchen eine strenge Düngeverordnung und müssen über die Ausgestaltung einer Pestizidabgabe nachdenken, damit die konventionelle Landwirtschaft weniger Umweltschäden verursacht. Die Vorteile einer ökologischeren Landwirtschaft für Mensch und Natur sind mehr als deutlich: Auf Biobauernhöfen sind durchschnittlich 75 Prozent mehr Pflanzenarten und 22 Prozent mehr Vogelarten zu Hause als in der konventionellen Landwirtschaft. Die Ökolandwirtschaft fördert die Fruchtbarkeit des Bodens und die Artenvielfalt. Ein wichtiger Grund ist, dass auf Biobauernhöfen keine chemisch-synthetischen Pestizide wie Glyphosat eingesetzt werden. Weniger Ackergifte, weniger Überdüngung, mehr ökologische Vorrangflächen und mehr ökologischen Anbau – so können wir das Artensterben in Deutschland endlich stoppen und unseren Kindern eine lebenswerte Welt hinterlassen.

Ich finde es skandalös, dass ein Großteil unserer Oberflächengewässer und ein guter Teil unseres Grundwassers wegen der industriellen Landwirtschaft mittlerweile in keinem guten Zustand mehr ist. Ich will unser gutes Wasser schützen, indem wir die Güllefluten durch eine strenge Düngeverordnung begrenzen und den zu hohen Antibiotika- und Pestizideinsatz reduzieren. Und wir müssen endlich verantwortlicher mit unserem Boden umgehen. Unser Boden ist schließlich die wichtigste Ressource für unsere Lebensmittel.

Transparenz und Verbraucherschutz

Wer im Supermarkt steht, wird halb erschlagen von einer Mischung falscher Werbeversprechen und nichtssagender Industriesiegel. Die eigentlich wichtigen Informationen sind entweder versteckt oder stehen nicht drauf. Man muss im Supermarkt Sherlock Holmes spielen, um herauszufinden, was in den Produkten ist. Ich will aufräumen im Siegelwald und überflüssige und nichtssagende Industriesiegel abschaffen. Verbrauchertäuschung lehnen wir entschieden ab.

Ich will Klarheit schaffen: Verbraucher haben ein Recht darauf zu erfahren, ob Kühe oder Schweine auf die Weide dürfen oder ob sie aus industrieller Massentierhaltung stammen. Wie sonst soll man frei wählen können, welche Haltungsform man unterstützt und welche man ablehnt?

Der Bundesverband der Verbraucherzentralen schlägt ein nationales Tierschutzlogo vor und auch der wissenschaftliche Beirat für Agrarpolitik empfiehlt ein mehrstufiges Tierschutzsiegel. Es gibt große Unterschiede in der Tierhaltung, die sich auch in einer Kennzeichnung wiederfinden sollten. Zwischen industrieller Massentierhaltung und ökologischer Tierhaltung befindet sich ein breites Spektrum. Ich fände es sinnvoll, wenn wirklich draufsteht, was drin ist. Dass das also auch so genannt wird, wenn Massentierhaltung drin ist. Aber natürlich würde sich die Agroindustrie massiv dagegen sperren. Ich bin offen für einen Kompromiss. Deshalb arbeiten wir Grünen zurzeit an Vorschlägen für eine Fleischkennzeichnung analog zur Eikennzeichnung. Das Ganze könnte wie folgt aussehen:

0 für ökologische Tierhaltung
1 für mehr Platz, höhere Anforderungen an den Stall und Zugang ins Freie
2 für mehr Platz und höhere Anforderungen an den Stall
3 für gesetzlichen Mindeststandard

Das Gute daran ist, dass Bäuerinnen und Bauern bei einer Fleischkennzeichnung endlich über die Qualität in den Wettbewerb einsteigen und so auch höhere Preise erzielen können. Deutschland könnte mit einer solchen Fleischkennzeichnung europaweit Pionierarbeit leisten und Vorreiter werden für eine Wende zu einer tiergerechteren Landwirtschaft. Umfragen zeigen, dass über 70 Prozent der Bäuerinnen und Bauern für eine Kennzeichnung von Fleisch sind. Sie könnten mit erkennbar besseren Lebensmitteln höhere Preise erzielen. Genau das ist bei Eiern auch passiert. Statt dass die Eierproduktion abgewandert ist, haben mehr Bäuerinnen und Bauern insgesamt weniger und dafür bessere Eier zu höheren Preisen produziert. Eine Win-win-Situation.

Auch viele Bäuerinnen und Bauern wünschen sich eine klare Fleisch- und Milchkennzeichnung und mehr Transparenz. Diese Haltung geht aus einer aktuellen Forsa-Umfrage hervor.

- 85 Prozent befürworten eine klare Herkunftskennzeichnung.
- 75 Prozent wünschen eine Kennzeichnung der Tierhaltungsform.
- 71 Prozent befürworten, dass die Verwendung gentechnisch veränderter Futtermittel gekennzeichnet wird.

Die Erfahrungen mit der Eierkennzeichnung haben gezeigt, dass klare Informationen und Transparenz ein entscheidender Hebel für Tierschutzverbesserungen sind, von der auch die Bäuerinnen und Bauern und nicht zuletzt die Verbraucherinnen und Verbraucher profitieren. Nachdem Eier gekennzeichnet wurden, hat kaum noch jemand Käfigeier gekauft. Gleichzeitig ist der Anteil von Bioeiern und Freilandeiern im Lebensmitteleinzelhandel seitdem stark angestiegen. Das Beispiel zeigt, dass sich Qualität und Tierschutz durchsetzen kann. Wie wichtig die Kennzeichnung ist, zeigt der Vergleich zu Lebensmitteln, die verarbeitete Eier enthalten, zum Beispiel Nudeln oder Kuchen. Hier werden weiterhin in großen Mengen Käfigeier von der Industrie verwendet, weil diese im Gegensatz zu frischen Eiern nicht gekennzeichnet sein müssen.

Eine solche Fleischkennzeichnung steht für mich daher ganz oben auf der Agenda, wenn es um mehr Verbraucherschutz gehen. Doch Verbraucherschutz und Transparenz gehen für mich deutlich weiter.

Transparenz und klare Kennzeichnung sind auch bei gentechnisch veränderten Pflanzen und Tieren wichtig. Wenn Gensoja im Futtertrog gelandet ist, will ich, dass das für die Konsumentinnen und Konsumenten deutlich gemacht wird. Bisher ist das nicht der Fall. Ob es der Agroindustrie passt oder nicht, wo Gentechnik drin ist, muss auch Gentechnik draufstehen. Deutschland darf nicht zum Gentechnik-Land werden. Und: Wir dürfen unsere Gentechnik-Gesetze wegen TTIP und CETA nicht im vorauseilenden Gehorsam weiter aufweichen. Wir brauchen ein bundesweit einheitliches Anbauverbot von Genpflanzen und eine Schließung der Kennzeichnungslücke.

Zum Verbraucherschutz zähle ich auch gutes Essen von Anfang an. Ich will, dass es mehr ökologisches und regionales Essen in den Kitas und Schulen gibt – und zwar flächendeckend. Bisher werden zwei von drei Kitas und Schulen von Großcateringfirmen mit Essen beliefert, das teilweise unzumutbar schmeckt und sehr unausgewogen ist. Außerdem müssen wir darüber reden, dass Ernährungsbildung auf die Lehrpläne der Schulen kommt. Es profitieren vor allem die Kinder, wenn Schulen einen Zugang zu Lebensmitteln vermitteln, ein Ausflug zum Bauernhof auf dem Programm steht und Gemüse von Kindern im Schulgarten selbst angebaut werden kann.

Fairer Handel statt TTIP und CETA

Nur fairer Handel ist freier Handel. Alles andere ist eine Mogelpackung, bei der irgendjemand draufzahlt. Das sind in der Regel die kleinen Bauern, die Verbraucher, der unternehmerische Mittelstand. TTIP und CETA sind das Gegenteil von fairem Handel. Sie dienen vor allem Konzerninteressen und hebeln Demokratie und Justiz aus. Sie schaffen auch keinen Wohlstand für alle, sondern Gewinne für wenige.

TTIP und CETA darf es so nicht geben. Damit unser Verbraucherschutz nicht dem Dumpingpreiswahn zum Opfer fällt, müssen wir den Agrar- und Lebensmittelbereich aus den Verhandlungen ausklammern. Schiedsgerichte sind nur ein anderes Wort für Hinterzimmerjustiz. Wer sich ungerecht behandelt fühlt, kann vor ein ordentliches Gericht gehen. Alles andere ist eines Rechtsstaats nicht würdig.

Internationale Handelsabkommen müssen Probleme lösen und dürfen keine neuen schaffen. Der Handel über den Atlantik läuft seit Jahrzehnten auf Hochtouren. Wer technische Standards wie die Farbe der Blinker vereinheitlichen will, der kann das schon jetzt tun.

Wir brauchen aber Abkommen, die mehr Klimaschutz, mehr Arbeitnehmerrechte bewirken oder gegen Steuerbetrug angehen. Sie wären ein Gewinn für alle.

Das Interesse der Menschen an gesundem Essen, an echter Demokratie, an fairen Bedingungen für alle gehen vor Konzerninteressen. Denn die Erfahrung vieler Menschen in der EU, in den USA und in Kanada ist doch: Nur weil die Großen noch mehr Gewinne machen, kommt bei den Kleinen nicht automatisch auch etwas davon an. Im Gegenteil: Sie sind häufig diejenigen, die die Zeche zahlen. Deswegen überzeugen mich diese Freihandelsabkommen nicht.

Und ganz nebenbei ist es doch absurd, wenn ein Hightech-Land wie die Bundesrepublik versucht, auf den Weltmärkten mit Schweinehälften und Hühnerbrüsten zu bestehen. Unser Wettbewerbsvorteil im Agrarbereich besteht außer aus Milliardensubventionen aus Ausbeutung – der Tiere, der Beschäftigten, der Umwelt. Das ist der große Unterschied zum Beispiel zum Maschinenbau, wo wir hohe Energiestandards und die meisten Beschäftigten gute Jobs haben und trotzdem viele Güter exportieren können.

Ich will, dass faire Handelsbedingungen vor allem mit Ländern des globalen Südens gelten. Aber die von der EU angestrebten Wirtschaftspartnerabkommen mit Ländern Afrikas (EPAs) bevorteilen die EU-Staaten und schaden der

Entwicklung des globalen Südens. Das ist das Gegenteil von fairem Handel – und wird weiterhin Tausende Menschen auf den gefährlichen Weg nach Europa treiben. Die müssen sich dann auch noch von der CSU und anderen als Wirtschaftsflüchtlinge beschimpfen lassen. Dabei fliehen sie genau vor einer Politik, die die Bundesregierung in Brüssel mitträgt.

Bei fairem Handel stehen auch die Unternehmen in der Pflicht. Es kann nicht sein, dass sich Großkonzerne hier aus der Verantwortung stehlen und behaupten, sie hätten keinen Einfluss auf ihre Zulieferer. Vor allem große Unternehmen müssen endlich mehr Verantwortung für ihre Lieferketten übernehmen. Das gilt insbesondere für die Handelskonzerne und das Agrobusiness.

Global und sozial gerechte Landwirtschaft

Ich kämpfe für eine gerechte Welt. Es darf nicht sein, dass wir die alleinigen Gewinner der Globalisierung sind und unser Konsumverhalten zulasten der Armen und Schwachen ausleben. Doch genau das ist bisher der Fall. Die Fleischfabrik Deutschland befeuert den Landraub in den Ländern Südamerikas. Davon habe ich mir selber vor Ort ein Bild gemacht. Dumpingfleischexporte nach Westafrika zerstören dort die Lebensgrundlagen von Kleinbäuerinnen und Kleinbauern und sind eine der drängendsten Fluchtursachen, die wir bekämpfen können und müssen. Wir müssen aufhören, mit unseren hochsubventionierten und durchindustrialisierten Lebensmitteln die Märkte und Lebensgrundlagen im globalen Süden zu zerstören.

Kaum verwunderlich ist doch, dass ein Mensch, der vier Jahre in einem Flüchtlingslager in Jordanien haust, in dem es noch nicht einmal genug zu essen gibt, geschweige denn eine Schule, irgendwann aufbricht und eine Perspektive sucht für ein besseres Leben. Es ist ein Skandal, eine Schande, dass die Finanzierung der Lebensmittelprogramme und Hilfsgüter noch immer völlig unzureichend ist. Stattdessen wird die Diskussion hier immer unmenschlicher und es wird über Zäune und Obergrenzen geredet.

Ich will, dass wir die Entwicklungszusammenarbeit sinnvoll stärken und ausbauen und endlich angemessen finanzieren. Vor mehr als vier Jahrzehnten nannten die Vereinten Nationen zum ersten Mal das Ziel, 0,7 Prozent des Bruttoinlandsproduktes für Entwicklungshilfe aufzuwenden. Noch heute ist die Bundesrepublik davon weit entfernt. Gerade einmal 0,4 Prozent wenden wir für Entwicklungshilfe auf. Wir brauchen einen Aufholplan, um das Ziel endlich zu erreichen. Denn gerade in Krisenzeiten muss die Unterstützung für Länder des globalen Südens gestärkt werden. Spekulationen der Finanzindustrie mit Grundnahrungsmitteln müssen unterbunden werden. Das Recht auf Nahrung ist ein fundamentales Menschenrecht. Danach muss sich jede Außen- und Handelspolitik ausrichten. Nicht Agrokonzerne, sondern Kleinbäuerinnen und Kleinbauern müssen diejenigen sein, mit denen wir in der Entwicklungsarbeit stärker zusammenarbeiten. Sie sind das Rückgrat der Welternährung und der Schlüssel im Kampf gegen den Hunger. So sagt es auch der Weltagrarbericht. Er empfiehlt die Stärkung bäuerlicher Strukturen, regionaler Erzeugung und umweltschonender Produktion.

Nicht nur im globalen Süden, auch hier in Deutschland werden Menschen in der Fleischfabrik Deutschland ausgebeutet, zum Beispiel in Schlachthöfen. Ich will diese Ausbeutung beenden. Wir brauchen faire Arbeitsbedingungen. Die Bundesregierung ist in der Pflicht, Scheinwerkverträge wirksam zu bekämpfen und die gesetzlichen Lücken zu schließen. Dafür braucht es nicht zuletzt wirksame Kontrollen durch staatliche Aufsichtsbehörden. Diese müssen besser ausgestattet und finanziert werden.

Auch die großen Fleischkonzerne stehen in der Verantwortung. Der Umsatz der Marktführer ist in den letzten Jahren massiv gestiegen. Davon profitieren aber vor allem die Chefs und Manager, während viele Mitarbeiter das Nachsehen haben. Die Fleischproduzenten müssen sich ihrer Verantwortung stellen und für faire Arbeitsbedingungen sorgen. Ich will eine Lebensmittelerzeugung, die fair und gerecht ist – für alle Beteiligten.

Und ich will, dass gutes Essen für alle möglich und erschwinglich ist. Gutes, regionales und möglichst ökologisches Essen in Kitas und Schulen zählt dazu, aber auch in vielen Alten- und Pflegeheimen kann und muss das Essen besser werden. Damit sich auch Menschen mit wenig Geld gutes Essen leisten können, will ich den Hartz-IV-Satz erhöhen. Und ich halte es für einen Skandal, dass allein in Deutschland jährlich 18 Millionen Tonnen Lebensmittel in der Mülltonne landen, während weltweit Millionen Menschen hungern und auch hier so mancher hungrig ins Bett gehen muss oder auf Hilfe angewiesen ist. Frankreich hat vor Kurzem ein Gesetz verabschiedet, das es Supermärkten verbietet, gute Lebensmittel einfach wegzuwerfen. Auch wenn in Deutschland bereits viele Supermärkte Kooperationen mit den Tafeln haben, können und müssen wir mehr tun. Lebensmittel sind einfach zu wertvoll für die Mülltonne.

Was wir davon haben

Diese sechs Schritte schaffen den Aufbruch in eine Agrarwende hin zu gutem Essen. Für manche Herausforderungen liegt das Patentrezept noch nicht auf dem Tisch. Doch eine Agrarwende ist möglich und nötig. Wir können unsere Lebensmittelerzeugung so umbauen, dass sie Krisen verhindert, statt zu verursachen. Dass sie mit der Natur arbeitet und nicht gegen sie. Ich will eine Agrarpolitik, die unsere Bäuerinnen und Bauern stärkt, statt die Agroindustrie zu hofieren. Weg von reiner Profitmaximierung und Wachstum, hin zu Regionalität und Qualität. Und ich bin davon überzeugt, dass der Rückenwind für eine Agrarwende immer stärker wird.

Eine Agrarwende ist ein grundsätzlicher Wandel, der politische Weichenstellungen, wirtschaftliche Machtkämpfe und gesellschaftliche Veränderungen bedeutet. Schon heute gibt es harte Auseinandersetzungen mit der Agroindustrie, mit dem Bauernverband, mit Politikern der Union. Doch die Beharrungswiderstände des Status quo gab es auch beim Atomausstieg. Und dennoch haben wir bei der Energiewende erreicht, was wir auch bei der Agrarwende erreichen können: einen grünen Umbau, von dem alle profitieren. Dafür gibt es Rückenwind und dieser Rückenwind ist wichtig. Denn erst das wachsende Interesse und Engagement vieler Menschen für das Thema Essen und Landwirtschaft bereitet den Nährboden für politische Veränderung.

Und dafür ist es höchste Zeit. Eine grüne Landwirtschaft bedeutet mehr und vielfältigere Jobs in einer vielfältigen Landwirtschaft, mehr Gerechtigkeit gegenüber Mensch und Tier, weniger Fluchtursachen und Hunger, mehr Umweltschutz, Klimaschutz und Artenvielfalt. Eine Landwirtschaft mit Zukunft, von der alle profitieren. Dafür kämpfe ich.

Anhang

Quellen

Kapitel 1.1 Das Schweinesystem

Agrar heute (2014): »Hähnchenmast: Lohnt es sich überhaupt noch?« *agrarheute.de*, 19. Mai 2014: http://www.agrarheute.com/news/haehnchenmast-lohnt-ueberhaupt-noch

Albert Schweitzer Stiftung für unsere Mitwelt (2013): »Massentierhaltung«: http://albert-schweitzer-stiftung.de/massentierhaltung

Albert Schweitzer Stiftung für unsere Mitwelt (2016): »Milchkühe«: http://albert-schweitzer-stiftung.de/massentierhaltung/milchkuehe

Anthes, Monika, Verheyen, Edgar (2015): »ARD Exclusiv im Ersten: Verheizt für billige Milch«, *daserste.de*, 20. Juli 2015.

Beckers, Maja, Dietz, Charlotte (2014): »Was Sie über Massentierhaltung wissen sollten«, sueddeutsche.de, 3. März 2014: http://www.sueddeutsche.de/wirtschaft/fleischproduktion-in-deutschland-was-sie-ueber-massentierhaltung-wissen-sollten-1.1899021

Bundesamt für Naturschutz [Hrsg.] (2015): *Artenschutzreport 2015, Tiere und Pflanzen in Deutschland.*

Bundesamt für Verbraucherschutz und Lebensmittelsicherheit [Hrsg.] (2015): *Absatz an Pflanzenschutzmitteln in der Bundesrepublik Deutschland, Ergebnisse der Meldungen gemäß § 64 Pflanzenschutzgesetz für das Jahr 2014.*

Bundesministerium für Ernährung und Landwirtschaft [Hrsg.] (2013): »Betriebe mit Masthühnerhaltung nach Bestandsgrößenklassen (MBT-0117560-0000).«

Bundesministerium für Ernährung und Landwirtschaft (2016): »Selbstversorgungsgrad bei Schweinefleisch in Deutschland in den Jahren 2006 bis 2014«: http://de.statista.com/statistik/daten/studie/76637/umfrage/selbstversorgungsgrad-bei-fleisch-in-deutschland/

Bundesministerium für Ernährung und Landwirtschaft [Hrsg.] (2015): »Wege zu einer gesellschaftlich akzeptierten Nutztierhaltung, Zusammenfassung des Gutachtens, Wissenschaftlicher Beirat für Agrarpolitik beim Bundesministerium für Ernährung und Landwirtschaft.«

Bundesministerium für Ernährung und Landwirtschaft [Hrsg.] (2015): »Wege zu einer gesellschaftlich akzeptierten Nutztierhaltung, Zusammenfassung des Gutachtens, Wissenschaftlicher Beirat für Agrarpolitik beim Bundesministerium für Ernährung und Landwirtschaft.«

Bundesministerium für Ernährung und Landwirtschaft [Hrsg.] (2016): »Daten und Tabellen«: http://www.bmelv-statistik.de/

Deutscher Bauernverband: »Staatliche Bevormundung und Bürokratie gefährden bäuerliche Landwirtschaft«, Pressemeldung: 26. Juni 2015: http://www.bauernverband.de/staatliche-bevormundung-und-buerokratie-gefaehrden-baeuerliche-landwirtschaft

Deutscher Bundestag, Drucksache 17/10021: Antwort auf die Kleine Anfrage der Bundestagsfraktion von Bündnis 90/Die Grünen: »Tierschutz bei der Tötung von Schlachttieren«.

Deutscher Tierschutzbund: »Schwein gehabt, Ferkelkastration mit Betäubung möglich«, in: *Du und das Tier*.

Ehrenstein, Claudia (2015): »Minister will deutsche Milch in den Iran verkaufen«, *welt.de*, 2. August 2015: http://www.welt.de/politik/deutschland/article144711819/Minister-will-deutsche-Milch-in-den-Iran-verkaufen.html

Eurostat (2014): »Fleischerzeugung Schweine«: http://ec.europa.eu/eurostat/tgm/table.do?tab=table&init=1&plugin=1&language=de&pcode=tag00042

Harms, Jana (2003): »2,7 Laktationen im Leben einer Milchkuh – ökonomisch betrachtet«, Landesforschungsanstalt für Landwirtschaft und Fischerei Mecklenburg-Vorpommern, Institut für Betriebswirtschaft.

Hoffmann, Ulrich (2015): »Die Landwirtschaft steckt in der Umweltkrise«, in: *Movum, Briefe zur Transformation*, Ausgabe 6, Juni 2015, S. 5.

Hörning, Bernhard (2013): *Qualzucht bei Nutztieren, Probleme & Lösungsansätze*, Hochschule Eberswalde.

Hörning, Bernhard (2013): *Zum Einsatz von Hormonen in der intensiven Sauenhaltung*, Hochschule Eberswalde.

Kunze, Anne, Willeke, Stefan (2015): »Der König der Schweine«, in: *DIE ZEIT*, 45/2015, S.13.

Marktinfo Eier und Geflügel (2014): »Schlachtgewichte von Hähnchen in Deutschland zugelegt«, Pressemitteilung vom 8. August 2014.

Meyers Großes Konversations-Lexikon, Band 20 (1909): »Vieh- und Fleischhandel«, Leipzig und Wien: Bibliographisches Institut, S. 144-146.

Niedersächsisches Ministerium für Wirtschaft, Arbeit und Verkehr (2012): »Wie viel verdienen die Arbeitenden im Schlachthof Wietze?«, *mw.niedersachsen.de*, 23. Februar 2012: http://www.mw.niedersachsen.de/portal/live.php?navigation_id=5459&article_id=104609&_psmand=18

Römer, Anke (2011): »Untersuchungen zur Nutzungsdauer bei Deutschen Holstein Kühen«, in: *Züchtungskunde 1/2011*, 83: S. 8-20, Stuttgart: Ulmer.

Roth, Ralf (2005): *Das Jahrhundert der Eisenbahn, Die Herrschaft über Raum und Zeit 1800–1914*. Ostfildern: Jan Thorbecke Verlag.

Statistisches Bundesamt (2015): »Fleischproduktion in Deutschland im Jahr 2014 auf neuem Höchststand«, Pressemitteilung Nr. 044 vom 11. Februar 2015.

Tagesschau (2015): »Schmidt will Schlachtung trächtiger Kühe verbieten«, *tagesschau.de*, 14. Juli 2015: https://www.tagesschau.de/inland/schlachtverbot-traechtige-kuehe-101.html

Wöhlken, Egon (1991): *Einführung in die landwirtschaftliche Marktlehre*, Stuttgart: Ulmer.
Zaludik, Katrina (2002): *Bewertung praxisüblicher Mastschweinehaltungen in Nordrhein-Westfalen hinsichtlich der Tiergerechtheit*, Universität Hohenheim.

Kapitel 1.2 Gefahren aus dem Stall

Ammon, Andrea, Bräunig, Juliane (2002): »Lebensmittelbedingte Erkrankungen in Deutschland«, in: *Gesundheitsberichterstattung des Bundes*, Heft 01/02, Robert Koch-Institut.
Beisswanger, Elena, Fromm, Sabine, Tenhagen, Bernd-Alois (2013): *Risikofaktoren für MRSA in der Tierproduktion – eine Metaanalyse*, Bundesamt für Risikobewertung.
Berning, Christiane, Kahl, Barbara C. et al. (2015): »Fatal infections caused by methicillin-resistant Staphylococcus aureus of clonal complex 398: case presentations and molecular epidemiology«, *JMM Case Reports* 2015.
Bialek, Catrin, Jakobs, Hans-Jürgen (2015): »Die große Verunsicherung«, *Handelsblatt*, 15. Juni 2015, S.1.
Bundesamt für Risikobewertung (2016): »Antibiotikaresistenz«: http://www.bfr.bund.de/de/a-z_index/antibiotikaresistenz-61681.html
Bundesministerium für Bildung und Forschung (2013): »Unerwünschtes Souvenir aus dem Tierstall – Antibiotikaresistente Bakterien können von Tieren auf Menschen übertragen werden«, Newsletter 65, Dezember 2013.
Cuny, Christiane, Witte, Wolfgang (2014): *Bedeutung von LA-MRSA und ESBL-bildenden Enterobacteriaceae bei Masttieren für den Menschen*, Robert-Koch-Institut, Bereich Wernigerode, Nationales Referenzzentrum für Staphylokokken und Enterokokken.
Deutscher Bauernverband (2014): »Verabschiedet sich *Die Zeit* vom Qualitätsjournalismus?« Pressemitteilung vom 21. November 2014.
Grossarth, Jan (2014): »Die Rache der Bauernlobby«, *faz.net*, 07. November 2014: http://www.faz.net/aktuell/feuilleton/medien/landwirtschaft-die-rache-der-bauernlobby-13898308.html?printPagedArticle=true#pageIndex_2
Institut für Tier- und Umwelthygiene (2015): *Antibiotikaresistenzen bei Nutztieren: Ein- und Austragswege*.
O'Neill, Jim (2014): *Review on Antimicrobial Resistance. Antimicrobial Resistance: Tackling a Crisis for the Health and Wealth of Nations*.
Sachverständigenrat für Umweltfragen (2015): »Stickstoff, Lösungsstrategien für ein drängendes Umweltproblem«.
Umweltbundesamt (2015): »Nähr- und Schadstoffe«, 18. März 2013: https://www.umweltbundesamt.de/themen/wasser/gewaesser/grundwasser/nutzung-belastungen/naehr-schadstoffe
Umweltbundesamt [Hrsg.] (2014): »Tierarzneimittel – ein neues Problem für das Grundwasser?« Presseinformation Nr. 12/2014.
Umweltbundesamt [Hrsg.] (2015): »Umwelttrends in Deutschland, Daten zur Umwelt 2015«.

University of Michigan (2006): »Human Appropriation of the World's Fresh Water Supply«, 1. April 2006: http://www.globalchange.umich.edu/globalchange2/current/lectures/freshwater_supply/freshwater.html
Vorholz, Fritz (2014): »Das Wasser wird schlecht«, in: *Die Zeit*, 37/2014.
WHO (2011): »Untätigkeit ist tödlich. Antibiotikaresistenzen breiten sich in der Europäischen Region weiter aus«, Pressemitteilung vom 7. April 2011.
WHO (2015): »Estimates of the global burden of foodborne diseases«: http://www.who.int/foodsafety/areas_work/foodborne-diseases/ferg_infographics/en/
Wolff, Reinhard (2013): »Ostsee in Atemnot«, *taz.de*, 13. Februar 2013: http://www.taz.de/!5073313/
World Organisation for Animal Health (2013): »OIE at the European Parliament to raise awareness on animal diseases and risks for public health«, Pressemitteilung vom 22. Januar 2013.

Kapitel 1.3 Ohne Netz und doppelten Boden

Beste, Andrea (2015): *Down To Earth – der Boden von dem wir leben.* Wiesbaden: Martin Häusling, MdEP.
BUND (2013): »Glyphosat im Urin von Großstädtern aus 18 europäischen Staaten nachgewiesen, 70 Prozent aller Proben in Deutschland belastet«, Pressemitteilung vom 13. Juni 2013.
Bundesamt für Naturschutz [Hrsg.] (2015): »Artenschutzreport 2015, Tiere und Pflanzen in Deutschland«.
Cameron, Duncan, Osborne, Colin et al. (2015): »A sustainable model for intensive agriculture«, in: *Grantham Centre Briefing Note*, Dezember 2015, The University of Sheffield.
Ceballos, Gerardo, Ehrlich, Paul R. et al. (2015): »Accelerated modern human–induced species losses: Entering the sixth mass extinction«, in: *Science Advances*, Vol. 1, Nr. 5.
Co2online (2016): »Die Abholzung der Wälder«: http://www.co2online.de/klima-schuetzen/klimawandel/die-abholzung-der-waelder/
Deutscher Bundestag, Drucksache 18/6490: Antwort auf die Kleine Anfrage der Bundestagsfraktion von Bündnis 90/Die Grünen: »Folgen aus der Gefährdung von Bestäubern und der Umwelt durch Neonikotinoide und andere Pestizidwirkstoffe«.
Dickeduisberg, Michael, Steinmann, Horst-Henning et al. (2012): »Erhebungen zum Einsatz von Glyphosat im deutschen Ackerbau«, Julius-Kühn-Archiv, 434, S. 459–462.
Dikötter, Frank (2014): *Maos großer Hunger. Massenmord und Menschenexperiment in China,* Stuttgart: Klett-Cotta
Gerber, P.J., Steinfeld, H. et al. (2013): »Tackling Climate Change through Livestock: A global assessment of emissions and mitigation opportunities«, Rom: Food and Agriculture Organization of the United Nations (FAO).
Gilbert, Natasha (2012): »One-third of our greenhouse gas emissions come from agriculture«, *nature.com*, 31. Oktober 2012.

Goulson, Dave (2014): »Ecology: Pesticides linked to bird declines«, in: *Nature*, Vol. 511, S. 295/296.

Greenpeace (2016): »Bye bye, Biene?« https://www.greenpeace.de/themen/landwirtschaft/bienen

Heinrich-Böll-Stiftung [Hrsg.] (2015): »Bodenatlas, Daten und Fakten über Acker, Land und Erde«.

Inger, Richard, Gregory, Richard et. al. (2014): »Common European birds are declining rapidly while less abundant species' numbers are rising«, in: *Ecology Letters*, Vol. 18, Issue 1, S. 28–36.

International Energy Agency [Hrsg.] (2015): »World Energy Outlook 2015«.

IPCC (2014): »Fifth Assessment Report, Summary for Policymakers«, in: *Climate Change 2014: Mitigation of Climate Change. Contribution of Working Group III to the Fifth Assessment Report of the Intergovernmental Panel on Climate Change*, S. 24, Cambridge University Press.

Medick, Veit (2015): »Umweltpolitik: Die wundersame neue Klimaschutz-Allianz«, *spon.de*, 25. September 2015: http://www.spiegel.de/politik/ausland/barack-obama-papst-franziskus-xi-jinping-die-klimaschutz-allianz-a-1054633.html

Noleppa, Steffen (2012): *Klimawandel auf dem Teller*, Berlin 2012: [Hrsg.] WWF Deutschland.

Papst Franziskus (2015): Ansprache vor der Generalversammlung der Vereinten Nationen in New York am 25. September 2015.

Pestizid Aktions-Netzwerk Germany [Hrsg.] (2012): *Pestizide und Gesundheitsgefahren, Daten und Fakten*.

PricewaterhouseCoopers LLP (2014*): Two degrees of separation: ambition and reality Low Carbon Economy Index 2014*.

Sepkoski Jr., J. John (1998): «Rates of speciation in the fossil record«, in: *Philosophical Transactions of the Royal Society London*, Series B. Vol. 353, S. 315–326.

Steffen, Will, Richardson, Katherine et al. (2015): »Planetary boundaries: Guiding human development on a changing planet«, in: *Science*, Vol. 347, Issue 6223.

Stein, Annett (2014): »Artensterben: Jedes Jahr verschwinden bis zu 58.000 Tierarten«, *spon.de*, 25. Juli 2014: http://www.spiegel.de/wissenschaft/natur/artensterben-jaehrlich-verschwinden-58-000-tierarten-a-982906.html

UBA (2015): »Beitrag der Landwirtschaft zu den Treibhausgas-Emissionen«, 19. Juni 2015: https://www.umweltbundesamt.de/daten/land-forstwirtschaft/landwirtschaft/beitrag-der-landwirtschaft-zu-den-treibhausgas

Umweltbundesamt (2016): »Struktur der Flächennutzung«, 22. Februar 2015: http://www.umweltbundesamt.de/daten/flaechennutzung/struktur-der-flaechennutzung

Vogel, Angelika (2012): »China und die Spatzen«, *daserste.de*, 11. Mai 2012: http://www.daserste.de/information/wissen-kultur/w-wie-wissen/sendung/2009/china-und-die-spatzen-100.html

Wenz, Katrin (2015): »Ökologisierung der Landwirtschaft leistet Beitrag zum Klimaschutz«, bund.net: http://www.bund.net/?5845

World Bank (2016): »Anteil der landwirtschaftlichen Nutzfläche an der Gesamtfläche weltweit in den Jahren 1961 bis 2013«: http://de.statista.com/statistik/daten/studie/159816/umfrage/anteil-landwirtschaftlich-genutzter-flaeche-an-weltweiter-gesamtflaeche-seit-1990/

World Bank (2016): »Landwirtschaftliche Nutzfläche weltweit in den Jahren 1961 bis 2013 (in Millionen Hektar)«: http://de.statista.com/statistik/daten/studie/181080/umfrage/landwirtschaftliche-nutzflaeche-weltweit-seit-1980/

Kapitel 1.4 Eine Frage der Gerechtigkeit

BMEL (2013): »Länderbericht Brasilien«.

Brendel, Frank (2012): *Sojaboom in deutschen Ställen*, Berlin 2012: [Hrsg.] WWF Deutschland.

Comissão Pastoral da Terra (2015): »Conflitos no Campo Brasil 2014«.

Deutsche Gesellschaft für Internationale Zusammenarbeit (2014): »Unternehmensbericht 2013«.

Deutscher Bauernverband (2013): *Situationsbericht 2012/13*, S. 216-222.

Deutscher Bundestag, Drucksache 18/649: Antwort auf die Kleine Anfrage der Bundestagsfraktion von Bündnis 90/Die Grünen: »Entwicklungspolitischer Nutzen der German Food Partnership«

El-Sharif, Yasmin (2010): »Streit um Rohstoffe: Deutschland sagt Lebensmittel-Spekulanten den Kampf an«, *spon.de*, 2. September 2010: http://www.spiegel.de/wirtschaft/unternehmen/streit-um-rohstoffe-deutschland-sagt-lebensmittel-spekulanten-den-kampf-an-a-715227.html

Falk, Getrud, Reisenberger, Brigitte et al. (2015): »Auf dem Weg zu einer Erklärung für die Rechte von KleinbäuerInnen«, in: *FIAN Fact Sheet*, 2015/1.

Global Witness (2014): *Deadly Environment*. London: Global Witness Ltd.

GM Watch (2015): »Brazil National Cancer Institute report on GM crops available in English«, Pressemitteilung vom 3. September 2015

Grabner, Rudolf (2015): »Brasiliens Agrarriesen wachsen«, lko.at, 6. Oktober 2015: https://www.lko.at/?+Brasiliens-Agrarriesen-wachsen+&id=2500,2347594

Greenpeace (2012): »Genfood in Deutschland«.

Hartman, Glen, West, Ellen (2011): »Crops that feed the World 2. Soybean—worldwide production, use, and constraints caused by pathogens and pests«, in: *Food Sec.*, 2011/3, S. 5-17.

Heidtmann, Jan (2015): »Patentstreit ums Gemüsebeet«, *sueddeutsche.de*, 9. September 2015: http://www.sueddeutsche.de/wirtschaft/lebensmittel-gemischter-salat-1.2638852

Heinrich-Böll-Stiftung [Hrsg.] (2014): »Fleischatlas, Daten und Fakten über Tiere als Nahrungsmittel«.

Humburg, Anja, Bommert, Wilfried (2015): »Unter falscher Flagge?«, in: *IWE Dossier*, World Food Institute.

Kwasniewski, Nicolai (2014): »Agrarspekulationen: ›Die Deutsche Bank kam mit leeren Händen‹«, *spon.de*, 16. April 2014: http://www.spiegel.de/

wirtschaft/unternehmen/deutsche-bank-agrarspekulations-konferenz-enttaeuscht-foodwatch-und-co-a-964891.html

Marí, Francisco (2013): »Deutschland steigert Hähnchenausfuhren nach Afrika um 120 Prozent«, *brot-fuer-die-welt.de*, 29. August 2013: http://info.brot-fuer-die-welt.de/blog/deutschland-steigert-haehnchenausfuhren-afrika-um

Noleppa, Steffen, von Witzke, Harald et al (2014): *Fleisch frisst Land*. Berlin 2014: [Hrsg.] WWF Deutschland.

Oxfam (2014): »Agrarkonzerne«: http://www.oxfam.de/informieren/agrarkonzerne

Oxfam Deutschland (2010): »Fact-Sheet zur Nahrungsmittelspekulation«.

Papst Franziskus (2015): *Enzyklika, Laudato Si, Über die Sorge für das gemeinsame Haus*, S. 57.

Pestizid Aktions-Netzwerk (2015): »Consolidated List of Banned Pesticides July 2015«.

Shiva, Vandana (2011): »Die sind auf Lügen spezialisiert«, *taz.de*, 2. September 2011: http://www.taz.de/!5112887/

Transparenz Gentechnik (2015): »Gentechnisch veränderte Sojabohnen: Anbau in Brasilien«, 19. Januar 2015: http://www.transgen.de/anbau/410.gentechnisch-veraenderte-sojabohnen-brasilien.html

Trojanow, Ilija (2015): »Allianz der Heuchler«, *taz.de*, 7. Oktober 2015: http://www.taz.de/!5235257/

UNHCR (2015): »Weltweit fast 60 Millionen Menschen auf der Flucht«, Pressemitteilung vom 18. Juni 2015: http://www.unhcr.de/home/artikel/f31dce23af754ad07737a7806dfac4fc/weltweit-fast-60-millionen-menschen-auf-der-flucht.htm

Urhahn, Jan (2015): »Entwicklungspolitik goes Agrarindustrie«, in: *Kritischer Agrarbericht 2015*, S. 81-85.

Vidal, John (2013): »India's rice revolution«, *theguardian.com*, 16. Februar 2013: http://www.theguardian.com/global-development/2013/feb/16/india-rice-farmers-revolution

Weltagrarbericht (2013): »Argentinische Anti-Monsanto-Aktivistin bedroht und verprügelt«, *weltagrarbericht.de*, 27. November 2013: http://www.weltagrarbericht.de/aktuelles/nachrichten/news/de/28410.html

Weltagrarbericht (2013): »Brutaler Angriff auf Monsanto-Gegner in Argentinien«, *weltagrarbericht.de*, 29. November 2013: http://www.weltagrarbericht.de/aktuelles/nachrichten/news/de/28417.html

Weltagrarbericht (2015): »Brasiliens Krebsinstitut warnt vor Gesundheitsgefahren durch Pestizide«, *weltagrarbericht.de*, 16. April 2015: http://www.weltagrarbericht.de/aktuelles/nachrichten/news/de/30581.html

Welthungerhilfe (2015): »Kleinbauern wollen gut und nachhaltig wirtschaften«, *welthungerhilfe.de*, 4. Februar 2015: http://www.welthungerhilfe.de/kleinbauern.html

WWF (2015): »Mehr Hilfe für die Wälder am Amazonas«: http://www.wwf.de/themen-projekte/projektregionen/amazonien/zustand-und-bedeutung/

WWF Deutschland (2011): »Wie viel Fleisch essen wir und woher kommt das Fleisch?«, Stellungnahme des WWF zum Referentenentwurf des EEG Stand 17. Mai 2011.

WWF Deutschland (2013): »Brasiliens Wälder schwinden«, Pressemitteilung vom 15. November 2013.

ZEIT Online (2013): »Allianz rechtfertigt Spekulationen mit Lebensmitteln«, *zeit.de*, 21. Januar 2013: www.zeit.de/wirtschaft/2013-01/allianz-lebensmittel-spekulation

Kapitel 2.1 Die Schuldfrage

Beutelsbacher Stefan, Sommerfeldt Nando, Zschäpitz Holger (2015): »Der unsichtbare Club der 500 reichsten Deutschen« in *Die Welt*, 03. September 2015.

BILD (2015): »Milliarden mit Lebensmitteln, Autos, Kosmetik. Die 55 reichsten Deutschen«, *bild.de*, 3. September 2015: http://www.bild.de/geld/wirtschaft/wirtschaft/die-55-reichsten-deutschen-42429122.bild.html

Deutscher Bundestag, Drucksache 18/4527: Antwort auf die Kleine Anfrage der Bundestagsfraktion von Bündnis 90/Die Grünen: »Stärkung des regionalen Lebensmittelhandwerks«.

Fairtrade Deutschland, Misereor et al. (Hrsg.) (2015): »Wer hat die Macht? – Machtkonzentrationen und unlautere Handelspraktiken in landwirtschaftlichen Wertschöpfungsketten«.

Koschnitzke, Lukas, Schießl, Michaela (2015): »Kälber für die Tonne«, 25.04.2015 http://spiegel.de/spiegel/print/d-134660895.html

Liste, Patrick (2015): »Aldi senkt Preise für Milchprodukte«, *topagrar.de*, 7. Mai 2015: http://www.topagrar.com/news/Rind-Rindernews-Aldi-senkt-Preise-fuer-Milchprodukte- 1772307.html

Oxfam (2013): *Fact Sheet Lebensmittelkonzerne und Landarbeiter/innen.*

Oxfam International (2013): »Behind the Brands«, in: *Oxfam Briefing Papers.*

Spiegel Online (2014): »Gefahren für Verbraucher: Aldi, Lidl, Edeka und Rewe nutzen ihre Marktmacht aus«, *spon.de*, 24. September 2014: http://www.spiegel.de/wirtschaft/unternehmen/aldi-lidl-rewe-edeka-kartellamt-kritisiert-handelskonzerne-a-993498.html

Statistisches Bundesamt (2015): »Konsumausgaben privater Haushalte: Nahrungsmittel«.

Suchanek, Norbert (2015): »Syngenta ist schuld am Tod eines Aktivisten. Urteil in Brasilien: Konzern muss Entschädigung zahlen«, in *Neues Deutschland*, 03.12.2015

Weltagrarbericht (2015): »Saatgut und Patente auf Leben«: http://www.weltagrarbericht.de/themen-des-weltagrarberichts/saatgut-und-patente-auf-leben.html

Wissenschaftlichen Beirat für Agrarpolitik: »Gutachten zur Nutztierhaltung«, März 2015

Kapitel 2.2 Löchrige Gesetze

Bundesministerium für Ernährung und Landwirtschaft (2015): »Durch freiwillige Verbindlichkeit zu mehr Tierwohl«, Pressemitteilung Nr. 159 vom 09. Juli 2015.
Gesetz zu dem Vertrag vom 31. August 1990 zwischen der Bundesrepublik Deutschland und der Deutschen Demokratischen Republik über die Herstellung der Einheit Deutschlands (Einigungsvertragsgesetz).
Grossarth, Jan (2015): »Küken sollen nicht mehr in den Schredder«, *faz.net*, 30. März 2015: http://www.faz.net/aktuell/wirtschaft/maennliche-kueken-ab-2017-nicht-mehr-in-den-schredder-13514053.html
Kluge, Katharina, Storck, Thomas et al. (2013): *Bundeseinheitliche Eckwerte für eine freiwillige Vereinbarung zur Haltung von Mastputen.*
Landwirtschaftskammer NRW (2015): »Verwaltungsgericht erlaubt Tötung von Eintagsküken«, *oekolandbau.nrw.de*, 6. Februar 2015: http://www.oekolandbau.nrw.de/aktuelles/aktuelles_2015/quartal_1_2015/PM_mkulnv_6-2-15_toeten_eintagskueken.php
Niedersächsisches Ministerium für Ernährung, Landwirtschaft und Verbraucherschutz (2016): »Schweine«: http://www.ml.niedersachsen.de/portal/live.php?navigation_id=32027&article_id=110872&_psmand=7
Top Agrar (2012): »Ferkelkastration erst 2019 und kein Brandzeichenverbot«, *topagrar.com*, 05. November 2012: http://www.topagrar.com/news/Home-top-News-Ferkelkastration-erst-2019-und-kein-Brandzeichenverbot-984752.html
Went, Katrin, Ziebart, Nadja, Benning, Reinhild (2015): »Wasserschutz beginnt auf dem Acker«, in: *Kritischer Agrarbericht 2015,* S. 181-186.
Wissenschaftlicher Beirat Agrarpolitik (WBA) (2015): »Wege zu einer gesellschaftlich akzeptierten Nutztierhaltung«, Bundesministerium für Ernährung und Landwirtschaft.

Kapitel 2.3 Falsches Geld

Awater-Esper, Stefanie (2015): »Landwirtschaft verfehlt Umweltziele«, *topagrar.de*, 12. Oktober 2015: http://www.topagrar.com/news/Home-top-News-Landwirtschaft-verfehlt-Umweltziele-2523312.html
Benning, Reinhild, de Andrade, Claudia (2011): *Subventionen für die industrielle Fleischerzeugung in Deutschland, BUND-Recherche zur staatlichen Förderung der Schweine-und Geflügelproduktion in den Jahren 2008 und 2009*, Berlin: BUND für Umwelt und Naturschutz Deutschland e.V.
Bundesministerium für Ernährung und Landwirtschaft (2015): »Umsetzung der EU-Agrarreform in Deutschland«.
Deutscher Bundestag (2014): »Regierung bringt Reform der Agrarpolitik ein«, *bundestag.de*, 3. April 2014: https://www.bundestag.de/dokumente/textarchiv/2014/50116059_kw14_de_landwirtschaftliche_direktzahlungen/216608
Sarmadi, Dario (2015): »Agrarsubventionen – Liste deutscher Empfänger 2013«, *euractiv.de*, 5. Juli 2015: http://www.euractiv.de/sections/

energie-und-umwelt/agrarsubvention-liste-deutscher-empfaenger-2013-308114

Kapitel 2.4 Europas mächtigste Lobby

AGRARVIS (2016): »Geschäftsberichte«: https://www.agravis.de/de/ueber_agravis/konzern/geschaeftsberichte/index.html
Corporate Europe Observaroty (2010): »A red light for consumer information«, *corporateeurope.org*, 10. Juni 2010: http://corporateeurope.org/news/red-light-consumer-information
Corporate Europe Observaroty (2010): »A ›tasty‹ GM food event in Brussels?« *corporateeurope.org*, 30. Juni 2010: http://corporateeurope.org/food-and-agriculture/2010/06/tasty-gm-food-event-brussels
Corporate Europe Observaroty (2010): »GM food tasting: Farmers or EuropaBio?« *corporateeurope.org*, 13. Juli 2010: http://corporateeurope.org/food-and-agriculture/2010/07/gm-food-tasting-farmers-or-europabio
Corporate Europe Observaroty (2011): »Food lobby bashes MEPs on labelling«, *corporateeurope.org*, 17. April 2011: http://corporateeurope.org/food-and-agriculture/2011/04/food-lobby-bashes-meps-labelling
Corporate Europe Observaroty (2012): »Conflicts on the menu«, *corporateeurope.org*, 14. Februar 2012: http://corporateeurope.org/efsa/2012/02/conflicts-menu
Corporate Europe Observaroty (2012): »EU member states refuse nomination ex-Monsanto employee for EFSA management board«, *corporateeurope.org*, 8. Juni 2012: http://corporateeurope.org/efsa/2012/06/eu-member-states-refuse-nomination-ex-monsanto-employee-efsa-management-board
Deckwirth, Christina (2014): »Lobbyisten im Bundestag: fragwürdige Doppelrollen«, *lobbycontrol.de*, 25. März 2014: https://www.lobbycontrol.de/2014/03/lobbyisten-im-bundestag-fragwuerdige-doppelrollen/
Deter, Alfons (2015): »Ostendorff: Bauernverband muss sich von Straathof distanzieren«, *topagrar.de*, 23. April 2015: http://www.topagrar.com/news/Home-top-News-Ostendorff-Bauernverband-muss-sich-von-Straathof-distanzieren-1760533.html
Deutscher Bauernverband (2014): »Geschäftsbericht des Deutschen Bauernverbandes 2013/2014«.
Deutscher Bauernverband (2015): »Walter Heidl ist neuer Vizepräsident des Deutschen Bauernverbandes«, Pressemeldung vom 24. Juni 2015: http://www.bauernverband.de/walter-heidl-ist-neuer-vizepraesident-des-deutschen-bauernverbandes
Deutscher Bauernverband (2016): »Der DBV«, *bauernverband.de*: http://www.bauernverband.de/dbv
Deutscher Bauernverband (2016): »Präsident und Vorstand«, *bauernverband.de*: http://www.bauernverband.de/praesident-vorstand-507885
Deutscher Bauernverband (2016): »Weitere Mitglieder«, *bauernverband.de*: http://www.bauernverband.de/weitere-mitglieder

Deutscher Bundestag (2016): »Franz-Josef Holzenkamp, CDU/CSU«, *bundestag.de*: http://www.bundestag.de/bundestag/abgeordnete18/biografien/H/holzenkamp_franz_josef/258494

Deutscher Bundestag (2016): »Johannes Röring, CDU/CSU«, *bundestag.de*: https://www.bundestag.de/bundestag/abgeordnete18/biografien/R/roering_johannes/258888

Deutscher Bundestag (2016): »Norbert Schindler, CDU/CSU«, *bundestag.de*: https://www.bundestag.de/bundestag/abgeordnete18/biografien/S/schindler_norbert/259032

EurActiv (2014): »Aigner zu GAP-Plänen: Das können wir uns nicht leisten«, *euractiv.de*, 7. März 2014: http://www.euractiv.de/landwirtschaft-und-ernhrung/artikel/aigner-zu-gap-planen-das-knnen-wir-uns-nicht-leisten-007111

Forum Moderne Landwirtschaft (2016): »Unser Vorstand«, *moderne-landwirtschaft.de*: http://www.moderne-landwirtschaft.de/struktur-und-organisation.html

Hebel, Christina (2015): »Bundestag: Union schleust die meisten Lobbyisten ins Parlament«, *spon.de*, 30. November 2015: http://www.spiegel.de/politik/deutschland/bundestag-union-verschafft-den-meisten-lobbyisten-zugang-a-1065265.html

Kafsack, Hendrik (2015): »Kommt die Ampel, ist Schluss mit Nutella«, *faz.net*, 3. Oktober 2015: http://www.faz.net/aktuell/feuilleton/debatten/lebensmittel-lobby-verhindert-vernuenftiges-13832395-p2.html

Kwasniewski, Nicolai (2012): »Lobbyismus in Brüssel: Im Spinnennetz«, *spon.de*, 12. Juni 2012: http://www.spiegel.de/wirtschaft/service/lobbyismus-in-bruessel-wie-die-industrie-sich-ihre-gesetze-schreibt-a-837515.html

Liebrich, Silvia (2015): »Wenn Leserbriefe von Monsanto als Studien gelten«, *sueddeutsche.de*, 17. Juli 2015: http://www.sueddeutsche.de/wirtschaft/kampf-um-glyphosat-wenn-leserbriefe-von-monsanto-als-studien-gelten-1.2570374

Lobby Control (2016): »Lobbyismus in der EU«: https://www.lobbycontrol.de/schwerpunkt/lobbyismus-in-der-eu/

Matern, Matthias (2009): »Udo Folgart und das Kompetenzteam«, *tagesspiegel.de*, 3. August 2009: http://www.tagesspiegel.de/berlin/brandenburg/team-steinmeier-udo-folgart-und-das-kompetenzteam/1571000.html

Mennen, Ann-Kristin (2012): »Wahl des Bauernpräsidenten: Der neue Sonnleitner«, *spon.de*, 27. Juni 2012: http://www.spiegel.de/wirtschaft/bauernverband-joachim-rukwied-ist-neuer-praesident-a-841190.html

Reichstein, Ruth (2012): »EU-Experten fest im Unternehmensgriff«, *taz.de*, 11. Juli 2012: http://www.taz.de/!5089348/

Reyher, Martin (2015): »Abgeordnete kassieren bis zu 21,4 Mio. Euro nebenher, Millionenbeträge bleiben im Dunkeln«, *abgeordnetenwatch.de*, 3. August 2015: https://www.abgeordnetenwatch.de/nebeneinkuenfte2015

Riesbeck, Peter (2013): »Kampf gegen eine Milliarden-Lobby«, *fr-online.de*, 24. Februar 2013: http://www.fr-online.de/lebensmittel/lebensmitteltransparenz--kampf-gegen-eine-milliarden-lobby-,21868140,21925168.html

Wissenschaftlicher Beirat für Agrarpolitik beim Bundesministerium für Ernährung und Landwirtschaft [Hrsg.] (2015): »Wege zu einer gesellschaftlich akzeptierten Nutztierhaltung, Zusammenfassung des Gutachtens«, Bundesministerium für Ernährung und Landwirtschaft, S. 35.

Kapitel 2.5 TTIP und CETA

Bank, Max (2015): »TTIP: Ein Paradies für Unternehmenslobbyisten!«, *lobbycontrol.de*, 14. Juli 2015: https://www.lobbycontrol.de/2015/07/ttip-ein-paradies-fuer-unternehmenslobbyisten/

BUND (2015): »Landwirtschaft: TTIP als Beschleuniger für Höfesterben und Großmastanlagen«, *BUND-Newsletter, TTIP-Sonderausgabe*: http://www.bund.net/publikationen/bundletter/ttip_sonderausgabe/ttip_gefahr_fuer_landwirtschaft_und_baeuerliche_betriebe/

Corporate Europe Observaroty (2015): »TTIP: Lobbyparadies für Konzerne«, *corporateeurope.org*, 14. Juli 2015: http://corporateeurope.org/de/international-trade/2015/07/ttip-lobbyparadies-f-r-konzerne

Frankfurter Allgemeine Zeitung (2015): »EU genehmigt 19 genveränderte Pflanzensorten«, *faz.net*, 24. April 2015: http://www.faz.net/aktuell/finanzen/meine-finanzen/geld-ausgeben/eu-erlaubt-einfuhr-von-19-genveraenderten-pflanzensorten-13557143.html

Kurz, Constanze (2015): »TTIP-Lobbying: Einfluss der Konzerne«, *netzpolitik.org*, 14. Juli 2015: https://netzpolitik.org/2015/ttip-lobbying-einfluss-der-konzerne/

Kapitel 3.1 Mut zur Veränderung

Bundesministerium für Ernährung und Landwirtschaft [Hrsg.] (2015): »Wege zu einer gesellschaftlich akzeptierten Nutztierhaltung, Zusammenfassung des Gutachtens, Wissenschaftlicher Beirat für Agrarpolitik beim Bundesministerium für Ernährung und Landwirtschaft«.

Deter, Alfons (2015): »Schmidt: »Wir brauchen keine Agrarwende!« topagrar.de, 25. Juni 2015: http://www.topagrar.com/news/Home-top-News-Schmidt-Wir-brauchen-keine-Agrarwende-1920842.html

Ehrenstein, Claudia (2014): »Deutsche schlachten pro Jahr 750 Millionen Tiere«, *welt.de*, 9. Januar 2014: http://www.welt.de/politik/deutschland/article123700329/Deutsche-schlachten-pro-Jahr-750-Millionen-Tiere.html

Fleischwirtschaft (2015): »Position stark verbessert«, *fleischwirtschaft.de*, 9. September 2015: http://www.fleischwirtschaft.de/wirtschaft/nachrichten/Fleischexport-Position-stark-verbessert-31622?crefresh=1

Forsa (2015): *Deutschland, wie es isst. Der BMEL-Ernährungsreport 2016*, Studie im Auftrag des Bundesministerium für Landwirtschaft und Ernährung.

Maria Heubuch (2015): »Europas Bauern verlieren den Boden unter den Füßen«, Pressemitteilung vom 27. November 2015.

Rukwied, Joachim (2015): »Die Agrarwende wird nicht kommen«, in: *Der Spiegel*, 38/2015.
Schneeberger, Ruth (2014): »Essen ist das neue Feiern«, *sueddeutsche.de,* 9. Oktober 2014: http://www.sueddeutsche.de/stil/foodie-trend-in-berlin-essen-ist-das-neue-feiern-1.2163981
VEBU (2015): »Anzahl der Veganer und Vegetarier in Deutschland«, *vebu.de*: https://vebu.de/themen/lifestyle/anzahl-der-vegetarierinnen

Kapitel 3.2 Sechs Schritte für eine grüne Agrarwende

Forsa (2015): »Deutschland, wie es isst. Der BMEL-Ernährungsreport 2016«, im Auftrag des Bundesministerium für Landwirtschaft und Ernährung.
Forsa (2016): »Meinungen zur Einführung von Kennzeichnungspflichten für Fleisch und Milchprodukte in Deutschland. Ergebnisse einer repräsentativen Befragung von Landwirten«, Studie im Auftrag des Wir-haben-es-satt-Bündnisses und von Germanwatch e.V.

Quellen der Grafiken

Seite 23, Schlachtungen: https://www.destatis.de/DE/PresseService/Presse/Pressemitteilungen/2015/02/PD15_044_413.html
Seite 27, Bodenfläche: http://www.laves.niedersachsen.de/portal/live.php?navigation_id=20137&article_id=73944&_psmand=23#Zusaetzliche_Mindestanforderungen_fuer_Mastschweine_und_Zuchtlaeufer
Seite 28, Leistungssteigerung bei Schweinen: https://www.gruene-bundestag.de/fileadmin/media/gruenebundestag_de/themen_az/agrar/Qualzucht_bei_Nutztieren.pdf, Seite 2
Seite 37, Leistungssteigerung bei Legehennen: https://www.gruene-bundestag.de/fileadmin/media/gruenebundestag_de/themen_az/agrar/Qualzucht_bei_Nutztieren.pdf, Seite 2
Seite 39, Milchleistung: https://www.gruene-bundestag.de/fileadmin/media/gruenebundestag_de/themen_az/agrar/Qualzucht_bei_Nutztieren.pdf, Seite 2
Seite 57, Antibiotikavergabe: Bundesinstitut für Risikobewertung
Seite 65, Grundwasser: https://www.umweltbundesamt.de/sites/default/files/medien/publikation/long/4012.pdf, Seite 35
Seite 67, Wasserverbrauch: http://waterfootprint.org/en/resources/interactive-tools/product-gallery/
Seite 72, Aussterberate: http://advances.sciencemag.org/content/1/5/e1400253.full
Seite 91, Klimafußabdruck: http://www.wwf.de/fileadmin/fm-wwf/Publikationen-PDF/Klimawandel_auf_dem_Teller.pdf, Seite 27
Seite 106, Sojaproduktion: Food and Agriculture Organization of the United Nations, Statistics Division, 2016

Seite 186, Lobbyarbeit für TTIP: http://corporateeurope.org/sites/default/
    files/attachments/data-ttip-lobbying-dg_trade.xls
Seite 201, Fleischkonsum: http://www.gruene-bundestag.de/uploads/tx_
    ttproducts/datasheet/karte_fleisch_web.pdf
Seite 203, Tierwohl: https://www.boell.de/de/2016/01/13/neuer-
    fleischatlas-2016-deutschland-regional-mit-daten-und-fakten-aus-
    16-bundeslaendern

Bildnachweis

Björn Wallbaum: Seite 57, 72, 186
Jonas Pohlmann: Seite 110, 111, 200
Marco Lange: Seite 208, 209
Martina Baldauf: Seite 205
Weitere Bilder: Free-Design: 65; JiSign: 186; Matthias Enter: 186; Mimi Potter: 186; simeonvd: 186; tbob j. affelwolf: 15, 23, 27, 28, 37, 39, 67, 91, 131, 195, 206; vectorstate: 63, 67, 72, 91, 106.